高等医学院校实验教程

预防医学实践教程

（第2版）

主　　编　祝丽玲

副 主 编　周宪君　张　强　张慧颖

编　　委（按姓名汉语拼音排序）

郎庆玲（黑龙江省林业卫生学校）
李兴洲（佳木斯大学）
鲁　彦（佳木斯大学）
王嘉淇（佳木斯大学）
张　强（佳木斯大学）
张慧颖（哈尔滨医科大学）
周宪君（佳木斯大学）
祝丽玲（佳木斯大学）

北京大学医学出版社

YUFANG YIXUE SHIJIAN JIAOCHENG

图书在版编目（CIP）数据

预防医学实践教程/祝丽玲主编．—2 版．—北京：北京大学医学出版社，2015.8

ISBN 978-7-5659-1174-3

Ⅰ．①预…　Ⅱ．①祝…　Ⅲ．①预防医学-医学院校-教材　Ⅳ．①R1

中国版本图书馆 CIP 数据核字（2015）第 171280 号

预防医学实践教程（第 2 版）

主　　编：祝丽玲

出版发行：北京大学医学出版社

地　　址：（100191）北京市海淀区学院路 38 号 北京大学医学部院内

电　　话：发行部 010－82802230；图书邮购 010－82802495

网　　址：http：//www.pumpress.com.cn

E - mail：booksale@bjmu.edu.cn

印　　刷：北京瑞达方舟印务有限公司

经　　销：新华书店

责任编辑：赵　爽　王孟通　　**责任校对**：金彤文　　**责任印制**：李　啸

开　　本：787mm×1092mm　1/16　　**印张**：13.5　　**字数**：342 千字

版　　次：2015 年 8 月第 2 版　2015 年 8 月第 1 次印刷

书　　号：ISBN 978-7-5659-1174-3

定　　价：27.00 元

高等医学院校基础课实验教材编委会

第 2 版前言

为适应当代卫生事业发展和医学教育教学改革的需要，2012 年 8 月我们编写出版了《预防医学实践教程》第 1 版。该教程遵循“教学-实践-科研”模式，旨在培养医学生的预防医学思维。第 2 版教程修订工作是在贯彻落实卫生部、教育部联合下发的《关于实施临床医学教育综合改革的若干意见》基础上启动的。借鉴上一版的编写经验与成果，对不足之处进行了修改和完善，从而编写适合“5＋3”为主体的医学教育综合改革需要的实践教程，切实落实好“早临床，多临床，反复临床”的要求，提高医学生的临床实践能力。

本版教程编写仍然体现以下三个特点。①继承和创新相结合：根据教育部的总体要求，在内容安排上突出“三基”“五性”，以培养具有预防医学观念的临床医学人才为目标。针对预防医学专业的特点，以“环境-人群-健康”模式为主线组织编写。我们在《预防医学实践教程》第 1 版的基础上，对原有内容作了一定的修改、充实和更新。例如：原版实习七《大学生健康状况评价》与实习八《大学生膳食调查与评价》进行了整合；实习九《社区卫生服务案例讨论》增加了有关卫生改革的内容；实习十二《食品安全与食物中毒案例讨论》与实习十三《食物中毒调查处理程序》进行了整合；实习十八《医院安全管理案例讨论》案例作了进一步更新。②以人为本和服务社区相结合：开展社区预防医学实践，是本教材的创新部分。该部分主要包括基层三级医疗卫生服务网的结构与功能、社区诊断、家庭评估、个体健康维护、社区传染病防治、社区慢性病防治以及如何开展社区预防医学研究等内容。该部分的加入充实了《预防医学》的课堂实习，使学生在社区中学到如何在临床实践中实施疾病预防和健康促进相结合的知识和技能，以适应当前蓬勃发展的“社区卫生服务”需求，有利于医疗保健型人才的培养。③可操作性和实效性相结合：本教材既注重指导性，立足于人才培养、立足于学生的全面发展，同时更具有针对性、可操作性和实效性。在操作时，按照教学-实践-科研的模式，指导学生在社区居民中选择目标人群进行调查，通过设计、调查、研究、分析资料及总结，进一步发现问题，理论结合实际，提出解决问题的方法，进行论文撰写并以幻灯片的形式进行答辩。本教程适合临床医学（包括口腔医学）专业本科生使用，亦可作为预防医学科研工作者的参考书籍。

由于时间仓促，加之编者水平有限，谬误难免，恳请兄弟院校同道多提宝贵意见，为下一版的修订工作建言献策。

编写组

目　录

实习一　疾病频率测量与疾病的分布

【实习目的】

1. 掌握流行病学常用疾病频率测量指标的概念、应用条件和具体计算方法。

2. 学会认识疾病在人群中的分布形式及其特点，掌握疾病按时间、地区及人群分布的流行病学描述方法。

【实习知识点】

1. 流行病学研究中疾病频率测量常用的指标有发病率（incidence rate）、罹患率（attack rate）、患病率（prevalence rate）、续发率（secondary attack rate，SAR）、感染率（infection rate）、病残率（disability rate）、死亡率（mortality rate，death rate）、病死率（fatality rate）、存活率（survival rate）等。

2. 疾病的分布就是指疾病的地区分布、时间分布和人群分布，即三间分布。流行病学实践中，常常需要对其进行综合描述。

练　习

【练习一】

2007 年在某镇新诊断 250 名糖尿病患者，该镇年初人口数为 39 500 人，年末人口数为 40 500 人，在年初该镇有 900 名糖尿病患者，在这一年中有 35 人死于糖尿病。

思考题

1. 2007 年该镇糖尿病的发病率？
2. 2007 年该镇糖尿病的死亡率？
3. 2007 年该镇糖尿病的病死率？
4. 2007 年 1 月 1 日该镇糖尿病的患病率？
5. 2007 年该镇糖尿病的期间患病率？

【练习二】

某地 2006 年进行结核病抽样调查，资料见表 1 - 1。

表 1 - 1　某地 2006 年结核病抽样调查资料

项目	人数
2006 年受检人数	58 695
活动性肺结核	193
涂阳*	55
新发现的活动性肺结核	112
结核病死亡	18

* 是指痰涂片检查发现结核分枝杆菌的患者，包括痰涂片和培养均检出结核分枝杆菌的患者。

思考题

1. 2006年活动性肺结核发病率？
2. 2006年肺结核病死率？
3. 2006年肺结核患病率？

【练习三】

某矿业集团35年致死工伤事故发生时间分布见表1-2。

表1-2　某矿业集团12个国有重点煤矿1956—1990年工伤死亡情况

年份	年均生产工人数	年均死亡人数	工伤死亡率（1/10⁴）	总死亡人数	死亡构成比（%）
1956—	19 098	27	14.14	136	13.75
1961—	28 972	27	9.32	134	13.55
1966—	29 547	57	19.29	287	29.02
1971—	35 819	15	4.19	74	7.48
1976—	51 426	33	6.42	166	16.78
1981—	71 238	16	2.25	81	8.19
1986—1990	78 600	22	2.80	111	11.22
合计	314700	-	4.47	989	100.00

思考题

请描述35年间工伤事故死亡分布情况及变化趋势？

【练习四】

我国既往地方性甲状腺肿的分布大致趋势是：内地多于沿海，山区多于平原，农村多于城市。江苏、浙江、广东省无病区；发病较严重的省区有：河北、山西、内蒙古、辽宁、河南、安徽、陕西、新疆、云南、贵州、西藏；其余地区发病较轻。下述资料供思考（表1-3～表1-5）。

表1-3　不同海拔高度空气中含碘量

海拔高度（m）	含碘量（%）
0	31.1
1 000	17.5
2 000	4.0
4 000	2.1
5 000	0.7

表1-4　不同土质中含碘量

土质	含碘量（μg/kg）
沙土	1.0
灰化土	1.0～3.5
黑土	7.0
栗色土	6.0

表1-5　食盐中含碘量

产地	含碘量（μg/kg）	说明
四川富平	1.8546	吃这种盐的人甲状腺患病率0.34%～3.69%
青海	0.0073	吃这种盐的人甲状腺患病率0.36%～29.39%
内蒙古	0.0220	同上

思考题

你认为地方性甲状腺肿流行地区与环境中碘含量有关吗？

【练习五】

1964—1965 年，上海市进行了一次麻疹血凝抑制抗体调查。婴儿的抗体阳性率见表 1-6。

表 1-6　婴儿的麻疹血凝抑制抗体阳性率

月龄	0～	1～	2～	3～	4～	5～	6～	7～	8～	9～	10～	11～
人数	40	75	52	54	49	45	39	30	36	30	22	25
阳性率（%）	100	94.7	86.5	83.0	49.0	40.0	20.5	10.0	8.3	16.7	27.3	24.0

思考题

从表 1-6 可见，8 个月龄时是麻疹血凝抑制抗体阳性率的低谷，这一分布特点是由哪两个因素决定的？

【练习六】

中国人红绿色盲发生率男性为 7.0%，女性为 0.5%，血友病的发生率男女差别更大，男性为 1.0%，女性为 $1/10^7$。

思考题

你知道色盲、血友病男女发生率存在差别的原因吗？

【练习七】

为了解漳州市 5 岁以下儿童的死亡水平，分析儿童主要死因并提出对策。根据漳州市 5 岁以下儿童死亡监测方案，对漳州市 2003—2007 年 5 岁以下儿童死亡水平、年龄构成以及主要死因进行了分析。

死亡率及死亡年龄别构成　5 年来全市监测人口总数为 7 890 208 人，其中 5 岁以下儿童人数为 405 116 人，活产数为 88 523 人，5 岁以下儿童死亡数为 1 154 例，5 年来 5 岁以下儿童平均死亡率为 13.04‰。各年度年龄别死亡率见表 1-7。

表 1-7　漳州市 2003—2007 年 5 岁以下儿童各年龄别死亡率

年度	活产数	新生儿死亡		婴儿死亡		1～4 岁儿童死亡		5 岁以下儿童死亡	
		例数	死亡率（‰）	例数	死亡率（‰）	例数	死亡率（‰）	例数	死亡率（‰）
2003	15 158	149	9.83	201	13.26	57	3.76	258	17.02
2004	17 452	143	8.19	198	11.34	49	2.81	247	14.15
2005	18 210	140	7.69	194	10.65	33	1.81	227	12.46
2006	18 411	117	6.35	161	8.74	47	2.55	208	11.30
2007	19 292	123	6.38	176	9.12	38	1.97	214	11.09
合计	88 523	672	7.59	930	10.50	224	2.53	1 154	13.04

主要死因构成及其顺位　见表 1-8。

表1-8　漳州市2003—2007年5岁以下儿童主要死因构成（%）及其顺位

年度	第一位		第二位		第三位		第四位	
	死因	构成（%）	死因	构成（%）	死因	构成（%）	死因	构成（%）
2003	早产和低出生体重	22.48	出生窒息	13.92	肺炎	13.57	溺水	8.93
2004	早产和低出生体重	19.43	出生窒息	16.19	肺炎	12.15	先天性心脏病	9.31
2005	早产和低出生体重	25.55	出生窒息	17.18	肺炎	11.01	先天性心脏病	8.37
2006	早产和低出生体重	21.15	出生窒息	11.06	肺炎	11.06	其他异常	11.06
2007	出生窒息	21.03	早产和低出生体重	14.95	先天性心脏病	12.61	肺炎	7.94

思考题

请对漳州市2003—2007年5岁以下儿童死亡水平、年龄构成以及主要死因进行分析。

【练习八】

为了解河南省洛阳市伤害的流行病学特征和规律，为伤害防制提供科学依据，随机抽取洛阳市三家医院，其中一个三级甲等医院、两个二级甲等医院作为监测哨点医院，以2007年1月1日—12月31日到医院就诊并被诊断为伤害的首诊患者作为研究对象，对伤害的发生原因、类型及分布进行了分析。三家哨点医院共收集伤害病例9 387例，其中男性6 428例（68.48%），女性2 959例（31.52%），男女性别比2.17∶1，平均年龄34.2±18岁，以22～44岁为主，占41.41%。伤害发生原因的性别分布见表1-9。20岁以下居民伤害发生的原因构成见表1-10（限于篇幅20岁以上略过）。

表1-9　洛阳市9 387例伤害发生原因的性别构成

原因	总数	男		女	
		人数	构成（%）	人数	构成（%）
机动车伤害	2 290	1 440	22.40	850	28.73
非机动车伤害	460	247	3.84	213	7.20
跌倒/坠落	1 941	1 269	19.74	672	22.71
钝器伤	2 098	1 639	25.50	459	15.51
枪伤	24	21	0.32	3	0.10
刀/锐器伤	952	754	11.73	198	6.69
烧烫伤	469	328	5.10	141	4.77
窒息/上吊	17	8	0.12	9	0.30
溺水	3	2	0.03	1	0.03
中毒	317	150	2.33	167	5.64
动物咬伤	34	25	0.39	9	0.30
其他	398	267	4.15	131	4.43
不清楚	384	278	4.32	106	3.58
合计	9 387	6 428	100.00	2 959	100.00

表 1-10　20 岁以下居民不同年龄组伤害原因构成

0 岁～			5 岁～			15 岁～		
原因	人数	构成（%）	原因	人数	构成（%）	原因	人数	构成（%）
跌倒	200	32.05	跌倒	320	37.25	钝器伤	270	31.69
烧烫伤	156	25.00	机动车	138	16.07	跌倒	156	18.31
机动车	96	15.38	钝器伤	133	15.48	机动车	150	17.61
钝器伤	35	5.61	刀伤	66	7.68	刀伤	127	14.91
非机动	34	5.45	非机动	57	6.64	其他	41	4.81
刀伤	30	4.81	其他	44	5.12	不清楚	39	4.58
中毒	30	4.81	烧烫伤	41	4.77	非机动	24	2.82
其他	22	3.53	不清楚	35	4.07	烧烫伤	24	2.82
不清楚	21	3.37	中毒	25	2.91	中毒	21	2.46
合计	624	100.00	合计	859	100.00	合计	852	100.00

思考题

1. 请对洛阳市 9 387 例伤害发生原因的性别构成进行分析。
2. 请对 20 岁以下居民的三个年龄组伤害发生原因的构成变化进行分析。

案例讨论

【案例一】

1854 年秋季，伦敦宽街暴发霍乱，10 天内死去 500 多人。惊人的死亡率促使当地居民纷纷逃往他处，在霍乱暴发后的 6 天内，发病严重的街道有 3/4 以上的居民离去。

当时霍乱病原体在医学界尚未发现，John Snow 根据疾病的分布分析出疫情的发生与患者最多地区的水井可能被污染有关。于是他集中精力调查发生疫情的地点和死亡病例。对 8 月 31 日—9 月 2 日所发生的 89 例死亡病例作了详细的调查。并首创了标点地图分析方法，将这次霍乱暴发中调查过的死亡病例标记在地图上。宽街供水站及附近的其他供水站也同时标记在地图上。

从图上看到病例集中分布在宽街供水站周围，而其他供水站周围的病例较少。

根据疾病分布的特点，确定此次暴发是由于宽街水井污染引起，经封闭该水井，暴发即告终止。

上述案例说明对病因不明的疾病，通过流行病学调查，了解疾病的分布，根据其特点，提出病因或传播因素的假设，最后经分析、试验或采取相应的措施，能起到探明病因或控制流行的作用。

思考题

试问假如你在某地区工作，能否应用疾病的分布规律及特点，来分析、探明某些病因或流行因素未明疾病的病因及流行因素？

【案例二】

南卡罗来纳州一起疾病流行的调查研究
第一部分

背景 数年以前，美国东南部一位内科医生曾经报道过一种从未被认识到的疾病的发生，但是由于此篇报道的阅读人群只限于一个州，再者由于当时的卫生服务有限，因此导致这种疾病的发生率被完全的忽视了。虽然这种疾病靠临床症状可以轻易地被诊断，但当时病原学还不是很明确。而且，发病机制、传播方式、免疫性以及社会和环境因素等都尚在争议中。关于这种疾病的假说也很多。

为了解这种疾病的流行特征，我们将一份调查问卷寄给 8 个州的所有正在从事实际业务的医生，让其统计在过去 5 年里他们所见过的所有病例。其中，只有 1/4 的医生有应答。据他们统计在过去 1 年里病例数从 622 例增加到 7 017 例。

思考题

1. 我们可以将流行性疾病的病因分为哪几个范畴？

调查工作在南卡罗来纳西北部正在流行该疾病的 5 个郡县进行。调查地区包括 24 个有磨坊的乡、镇，各镇人口为 500～1 500。这些村庄的卫生状况差异比较大，有些地区有公共供水系统，有些有污水处理系统，有些地区两者皆有，而有些地区两者都没有。调查主要聚焦在单一种族的家庭。在每一个村庄，调查员每一年中有 2 个星期前往各户去寻找病例。每个调查对象的姓名、年龄、性别和婚姻状况均被记录。通过回忆或体检来确定疾病是否发生，若碰到有疑问的病例，就让对诊断这种疾病有较多经验的专家来判断。调查结果见表1－11。

思考题

2. 你需要哪些信息来描述流行特征？
3. 分析表 1－11，讨论一下该疾病的流行病学特征？
4. 分析表 1－12，讨论一下该疾病的流行病学特征？

表 1－11　24 个村庄 1 年来该疾病的分月发病情况（总人口＝ 22 653）

月份	发病数	发病率（1/1000）
1	0	0
2	4	0.2
3	28	1.2
4	120	5.5
5	310	13.7
6	432	19.7
7	154	6.8
8	57	2.5
9	28	1.3
10	14	0.6
11	0	0
12	0	0

表 1-12　24 个村庄 1 年来该疾病的分年龄、性别发病情况（总人口＝22 653）

年龄组（岁）	男			女		
	总人数	发病数	发病率（1/1000）	总人数	发病数	发病率（1/1000）
＜1	327	0	0.0	365	0	0.0
1	233	2	8.6	203	1	4.9
2	408	30	73.5	365	16	43.8
3	368	26	70.7	331	28	84.6
4	348	33	94.8	321	32	99.7
5～9	1 574	193	122.6	1 531	174	113.7
10～14	1 329	131	98.6	1 276	95	74.5
15～19	1 212	4	3.3	1 510	17	11.3
20～24	1 055	1	0.9	1 280	51	39.8
25～29	882	1	1.1	997	75	75.2
30～34	779	4	5.1	720	47	65.3
35～39	639	4	6.3	646	51	78.9
40～44	469	10	21.3	485	34	70.1
45～49	372	7	18.8	343	18	52.5
50～54	263	13	49.4	263	12	45.6
55～59	200	5	25.0	228	6	26.3
60～64	164	9	53.6	153	3	19.6
65～69	106	4	37.7	105	2	19.1
≥70	80	6	75.0	114	2	17.5
合计	10 812	483	44.7	11 238	664	59.1

思考题

5. 利用表 1-13 的资料，分析未婚女性和已婚女性发病率的差异。

表 1-13　该疾病的分年龄和婚姻状况发病率

年龄组（岁）	已婚女性			未婚女性		
	总人数	发病数	发病率（1/1000）	总人数	发病数	发病率（1/1000）
16～29	1 905	89	46.7	1 487	16	10.7
30～49	1 684	98	58.2	141	4	28.4
≥50	387	4	10.3	26	0	0.0
合计	3 976	191	48.0	1 654	20	12.1

思考题

6. 利用表 1-14 的资料，计算以下各项的罹患率：

(1) 工厂工人和非工厂工人（不管性别）；

（2）女性工人和女性非工厂工人；

（3）男性工人和男性非工厂工人。

表1-14　该疾病的分职业、年龄和性别的发病率

性别	是否磨坊工人	年龄组（岁）	病例数	健康者	合计	罹患率（%）
女	是	<10	0	0	0	—
		10～19	2	330	332	0.6
		20～29	4	194	198	2.0
		30～44	2	93	95	2.1
		45～54	0	9	9	0.0
		≥55	0	5	5	0.0
	否	<10	28	577	605	4.6
		10～19	5	200	205	2.4
		20～29	12	204	216	5.6
		30～44	16	220	236	6.8
		45～54	4	91	95	4.2
		≥55	1	92	93	1.1
男	是	<10	0	0	0	—
		10～19	3	355	358	0.8
		20～29	1	361	362	0.3
		30～44	3	318	321	0.9
		45～54	0	93	93	0.0
		≥55	1	51	52	1.9
	否	<10	23	629	652	3.5
		10～19	4	161	165	2.4
		20～29	1	12	13	7.7
		30～44	0	10	10	0.0
		45～54	1	14	15	6.7
		≥55	4	26	30	13.3

思考题

7. 利用表1-15的资料，计算在所有人群中总的罹患率。
8. 利用表1-15的资料，计算以户为单位的罹患率。
9. 如果一个家庭中已有1个病例，那么家庭中其他成员患同样疾病的危险度是多少？
10. 在感染和未感染家庭中平均人数是多少？
11. 解释上述的结果。

表 1-15　南卡罗来纳 7 个村庄 9 个月内感染该疾病的人口数和家庭数

总人口数	4 399
感染家庭的人口数	424
非感染家庭的人口数	3 975
总病例数	115
感染家庭的首发病例数	77
感染家庭的其他病例数（一个感染家庭中首发病例后出现的病例）	38
总家庭数	798

思考题

12. 利用表 1-16 的资料，描述社会经济状况和该疾病发病的关系。

13. 一般来说，与社会阶层低相联系的哪些因素可能会影响疾病的发生？

表 1-16　24 个村庄 1 年间该疾病分经济状况发病情况（总人口＝ 22 653）

家庭社会经济状况	发病数	人口数	发病率（1/1000）
层 1（最低）	99	796	124.4
层 2	240	2 888	83.1
层 3	260	4 868	53.4
层 4	177	5 035	35.2
层 5	132	5 549	23.8
层 6	23	1 832	12.6
层 7（最高）	2	769	2.6
合计	933	21 737	42.9

在本次调查中亦包括卫生情况的调查。在调查中，每一个村庄作为 1 个单位，对一般卫生质量、排泄物的处理和饮用水的供应进行评分。下面的图形利用一张散点图反映了 24 个村庄的卫生评分和疾病发病率之间的关系（在散点图中，卫生质量评分高即代表卫生质量好）。

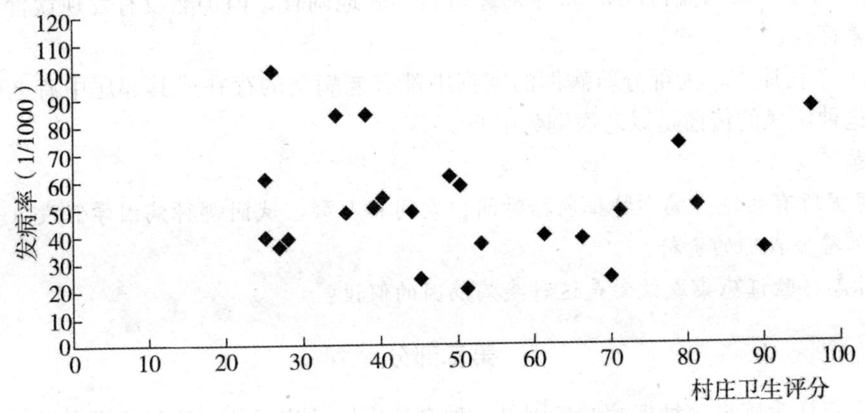

图 1-1　南卡罗来纳 24 个村庄的不明原因疾病发病率与卫生状况的关系

思考题

14. 讨论卫生质量和疾病发病率之间的关系。

15. 现在总结一下这种疾病的重要的流行病学特征。

1856年，John Stuart Mills提出了一系列推断病因的标准，包括：

• 差异法　如果两组有不同发病率的人群除了一个因素之外其他都一样，那么这个因素即可假设为此疾病的影响因素。

• 求同法　如果所有的研究人群都暴露一个共同的因素，那么这个因素即可假设为此疾病的影响因素。

• 共变法　如果暴露因素和疾病效应成等比例的量变关系，那么这个因素即可假设为此疾病的影响因素（剂量-效应关系）。

• 剩余法　如果暴露可以消除或减弱，那么能够使该疾病显著减少的因子可以认为是该疾病的致病因子。

• 比较法　如果一种未知疾病的症状和传播方式和一种已知疾病极为相似，那么它们的影响因素也可以假设是相似的。

思考题

16. 使用你所知道的所有有关该疾病或其他最近明确的疾病资料，用上述的各种方法各举一例。

有两组不同的研究会在调查研究有关此种疾病的病因和证据。其中一个研究会经过调查后得出以下几点结论：

1. 根据疾病的各种证据，可以得出导致疾病的是一种不知名的微生物。

2. 传播途径可能是肠道。

3. 饮食中缺少动物蛋白质可能是导致疾病的一个促进因子。

两年以后，第二个研究会提出以下观点：

1. 我们不支持曾经有人提出的对优良或坏的玉米的吸收是发生疾病的必要因素。

2. 这种疾病很可能是通过人—人传播的传染性很强的疾病，但目前还不是很明确 。

一年过后，研究会在每年举行的美国医学机构会议上提出以下观点：

1. 发病人群大部分可以深入的进行研究学习，但是有80%的患病人群（即先前就存在的病例）不能追访进行调查。

2. 我们对6个疾病流行区5000个对象进行彻底地调查，但仍然没有发现饮食中与疾病有关的因素存在。

3. 在6个村庄中，大部分新病例的家庭中都有老病例的存在或其邻居中有老病例，这提示我们这种疾病的传播是以老病例为中心。

思考题

17. 根据所有的流行病学特征包括时间、空间和人群，试问哪种病因学假设（如感染或饮食）更加符合我们的资料？

18. 你怎样验证感染或饮食是这种疾病病因的假设？

第二部分

许多人都认为感染这种疾病的病因是一种有传染性的病原体。流行病学家做了传染性研究，描述如下：

研究员用一支消过毒的注射器从一位第一次发病且病情严重的女患者上臂抽出一定量的血……他将六分之一刚刚抽出来的血液注射到他助手的左臂，然后助手将五分之一的血液注射到研究员的左臂上。两天之后这些冒险者的上臂都僵硬了……但仅此而已，之后就没事了。

这个研究员是一个敢于为科学而献身的人……政府研究委员会认为这种疾病跟伤寒相似，是从患者的肠道传播出来的。4 月 26 日……他独自一人面对……他独自站在这个最奇怪的实验室——一辆普尔曼式客车的洗手间。他从口袋里掏出一个小瓶子，里面装的是用一位严重感染这种疾病的妇女的肠道排泄物和着麦粉制成药丸。他吞下了一整瓶的量，口中喃喃自语："也许皮疹的屑也有传染性。"他是一个真正的男人，为了更好地确定这种疾病，他用几个病得更为严重的人的皮疹屑和面粉制成一种粉剂，然后吞下了它们……

研究员用患者的排泄物、尿液、呕吐物以及皮肤鳞屑在他自己和志愿者（其中包括他的妻子和助手）身上，进行了相似的实验，称为"污物聚会"。但是他们中间没有一个人感染这种疾病。

根据以上一系列实验及结果，这位研究员深信这种疾病不是一种传染性疾病。

思考题

19. 你认同该研究员的看法吗？为什么？

第三部分

为了研究饮食在这种疾病中发挥的作用，研究者们调查了 7 个村庄的所有家庭来比较各种食物的日平均消耗量。表 1－17 显示了 4 种食物在这些家庭中（有病例和无病例）的消费模式。

表 1－17　7 个村庄中有病例家庭和无病例家庭的食物消费模式

	有病例家庭	无病例家庭	合计
鲜肉			
高消费量	9	208	217
低消费量	52	472	524
合计	61	680	741
鲜奶			
高消费量	6	275	281
低消费量	50	396	446
合计	56	671	727
咸肉			
高消费量	29	289	318
低消费量	29	391	420
合计	58	680	738
果汁			
高消费量	18	231	249
低消费量	40	451	491
合计	58	682	740

思考题

20. 请分析表 1-17 所示的数据？

21. 请解释这些数据结果的意义？

第四部分 结论

本次调查研究的疾病是糙皮病。虽然在 1889 年和 1902 年有散发性的死亡病例报道，糙皮病直到 1907 年才被真正认识。糙皮病的第一次流行发生在 1906 年阿拉巴马州 Mount Vernon 黑人避难所，发病 85 例，死亡 53 例。尽管糙皮病在佐治亚州、北卡罗来纳州、南卡罗来纳州、佛罗里达州、阿拉巴马州、密西西比州和路易斯安那州都广为流行，但是这些州均没有加入国家死亡登记系统。虽然如此，已经加入国家死亡登记系统的州报道的糙皮病死亡例数也从 1904 年的 0 例上升到 1913 年的 1 015 例。

1914 年 3 月，Goldberger 博士受外科医生协会委托调查糙皮病。那时有意大利的学者提出糙皮病是由霉变的玉米造成的，而美国的学者则坚持认为这是一种传染性疾病。Goldberger 怀疑这是一种营养性疾病，依据是以下三项观测资料：

1. 尽管此疾病在避难所流行，但是护理人员和专业人员中没有一例感染者；
2. 该疾病几乎完全集中于穷人；
3. 该疾病在农村地区好发。

1914 年 6 月，Goldberger 发表了第一篇关于他在 Milledgeville Georgia 精神病院调查结果的文章，其中指出没有专业人员和护理人员得糙皮病。他还指出患者与非患者的饮食习惯，特别是在肉类和牛奶的消耗方面存在明显的差异。

1915 年，Goldberger 在密西西比州两个糙皮病患病率为 47%的孤儿院实施饮食强化计划。结果，第二年 103 名患者中没有一人发病。1915 年，Goldberger 到密西西比州 Rankin State 监狱开始他的研究。这里以前没有报道过一起糙皮病病例，Goldberger 通过供给不含肉类、牛奶和新鲜蔬菜的饮食，在五个半月之后使同一寝室 11 个室友中的 6 个患上了糙皮病。

1916 年，Goldberger 开始了糙皮病的传染性实验。他将患者的血液注射到他自己、他妻子以及另外十二名健康的志愿者身上。他还吃下了用糙皮病患者的排泄物、尿液、呕吐物以及皮肤鳞屑制成的药丸。但是，他和另外的试验者都没有感染上糙皮病。一年之后，他开始了在南卡罗来纳州山区的调查研究，起先是在 7 个村庄，之后扩大到 24 个。

1918—1926 年，Goldberger 致力于寻找预防糙皮病的因子（PP）。最初他把精力集中于氨基酸，因为有研究表明色氨酸可能有助于预防糙皮病。Goldberger 发现干燥的酵母有高 PP 活性。PP 是一种水溶性的、耐热的物质，它很可能是一种新的 B 族维生素。

Goldberger 于 1929 年去世。八年之后，Elvehjem 确定了糙皮病患者饮食中缺少的是烟酸——B 族维生素的一种，色氨酸是它的前体。

第五部分 美国关于糙皮病发生的经济学假设

20 世纪早期，南部农村的许多家庭从农场迁移到小乡镇，并逐渐以周薪为收入的主要来源。1900—1913 年期间，增加的工资不到 25%。在 1906 年到 1911 年经济萧条时期，他们的工资更是下降了。同时，食物的价格却大幅度上升。1900 年到 1913 年食品的平均价格上升了 50%。物价上涨，与此同时大量的农民离开农场转变为工薪阶层，这些都使得一些食物难以获得。

在美国，一直到1940年2 138个死亡病例被报道，糙皮病才成为一个有影响的公共卫生问题。

第二次世界大战以后，世界范围的散发糙皮病病例在埃及、印度、东亚和南非地区还时有发生，但流行已变得极少见。然而，1990年马拉维南部的莫桑比克难民中发生了一次糙皮病的大暴发。从1990年的2月1日—10月30日，位于11个不同地方的286 000名难民中报道了17 878例糙皮病病例。这次暴发是由于落花生的供给受到了破坏，而落花生是烟酸的重要食物来源。

表1-18 根据疾病的流行病学特征应考虑的病因

流行病学特征			说明
时间	季节变化	夏季高峰	通过皮疹鉴别；日光可使皮疹加重。(可能的解释)
人群	年龄、性别分布	没有小于1岁的病例	母乳和牛奶喂养
		1～14岁儿童发病率增高	快速增长，营养需要量增加
		20～50岁的妇女发病率增高	生育年龄，需要量增加： 月经期、怀孕期、哺乳期； 家庭中可能最少获得营养。
		大于50岁的男性发病率增高	因没有了工作，可能得不到足够的食物
	婚姻状况	已婚妇女高危险度	婚姻生活、生育
	社会经济状况	发病率与经济状况成反比	营养性食物比较贵
	职业	非磨坊工人发病率增高	磨坊提供补充食物
地点	有病例的家庭	病例的家庭成员发病率高	相似的饮食结构

【案例三】

营养缺乏所致疾病的案例讨论

1984年入夏以来，黑龙江省农垦局某农场陆续出现阴囊皮炎患者，7、8月份发病者骤增，保健室医生采用核黄素治疗效果不明显，要求上级医院采取措施。

思考题

1. 引起阴囊皮炎的最常见原因有哪些？在什么情况下采用核黄素治疗效果不明显？

2. 缺乏核黄素可出现哪些临床症状？怎样才能证实是核黄素缺乏？人类对核黄素的需要量应多少？

农场专业人员深入现场，作流行病学实地调查，发现该队共有农民325名，其中患有阴囊皮炎者183例，发病率为56.31%，分布于两个生产中队16个小组中，一中队和二中队的发病率分别为54.12%及58.17%。

思考题

3. 在一群体中阴囊皮炎罹患率高达56.31%，这意味着什么问题？

4. 两个中队之间的发病率对比调查，在统计学上有无显著差别，说明什么问题？

该队1983年就有阴囊皮炎患者14例，但未引起注意。至1984年仍未好转，在1984年新发169例，从2月份开始新发1例后，5月份发病上升，7、8月份达高峰，然后明显下降，9月上旬仅4例，前后共计183例。不同年龄、职业与发病无显著差别。

思考题

5. 阴囊皮炎的发生有无季节差别？为什么该队7、8月份是发病高峰？

6. 阴囊皮炎的发病有无年龄及职业的差别？

183例阴囊皮炎患者中，同时患有口角炎和（或）舌炎并发症者92例，占50.3%。

调查85例阴囊皮损程度，在1/3以下者（22例）占26%；在2/3以上者（19例）占22%；处于两者之间者（44例）占52%。一般病程为10～160d。

思考题

7. 如何处理核黄素缺乏引起的阴囊皮炎？

从本起临床资料分析，患者除患有阴囊皮炎外，同时还患有口角炎、舌炎等并发症。为此，深入现场开展了下列有关病因学的调查与实验研究。

（1）真菌检查：随机抽查14例典型现症患者的阴囊鳞屑，做了真菌直接镜检，结果1例检出真菌菌丝，因限于条件未能做细菌学培养鉴定。

（2）4小时尿中核黄素负荷试验比较：现患经核黄素试治一周后，与年龄相同的健康者的4小时尿中核黄素负荷试验比较，结果见表1-19。

表1-19　4小时尿中核黄素量

组别	受试例数	尿核黄素量（μg）
试验组	30	20.58±1.49
对照组	30	16.32±1.07

（3）为了进一步证实患者因服过核黄素一周，而致核黄素负荷试验排出量反比健康者为高。又抽取10例阴囊皮炎患者和10例健康者，每天分别口服核黄素1.5mg，连续四周，并作了核黄素治疗前后的自身比较，结果见表1-20。

表1-20　服药前后尿中核黄素量

组别	给药前（μg）	服药后（μg）
患病组	22.46±2.82	320.50±14.75
健康组	40.06±4.72	181.50±6.50

（4）药物试验：将一中队85例现症患者，用核黄素10mg加复合B族维生素10mg，每日2次，试治1周后复查，治愈率为96.5%（82/85）。又将一中队13例经治疗的患者（其中9例已愈、4例未愈），与二中队未经治疗的9例患者，分别作了4小时尿中核黄素负荷试验，结果见表1-21。

表 1-21　给药患者与未给药患者 4 小时尿中核黄素量

组别	受治数	核黄素量排出（μg）
试治已愈	9	227.12±18.65
试治未愈	4	120.06± 7.02
未治未愈	9	19.50± 0.91

（5）膳食营养调查：经调查，325 例农民 5—10 月份，从膳食中供给的各种水溶性维生素与阴囊皮炎的发病关系，见表 1-22。

表 1-22　膳食中供给的各种维生素与阴囊皮炎发病分布

月份	维生素（mg）				发病例数
	B_1	B_2	C	PP	
5	1.72	0.76	111.87	17.35	17
6	1.53	0.64	114.85	15.85	34
7	1.50	0.55	72.97	16.90	79
8	1.70	0.60	167.37	20.77	58
9	1.30	0.68	210.61	16.96	4
10	1.88	1.00	517.93	22.20	0

思考题

8. 本案例实验研究证实阴囊皮炎主要是核黄素缺乏所致，但引起本案例核黄素缺乏的主要原因又是什么？

9. 应采取哪些预防措施才能防止类似事件？

（周宪君）

实习二　病例对照研究

【实习目的】

1. 掌握病例对照研究概念、特点及分析的基本过程；掌握病例对照研究的基本原理；掌握病例对照研究中病例和对照选择的基本原则；掌握病例对照研究常用指标的计算及资料的整理与分析方法。

2. 熟悉病例对照研究的设计原则与方法、分析指标、常见偏倚及其控制；熟悉各种病例对照研究类型的优缺点。

3. 了解病例对照研究在病因学研究中的作用。

【实习知识点】

1. 病例对照研究是分析流行病学的方法中最基本、最重要的研究类型之一，主要用于广泛探索疾病的可疑危险因素、深入检验某个或某几个病因假说、为进一步进行前瞻性研究提供明确的病因线索。

2. 病例对照研究的基本原理及基本特点。基本原理：选择某特定疾病的患者作为病例，以不患有该病但具有可比性的个体作为对照，调查他们发病前对某个（些）因素的暴露情况，比较两组各因素的暴露比例，研究该疾病与这个（些）因素的关系。基本特点：①属于观察法；②回顾性研究，研究方向由果及因；③可同时观察一种疾病与多种因素的关联；④无法确定因果关联。

3. 暴露概念。指研究对象曾经接触过某些因素或具备某些特征。

4. 病例对照研究中病例与对照的选择要求。

5. 病例对照研究效应指标 OR 值的计算及其流行病学意义。OR 含义与相对危险度（RR）类似，反映暴露者患某种疾病的危险性较无暴露者高的程度，指暴露者的疾病危险性为非暴露者的多少倍。OR＞1 说明疾病的危险度因暴露而增加，暴露与疾病之间为“正”关联；OR＜1 说明疾病的危险度因暴露而减少，暴露与疾病之间为“负”关联。OR＝1 说明暴露与疾病之间无关联。

6. 病例对照研究中常见偏倚。选择偏倚、信息偏倚、混杂偏倚。

7. 病例对照研究的优缺点。

案例讨论

【案例一】

某学者为了解老年人进展性缺血性脑卒中与高血压病史之间的关系，以住院进展性脑卒中患者为病例组，收集 58 例，同期非进展性脑卒中患者为对照组，收集 60 例，收集资料见表 2－1。

表 2-1　老年人进展性缺血性脑卒中与高血压病史病例对照调查表

分组	性别	年龄	高血压病史	分组	性别	年龄	高血压病史
病例组	男	63	有	对照组	男	65	无
病例组	男	72	有	对照组	男	67	有
病例组	男	70	有	对照组	男	83	有
病例组	男	69	有	对照组	男	82	有
病例组	男	61	有	对照组	男	60	有
病例组	男	54	有	对照组	男	70	有
病例组	男	69	有	对照组	男	77	有
病例组	男	69	有	对照组	男	65	有
病例组	男	70	有	对照组	男	71	有
病例组	男	69	有	对照组	男	83	有
病例组	男	69	有	对照组	男	82	有
病例组	男	60	有	对照组	男	70	有
病例组	男	87	有	对照组	男	89	有
病例组	男	63	有	对照组	男	67	有
病例组	男	68	有	对照组	男	76	有
病例组	男	56	有	对照组	男	71	有
病例组	男	57	有	对照组	男	57	有
病例组	男	83	有	对照组	男	81	有
病例组	男	80	有	对照组	男	67	有
病例组	男	78	有	对照组	男	62	有
病例组	男	73	有	对照组	男	51	有
病例组	男	63	有	对照组	男	80	有
病例组	女	88	有	对照组	男	67	有
病例组	女	70	有	对照组	男	63	有
病例组	女	72	有	对照组	男	63	有
病例组	女	86	有	对照组	男	71	有
病例组	女	70	有	对照组	男	67	有
病例组	女	69	有	对照组	男	61	有
病例组	女	80	有	对照组	女	54	有
病例组	女	62	有	对照组	女	76	有
病例组	女	72	有	对照组	女	79	有
病例组	女	83	有	对照组	女	66	有
病例组	女	58	有	对照组	女	76	有
病例组	女	70	有	对照组	女	66	有

续表

分组	性别	年龄	高血压病史	分组	性别	年龄	高血压病史
病例组	女	64	有	对照组	女	72	有
病例组	女	69	有	对照组	女	79	有
病例组	女	61	有	对照组	女	58	有
病例组	女	84	有	对照组	女	61	有
病例组	女	86	有	对照组	女	61	有
病例组	女	60	有	对照组	女	69	无
病例组	女	72	有	对照组	女	74	无
病例组	女	77	有	对照组	女	59	无
病例组	女	73	有	对照组	女	90	无
病例组	女	77	有	对照组	女	64	无
病例组	女	74	有	对照组	女	59	无
病例组	女	69	有	对照组	女	76	无
病例组	女	81	有	对照组	女	74	无
病例组	女	73	有	对照组	女	61	无
病例组	女	73	无	对照组	女	83	无
病例组	女	76	无	对照组	女	70	无
病例组	女	60	无	对照组	女	66	无
病例组	女	60	无	对照组	女	87	无
病例组	女	81	无	对照组	女	79	无
病例组	女	83	无	对照组	女	72	无
病例组	女	77	无	对照组	女	80	无
病例组	女	62	无	对照组	女	87	无
病例组	女	68	无	对照组	女	69	无
病例组	女	85	无	对照组	女	55	无
				对照组	女	66	无
				对照组	女	69	无

思考题

1. 该研究是什么设计类型？
2. 按表中内容进行资料整理（并列表）。
3. 将整理好的资料数据进行处理分析，并作出结论。

【案例二】

为了解食管炎病史与食管癌的关系，采用病例对照研究方法对98例食管癌患者及133名健康人对照进行调查。整理结果见表2-2。

表 2-2　食管炎病史与食管癌病例对照研究结果

食管炎病史	病例组	对照组	合计
有	42	26	68
无	56	107	163
合 计	98	133	231

思考题

1. 根据上表资料计算 χ^2、OR 值及 95%置信区间，计算结果说明了什么问题?

2. 根据上述资料能否计算 ARP 及 PARP?

【案例三】

2002 年数据显示，高血压在我国人群中发病率为 18.8%，是我国常见慢性病。全国各地人群因地域、气候、民族习俗、宗教信仰、生活环境等因素存在差异，不同地区高血压危险因素可能存在特异性。采用病例对照研究方法，探讨吸烟与高血压的关系。

一、抽样方法

采用分层抽样方法按地区人均每年可支配收入，将各社区分为小于 1 万元、大于或等于 1 万元两个层级，再从中分别整群随机抽取两个社区/镇，然后由不参与本次调查者，在每个社区/镇卫生服务站中，按保存的所有居民健康档案高血压患者及健康居民的资料中随机抽取 80 份。记录每位研究对象的各项信息。本次调查共收集有效资料 555 份，其中高血压患者资料 326 份，健康居民资料 229 份。

二、纳入标准

1. 职业　以脑力劳动为主要职业，包括技术人员、干部、学生、商业服务从业者。以体力劳动为主要职业，包括办事人员、农民、生产运输设备操作人员、军人。体质量根据《中国成人超重和肥胖症预防控制指南》判断。

2. 血压　采用《中国高血压防治指南》(2009 年基层版) 中诊断标准。患者既往有高血压病史，目前正在服用抗高血压药，血压虽低于 140/90mmHg，也应诊断为高血压。调查中涉及的高血压患者也包括既往在三级乙等及以上级别医院中确诊者。

3. 血脂　采用《中国成人血脂异常防治指南》(2007 年版) 诊断标准。每日摄盐大于 6g 者为高盐饮食。

4. 资料收集　本研究调查员为预防医学专业本科生、研究生及各个社区卫生服务站工作人员。血压的测量方法按《诊断学》(第 6 版) 的间接测量法测量调查对象血压。血脂由调查员与社区卫生服务站工作人员一同进社区收集调查对象空腹外周静脉血 2ml 后统一集中在社区卫生服务站，用免疫比浊法检测。

5. 资料整理与分析　回收有效调查表，录入数据，整理资料见表 2-3。

表 2-3　吸烟与高血压关系的病例对照研究结果

吸烟	高血压患者	健康居民	合计
否	275	192	467
是	51	37	88
合 计	326	229	555

思考题

1. 进行 χ^2 检验，结果如何？可以说明什么问题？

2. 计算 OR 值及 95%置信区间，并解释结果。

【案例四】

缺铁性贫血（iron deficiency anemia，IDA）是 3 岁以下儿童常见的营养缺乏病，是因缺铁导致血红蛋白（Hb）合成障碍的一种贫血反应。有研究显示，6～24 个月儿童的铁缺乏影响了 40%～60%的发展中国家儿童的智力发育，严重威胁着小儿的健康成长。在我国，形势也相当严峻，缺铁性贫血正成为影响我国国民体质的一大公共卫生问题。为了解杭州市余杭区 3 岁以下小儿贫血现状，寻找高危致病因素，研究者于 2013 年开展了现况调查，并在此基础上进行了病例对照研究，探讨儿童偏食与缺铁性贫血的关联。

1. 现况调查选择杭州市余杭区第一人民医院、第二人民医院、第三人民医院及第五人民医院 2012 年 7—12 月间就诊并做了外周血象检测的所有 3 岁及以下儿童为研究对象。共获得 2 087 例，其中男性 1 153 人，女性 934 人。

2. 病例对照研究。以现况调查确定的 3 岁及以下患缺铁性贫血的患儿为病例，选择同时期同医院与病例年龄、性别相同的非贫血儿童为对照。

3. 收集、整理资料。收集病例对照研究对象，征得知情同意后，采用自行设计的调查问卷进行问卷调查，调查内容包括儿童基本信息、家庭背景、生活环境、出生情况、喂养情况、进食情况、发育速度等。收集调查问卷整理结果见表 2－4。

表 2－4　贫血儿童和对照儿童偏食情况整理表

对　照	病例	
	偏食	不偏食
偏　食	46	17
不偏食	33	132
合　计	79	149

思考题

1. 该研究是什么设计类型？病例对照研究设计的一般步骤是什么？

2. 进行 χ^2 检验，结果如何？可以说明什么问题？

3. 计算 OR 值及 95%置信区间，并解释结果。

【案例五】

上述资料中贫血儿童和对照儿童喂养方式情况见表 2－5。

表 2－5　贫血儿童和对照儿童喂养方式整理表

喂养方式	贫血儿童	对照儿童
母乳喂养	59	77
混合喂养	65	87
人工喂养	104	64
合　　计	228	228

思考题

1. 进行基本的统计学分析。

2. 上述分析可以得出什么结论？尚需进一步做何种研究以确定因果关系？

【案例六】吸烟与肺癌关系研究

1. 研究对象 病例组，以 1948—1952 年间在伦敦及其附近的 20 多家医院确诊为肺癌的住院患者为病例。对照组，以同一医院同期住院的胃癌、肠癌等其他肿瘤患者作为对照。对照组和肺癌组病人配对条件：年龄相差小于 5 岁，性别相同，居住地区相同，家庭经济情况相似，同期入院，并住同一医院。

2. 调查方法 各个医院凡新收肺癌患者时，即派调查员前往医院调查。调查工作由具有该种研究经验的调查员完成，两组人员均被详细询问既往和现在的吸烟等情况，结果填入统一的调查表。

3. 病例确定 经病理组织学和（或）痰的细胞学确诊，少部分患者依据肺部 X 线检查或支气管镜检查确诊。

4. 调查结果 事先规定 75 岁以上的患者不作为调查对象，并除去误诊为肺癌最后修正诊断的患者 80 例，因调查时已出院（189 例）、病危（116 例）、死亡（67 例）、耳聋（24 例）、不会英语（11 例）等原因未进行调查的肺癌病例 407 例，结果被调查的肺癌患者共计 1 465 例，男性 1 357 例，女性 108 例。以男性为例，将肺癌组与对照组的吸烟习惯整理结果见表 2 - 6 和表 2 - 7。

表 2 - 6 肺癌组与对照组吸烟习惯比较

吸烟情况	肺癌组	对照组	合计
吸 烟	1 350	1 296	2 646
不吸烟	7	61	68
合 计	1 357	1 357	2 714

表 2 - 7 肺癌组与对照组吸烟习惯比较（1∶1 配比）

对 照	病 例		合计
	吸烟	不吸烟	
吸 烟	1 289	7	1 296
不吸烟	61	0	61
合 计	1 350	7	1 357

注：表内数字为对子数

进一步把男性肺癌组与对照组按吸烟与否及每日吸烟量进行分析，见表 2 - 8。

统计分析所调查的肺癌组与对照组吸烟的总剂量与肺癌的发生情况，见表 2 - 9。

表 2-8　每日吸烟量与肺癌的关系

支/日	肺癌组		对照组		OR
	例数	%	例数	%	
0	7	0.50	61	4.50	
1～	49	3.60	91	6.70	
5～	516	38.00	615	45.30	
15～	445	32.00	408	30.10	
25～	299	22.10	162	11.90	
50～	41	3.00	20	1.50	
合计	1 357	100.00	1 357	100.00	
所有吸烟者	1 350	99.48	1 296	95.50	

表 2-9　肺癌组与对照组的吸烟总量估算值

组别	各吸烟的总量人数					χ^2 检验
	365 支～	50 000 支～	150 000 支～	250 000 支～	1 000 000 支～	
男：肺癌患者	19	145	183	225	75	男性：$\chi^2=30.6$，
（647 例）	（2.9%）	（22.4%）	（28.3%）	（34.8%）	（11.9%）	$\nu=4$，$P<0.001$
非肺癌患者	36	190	182	179	35	
（622 例）	（5.6%）	（30.5%）	（29.3%）	（28.9%）	（5.6%）	
女：肺癌患者	10	19	5	7	0	女性：$\chi^2=12.97$，
（41 例）	（24.4%）	（46.3%）	（12.2%）	（17.1%）		$\nu=3$，$P<0.001$
非肺癌患者	19	5	3	1	0	
（28 例）	（67.9%）	（17.9%）	（10.7%）	（3.6%）		

思考题

1. 病例和对照的来源有哪些？在住院患者中选取对照组应如何保证与肺癌组有可比性？

2. 为了说明肺癌组与对照组的可比性，在两组的年龄、性别方面是否需要做均衡性检验？

3. 根据表 2-6 和表 2-7 的资料分别计算 χ^2 值、OR 值及其 95%CI。

4. 将表 2-8 填充完整。从表 2-8 和表 2-9 中的资料可以看出什么趋势？说明每日吸烟量和肺癌呈何种关系？

5. 从本次调查吸烟与肺癌关系的病例对照研究资料中，可得出什么结论？尚需进一步做何种研究以决定因果关系？

【案例七】吸烟与肺癌（Smoking and lung cancer）

作者等看到近二三十年来因患肺癌而死的人数大有增加，因而对其原因进行了调查研究。他们所看到的增加并非由于一般人口增加或老年人口增加所致。卫生统计学家提出死亡率标准化以后的数据如下：1901—1920 年，每 10 万人口肺癌死亡率为：男性 1.1，女性 0.7；1936—1939 年，男性 10.6，女性 2.5。这种增高趋势亦见于别国的报告（如瑞士、丹麦、美国、加拿大、澳大利亚、土耳其及日本）。

思考题

有人认为这种增加不一定是真的增加，而是诊断技术或诊断标准有所改进所致。你同意他的说法吗?

一、增加的可能因素

一是大气污染的增加，如大气为汽车尾气、柏油马路上的尘埃、煤气厂、工厂等发出的烟尘所污染。二是吸烟。近数十年来以上两项均有所增加。

请考虑如何区分以上两种因素对肺癌的作用，以往积累的临床经验和记录主要是吸烟方面的。这些资料都比较零碎。

二、调查研究方法

调查研究的目的在于确定肺癌患者在吸烟习惯上与其他患者有无重要不同。调查对象不仅为肺癌患者，同时附带查胃癌、肠癌、肝癌患者（请考虑这样做的意义）。

调查方法：与 20 个大医院合作，请其在患以上各种癌症的人入院时即给予通知。在接到通知后，即派调查员（专职人员）前往访视患者，并进行调查。调查员每调查一名患癌者，同时须调查一名非肺癌患者作为对照（请考虑此项工作有何必要性）。对照患者选择条件是：年龄（上下相差在 5 岁之内）、性别与肺癌患者相同、大约在同时入同一医院。

肺癌诊断必须确实无误。

三、资料

在调查研究期间（1948 年 4 月—1948 年 8 月）共有肺癌病例通知 1 347 起。事先决定，75 岁以上的病例不作为调查对象（因恐不能得到可靠的调查资料）。这类患者有 150 例，另有 80 例诊断改正后未予调查，另有 408 例因故未能进行调查，未能进行调查者之总数，占的比例虽高，但不足以使研究结果发生偏差。未能调查到的主要原因为接到通知后耽搁了。实际上经过调查的肺癌病例有 709 名，另有等数的对照患者，两组可比性如表 2－10 所示。

从表 2－9 可以看到肺癌组与对照组在性别和年龄上完全相同，但在经济状况及住址上有些不同。经济状况差别不大，可能由于机会误差（$\chi^2=1.61$；$\nu=2$；$0.30<P<0.50$）。住址之误差较大（$\chi^2=31.94$；$\nu=5$；$P<0.001$），肺癌患者住在距市区较远地区的比例较对照为高，其解释是这样的：边远地区的患肺癌者来市中心区大医院求治，因在本区缺乏这项医疗条件。这项区别，尚不足以破坏研究所得的结论。如果严格要求，则可只比较两组均住在市区的例子。

表 2－10　病例与对照基本情况

年龄（岁）	肺癌患者 男	肺癌患者 女	对照患者 男	对照患者 女	经济状况	肺癌患者	对照患者
					甲等	77	87
25～	2	1	2	1	乙等	388	396
30～	6	0	6	0	丙等	184	166
35～	18	3	18	3	合计	649	649
40～	36	4	36	4	居住地区		
45～	87	10	87	10	市 1 区	330	377
50～	130	11	130	11	市 2 区	203	231
55～	145	9	145	9	市 3 区	23	16
60～	109	9	109	9	近郊区	95	54
65～	88	9	89*	9	远郊区	43	27
70～74	28	4	27*	4	外区	15	4
合计	649	60	649	60	合计（男＋女）	709	709

* 年龄与病例组人数不配。

四、吸烟习惯的评定

在评定吸烟与肺癌关系时，可能因吸烟习惯有所改变而发生困难。一个人可能在早几年吸烟不多但后来多起来；一个原来吸烟多的人亦可减少烟量或完全戒掉；也有人屡戒屡吸。

怎样克服因吸烟量变动而发生的困难呢？一个方法是询问吸烟史时问得仔细些。可以这样问：①他们在一生中曾否吸烟；②几岁开始吸，几岁停止；③在开始患病之前，吸烟是多少；④吸烟的习惯发生过几次重大的变动，最大量是多少；⑤吸烟斗和吸纸烟的比例如何。

什么叫做一个吸烟者，必须有个定义，著者所下的定义是：一个人曾经每天吸烟 1 支以上吸了 1 年的人，不够此标准的人不按吸烟者计，当然，吸烟史的材料是随着人的记忆和诚实度而异的。患者回答的可靠性是可以测验的，著者曾随机调查了 50 名患者（非癌患者），问了吸烟史两次，其间隔 6 个月，比较两次回答的吸烟量，即可知道答案的可靠程度，他们回答的结果是这样的（表 2－11）。

表 2－11　吸烟量的情况

第一次访问，各种吸烟量的人数	第二次访问，各种吸烟量的人数						
	0	1 支～	5 支～	15 支～	25 支～	50 支～	合计
0	8	1					9
1 支～		4	1				5
5 支～		1	13	3			17
15 支～			4	9	1		14
25 支～				1	3	0	4
50 支～					1	0	1
合　计	8	6	18	13	5	0	50

从表 2－10 的分析可以看出患者对吸烟量的回答不是十分准确的，但可靠性已经足够说明两组吸烟者与非吸烟者的比较。

为显示吸烟与肺癌有无关系，最简捷的方法是比较肺癌患者和非肺癌患者中吸烟者各占的比例，结果见表 2－12。

表 2－12　两组吸烟人数比较

	非吸烟者	吸烟者	χ^2 检验
男：肺癌患者（649）	2（0.3%）	647	$P=0.0000064$
非肺癌患者（649）	27（4.2%）	622	（精确法）
女：肺癌患者（60）	19（31.7%）	41	$\chi^2=5.76$，$\nu=1$
非肺癌患者（60）	32（53.3%）	28	$0.01<P<0.02$

从概率试验结果可以看到肺癌组吸烟者人数，较非肺癌患者为多。虽然妇女的吸烟习惯较不普遍，但两组的吸烟人数仍有差别。

五、吸烟量

在表 2－12 所列的比较里，所有吸烟者都归纳为一组，不论其吸烟量多少。表 2－13 的比较更深入了一步，比较两组患者在生病之前的吸烟量（如该时烟已戒掉，则问戒烟前的烟量）。

从表 2－13 的分析中可以看到，肺癌组中不仅吸烟者人数多，且吸烟量大者所占之比重亦较大，表 2－12 及表 2－13 的结果可以合并用图表示，如图 2－1。

表 2－13　两组吸烟量比较

病例分组	吸烟人数					χ^2 检验
	1 支～	5 支～	15 支～	25 支～	50 支～	
男性：肺癌患者	33	250	196	136	32	$\chi^2=36.95$
(647)	(5.1%)	(39.6%)	(30.3%)	(21.0%)	(5.0%)	$\nu=4$
非肺癌患者	55	293	190	71	13	$P<0.001$
(622)	(8.8%)	(47.1%)	(30.5%)	(11.4%)	(2.1%)	
女性：肺癌患者	7	19	9	6	0	$^*\chi^2=5.72$
(41)	(17.1%)	(46.3%)	(22.0%)	(14.6%)	(0%)	$\nu=2$
非肺癌患者	12	10	6	0	0	$0.05<P<0.10$
(28)	(42.9%)	(35.7%)	(21.4%)	(0%)	(0%)	

吸烟斗者每星期 1 英两折合每天 4 支纸烟

* 为 1 支、5 支及 15 支以上三组进行 χ^2 检验

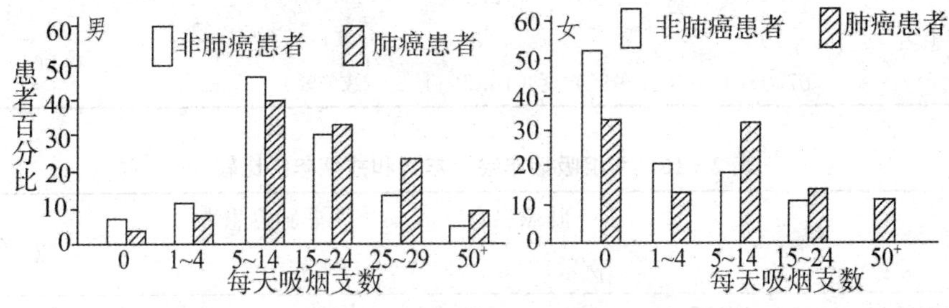

图 2－1　不同吸烟量与病人百分比

六、吸烟历史

有吸烟史的定义前面已经讨论过。现在另外用两种方法分析，一种是按经常每天最高吸烟量进行两组中各种量的人数比较结果，见表 2－14。

表 2－14　两组每天最高吸烟量比较

病例分组	吸烟人数					χ^2 检验
	1 支～	5 支～	15 支～	25 支～	50 支＋	
男：肺癌患者	24	208	196	174	45	$\chi^2=24.45$
(647)	(3.7%)	(32.1%)	(30.3%)	(26.9%)	(7.0%)	$\nu=4$
非肺癌患者	38	242	201	121	20	$P<0.01$
(622)	(6.1%)	(38.9%)	(32.3%)	(19.5%)	(3.2%)	
女：肺癌患者	6	15	12	8	0	$\chi^2=7.58$
(41)	(14.5%)	(36.6%)	(29.3%)	(19.5%)	(0%)	$\nu=2$
非肺癌患者	12	9	6	0	1	$0.02<P<0.05$
(28)	(42.9%)	(32.1%)	(21.4%)	(0%)	(3.6%)	

第二种方法是比较两组患者一生吸过的烟总估计量。当然估计是不会准确的，但足够区分两组不同，比较结果见表2-15。

表2-13，表2-14及表2-15的结果是很相似的。不论用什么方法衡量吸烟的程度，结果都是一样的，就是在吸烟与肺癌之间有重要的、明显的关系。吸烟的概念越明确，则二者的关系越清楚，例如用最大吸烟量及一生吸过的总吸烟量为指标较用发病前的吸烟量为指标来得好。但前两项指标由于多数患者记忆模糊估计数字不易准确，故后一项指标仍属可取。

比较吸烟的年龄也是一种方法，结果见表2-16，肺癌患者有吸烟开始年龄较早，吸烟年数较长和戒除较少的倾向，但两组间区别不显著，只有戒烟年数的差别有统计学意义。

表2-15　两组一生吸烟总量比较

分　组	一生吸过的总烟量的人数					χ^2 检验
	365支～	50 000支～	150 000支～	250 000支～	500 000支～	
男：肺癌患者	19	145	183	225	75	$\chi^2=30.60$
(647)	(2.9%)	(22.4%)	(28.3%)	(34.8%)	(11.6%)	$\nu=4$
非肺癌患者	36	190	182	179	35	$P<0.01$
(623)	(5.8%)	(30.5%)	(29.3%)	(28.9%)	(5.6%)	
女：肺癌患者	10	19	5	7	0	$\chi^2=12.97$
(41)	(24.4%)	(46.3%)	(12.2%)	(17.1%)		$\nu=2$
非肺癌患者	19	5	3	1	0	$0.001<P<0.01$
(28)	(67.9%)	(17.9%)	(10.7%)	(3.6%)		

表2-16　两组吸烟年龄、年数和戒烟年龄比较

		肺癌患者		非肺癌患者		χ^2 检验
		例数	%	例数	%	
开始吸烟年龄	20岁以下	541	78.6	488	75.1	
	20～	118	17.2	129	19.8	$\chi^2=2.40$
	30～	17	4.2	22	5.1	$\nu=2$
	40～	12		11		$0.3<P<0.50$
	合计	688		650		
吸烟年数	1～	14		18		
	10～	21	5.1	32	7.7	$\chi^2=4.65$
	20～	351	51.0	338	52.0	$\nu=2$
	40～	302	43.9	262	40.3	$0.05<P<0.10$
	合计	688		650		
戒烟年数	0～	649	94.3	590	90.8	
	1～	30	4.4	37	5.7	$\chi^2=8.95$
	10～	4	1.3	14	3.5	$\nu=2$
	20+	5		9		$0.01<P<0.02$
	合计	688		650		

（李兴洲）

实习三　队列研究

【实习目的】

1. 掌握队列研究的设计原理、用途、实施过程，RR、AR、AR%、PAR%的概念和意义。

2. 熟悉队列研究的常见偏倚和控制。

3. 了解队列研究的优缺点。

【实习知识点】

1. 队列研究基本原理、基本特点及研究类型。

（1）基本原理：根据研究对象是否暴露于某研究因素或其不同水平将研究对象分成暴露组与非暴露组，随访一定时间，比较两组之间研究结局发生率的差异，以分析暴露因素与研究结局之间的关系。

（2）基本特点：①观察法；②设立对照；③由因到果，符合时间顺序；④确证暴露和结局因果关系。

（3）研究类型：①前瞻性队列研究；②历史性队列研究；③双向性队列研究。

2. 队列研究的主要用途：①检验病因假设；②评价预防措施效果；③研究疾病的自然史。

3. 累积发病率与发病密度的计算及应用。

4. 队列研究效应指标：RR、AR、AR%、PAR、PAR%的计算和意义。

5. 队列研究的常见偏倚：选择偏倚、失访偏倚、信息偏倚、混杂偏倚。

6. 队列研究的优缺点。

案例讨论

【案例一】

某一项队列研究中的三例研究对象的资料见表3-1，以精确法计算三例研究对象的暴露人年。

表3-1　三例研究对象的出生日期与进出研究时间

编号	出生日期	进入研究时间	退出研究时间
1	1955-03-18	2001-06-11	2005-10-05（出现终点结局）
2	1963-05-29	2003-04-21	2006-08-19（失访）
3	1972-06-04	2010-10-17	2012-03-31（观察结束时仍健在）

【案例二】

假设某队列研究从2001年5月20日开始，开始观察人数为20 674人，至2005年11月

20日结束，结束时的人数为20 692人，详细资料见表3-2，以近似法计算暴露人年。

表3-2　某队列近似人年计算法

年龄（岁）	观察人数					观察人年数
	2001-05-20	2002-05-20	2003-05-20	2004-05-20	2005-11-20	
35～	6 531	6 564	6 558	6 540	6 538	
45～	9 812	9 803	9 846	9 827	9 824	
55～64	4 331	4 340	4 347	4 337	4 330	
合计	20 674	20 707	20 751	20 704	20 692	

【案例三】

假设某队列研究从1965年1月1日开始，连续5年进行追踪随访，记录年初人数、年内进入人数、年内发病人数、年内失访人数，结果见表3-3。

表3-3　寿命表法计算人年

观察时间（第X年）	年初人数（l_x）	年内进入人数（N_x）	年内发病人数（D_x）	年内失访人数（W_x）	暴露人年数（L_x）
1	3028	78	10	31	
2		61	7	49	
3		124	15	22	
4		38	13	47	
5		0	8	16	
合计			53		

思考题

1. 上述研究属于何种类型的流行病学研究？
2. 请完成表3-3中研究对象人年的计算。
3. 用什么指标来描述该人群的发病危险，并进行计算？

【案例四】

某厂医院医生欲研究吸烟与肺癌及心血管疾病的关系，选择吸烟时间至少5年以上的男性工人共1 000人为研究对象，随访10年发现，肺癌患者5人、心血管疾病患者4人，已知该地男性肺癌及心血管疾病年平均发病率分别为2.5‰和3‰，结果见表3-4。

表3-4　吸烟与肺癌及心血管疾病标准化发病比

	实际发病人数	期望发病人数	SMR	SMR 95%CI
肺癌	5			
心血管疾病	4			

思考题

1. 根据表3-4资料完成表中指标的计算。

2. 对 SMR 与 1 的差别进行假设检验。

3. 请回答吸烟引起肺癌还是心血管疾病的危险性哪个更大？请说明理由。

【案例五】

某社区医师为研究所在社区男性人群饮酒与肝癌、缺血性心脏病的关系进行了一项队列研究，收集资料见表 3-5。已知全人群肝癌年发病率为 35.50/10 万人年，全人群缺血性心脏病年发病率为 403.21/10 万人年。

表 3-5　某社区男性人群饮酒与肝癌、缺血性心脏病队列研究的效应估计

疾　病	饮酒组	不饮酒组	RR	AR	AR%	PAR%
	1/10 万人年	1/10 万人年		1/10 万人年		
肝癌	58.50	12.50				
缺血性心脏病	490.53	315.95				

思考题

1. 请完成表中指标的计算。

2. RR 和 AR 有何区别？二者意义有何不同？

3. AR%和 PAR%有何区别？二者意义有何不同？

【案例六】高中新生结核菌素反应程度与结核病发病危险的前瞻性队列研究

防治结核病仍然是我国重要的公共卫生服务项目，结核菌素强阳性人群结核病的发病率高，对儿童及青少年中强阳性反应者进行预防性化学治疗，可减少发病，但我国强阳性反应判断标准《中国生物制品规程》与临床医学专著不同。为此，本研究结合 2008 年如东县高中新生健康体检、结核病筛查以及 2011 年高考健康体检的结果，进行高中新生结核菌素反应程度与高中期间结核病发病危险的前瞻性队列研究，为选择合适的预防性治疗对象提供科学依据。

1. 研究对象　将 2008 年如东县全部高一新生 6 068 人列为随访对象，并作为队列人群的识别码。研究队列是以人群为基础的前瞻性队列，队列人群招募从结核菌素试验（也称 PPD 试验）开始（2008 年 10 月）到高考健康体检结束（2011 年 5 月），随访时间 32 个月。

2. 分组　PPD 试验阴性反应（＜5mm）为对照组（非暴露组），阳性反应为暴露组。阳性反应分 5～、10～、15～、20～mm 和水泡 5 个亚组。

3. 病例诊断标准及分类　参照《结核病诊断标准》和《结核病分类》。

4. PPD 试验　采用成都生物制品研究所生产的核菌素纯蛋白衍生物（PPD）对研究对象作皮内试验，注射 72h 后测量反应，记录硬结的横径、纵径和水疱等，平均直径＝（横径＋直径）/2，既有水疱又有硬结按水疱计算。

5. X 线检查　全部随访对象在队列开始、结束时做 X 线胸透，对咳嗽、咳痰 2 周以上或痰中带血丝者在就诊时做 X 线胸透，对有异常阴影者和 PPD 反应≥20mm 或有水疱者做 X 线胸片。

6. 细菌学检查　对 X 线胸片异常者进行 3 次痰涂片抗酸染色检查。

7. 一般状况　6 107 名高中新生中 6 068 名进行 PPD 试验，受试率为 99.36%，随访期间无人失访，无人进行结核病预防性治疗。暴露组和对照组在性别（χ^2＝1.23，P＝0.250）和年龄（χ^2＝0.95，P＝0.200）上的差异均无统计学意义。32 个月随访期间，6 068 名观察对象中发现8例肺结核患者，累积发病率为0.13%。其中，1例为继发性（浸润性）涂阳活动性肺结核，7例为继发性（浸润性）涂阴活动性肺结核。

思考题

1. 这是一种什么类型的流行病学研究？该研究的优缺点有哪些？

2. 完成表3-6，结合表中内容分析PPD反应程度与结核病发病的关系。

表3-6 高中新生PPD反应程度与结核病发病危险的分析

PPD（mm）	人数	发病数	暴积发病率（%）	RR	RR95%CI
对照组	5 302	3	0.06		
暴露组					
5～	300	0			
10～	369	1	0.27		
15～	64	2	3.13		
20～	26	1	3.85		
水疱	7	1	14.29		
合计	6 068	8	0.13		

【案例七】 美国白人男性铀矿暴露与肺癌的队列研究

19世纪以来，对铀矿工人的调查有很多报道指出了铀矿作业的远期健康效应，特别是肺部疾患危险性。本研究利用了20世纪50年代美国公共卫生署的医学调查资料，该资料显示科罗拉多地区矿工1950年开始进行医学检查，1950年及以后的检查结果均登记在案。美国公共卫生署的调查人员系统地走访了许多矿区的工人，并对他们进行询问和调查，根据这些资料，研究人员在1990年确定了研究对象。把接受过医学调查，并在1964年1月1日前在科罗拉多高原地下铀矿工作至少1年的白人男性工人列为研究对象。列入调查的对象都随访到1989年。本次研究选用当地同期非铀矿工人（该批工人的资料也来自于美国公共卫生署）作为对照，而以同期美国人群资料作为背景资料。

思考题

1. 这是一个什么类型的流行病学研究？该种研究有何优缺点？

2. 研究人员这样选择对象有何目的？

3. 该研究选取的对照为何种类型，有何优缺点？

从美国公共卫生署得到的资料包括：姓名、社会保险号、种族、性别、出生日期、与研究有关的铀暴露剂量、工种、入厂日期等。通过这些资料，研究人员可以得到有关研究对象观察期铀暴露情况。同时，研究人员亦调查观察期间该批对象的生存状况（存活或死亡的原因）。

本次研究得到的部分结果见表3-7。

表 3-7 1950—1989 年白人男性铀矿工人死因调查

死亡原因	观察数	预期死亡数	标化死亡比
结核	14	3.4	4.09
恶性肿瘤（合计）	264	117.2	2.25
肝胆管	2	2.8	0.71
胰腺	9	6.6	1.37
喉	0	1.9	0.00
肺	185	38.4	4.82
乳腺	1	0.2	4.53
前列腺	7	5.9	1.18
膀胱	3	3.2	0.94
皮肤	5	2.3	2.16
淋巴和血液	9	12.0	0.75
糖尿病	4	8.5	0.47
酒精中毒	7	2.6	2.73
事故	155	46.8	3.31
合计	950	600.3	1.58

思考题

4. 标化死亡比（SMR）是如何计算的？它有何作用？

5. 从表 3-7 你可以得到哪些初步结论？如何进一步分析资料？

研究人员主要针对肺癌和其他恶性呼吸道疾病进行了深入分析，着重研究了入厂年龄、工龄和暴露剂量等可能的危险因素（表 3-8）。

表 3-8 白人男性铀矿工人不同入厂年龄观察期间肺癌死亡率与非铀矿工人的比较

入厂年龄	铀矿工人		非铀矿工人		合计	
	肺癌死亡率	人年数	肺癌死亡率	人年数	肺癌死亡率	人年数
<20 岁	18	44 776	7	37 234	25	82 010
20 岁～	41	12 983	53	62 528	94	75 511
30 岁～	88	8 453	48	19 360	136	27 823
40 岁～	38	2 951	15	7 236	53	10 187
合计	185	69 163	123	126 628	308	195 521

思考题

6. 表 3-8 中的暴露人年是如何计算的，请举例说明。

7. 根据表 3-8 所提供的数据，请计算不同入厂年龄铀矿工人相对于非铀矿工人肺癌死亡的危险度及其 95%CI，肺癌死亡归因于铀暴露的危险度为多少？在一般人群中发生肺癌死亡有多少可能是归因于铀暴露？（假设人群中的铀暴露率为 $1/10^4$）

8. 根据你的计算，肺癌死亡与工人入厂时的年龄是否有关？

（李兴洲）

实习四　循证医学

【实习目的】

1. 掌握 Meta 分析过程。

2. 熟悉 RevMan 5.3 软件分析操作。

3. 了解 Meta 分析的各种方法。

【实习仪器】

1. 计算机（推荐：CPU 双核，内存 4G，windows 7 以上版本操作系统）

2. 分析软件 RevMan 5.3（下载地址：http：//tech. cochrane. org/revman/download)

3. 国际互联网络系统（Internet 推荐 4Mb/s 以上，如果有局域网文献服务器可以不需要连接 Internet）

【实习知识点】

1. 循证医学（Evidence Based Medicine，EBM）

指的是临床医生面对着具体的患者，在收集病史、体检以及必要的实验和有关检查资料的基础上，应用自己的理论知识与临床技能，分析与找出患者的主要临床问题，并进一步检索、评价当前最新的相关研究成果，取其最佳证据，结合患者的实际临床问题与临床医疗的具体环境作出科学、适用的诊治决策，在患者的配合下付诸实施，最后分析与评价效果。

2. Meta 分析（Meta-analysis)

是将两个或多个相似研究结果进行定量综合分析的方法。广义上包括提出问题、检索相关研究文献、制定文献纳入和排除标准、描述基本信息、定量综合分析等一系列过程。狭义上，Meta 分析则专指系统评价的定量分析。

3. 敏感性分析（Sensitivity Analysis)

指改变某些影响结果的重要因素，如纳入标准、研究质量的差异、失访情况、统计方法（固定效应或随机效应模型）和效应量的选择（比值比或相对危险度）等，以观察同质性和合成结果是否发生变化，从而判断结果的稳定性和强度。

4. 同质性检验（Homogeneity test)

同质性检验也称异质性检验（Heterogeneity test）指对不同原始研究之间结果的变异程度进行检验。如果检验显示各研究间结果差异有统计学意义，应解释其可能的原因并考虑进行结果合成是否恰当。确定各研究结果是否同质有两种方法：一种是作图观察各研究结果的效应值和置信区间的重叠程度，如果置信区间差异太大、重叠程度小，则表示可能存在统计学异质性；另一种方法是进行同质性检验，如果同质性检验显示 $P \leqslant 0.1$，则表示有统计学异质性。

5. 相关公式（Formula)

（1）异质性检验公式：$Q=\sum w_i(\theta_i-\bar{\theta})^2$，$\bar{\theta}=\frac{\sum w_i\theta_i}{\sum w_i}$，或者 $Q=\sum_i^k w_i\theta_i^2-\frac{\sum w_i\theta_i}{\sum w_i}$，其中 w_i 为第 i 个研究的权重值，θ_i 为第 i 个研究的效应量，$\bar{\theta}$ 为合并效应量，k 为纳入的研究个

数。Q 服从自由度为 $k-1$ 的 χ^2 分布。

（2）异质指数：$I^2=\frac{Q-(k-1)}{Q}\times100\%$

（3）定量资料分析公式：

计算效应值：$d_i=\frac{\bar{x}_{1i}-\bar{x}_{2i}}{s_{pi}}$，$S_{pi}=\sqrt{\frac{(n_{1i}-1)s_{1i}^2+(n_{2i}-2)s_{2i}^2}{n_{1i}+n_{2i}-2}}$

权重：$w_i=N_i=n_{1i}+n_{2i}$

计算 d_i 的加权均数和加权平方差的估计值公式：$\bar{d}=\frac{\sum w_i d_i}{\sum w_i}$，$S_d^2=\frac{\sum w_i d_i^2}{\sum w_i}-\bar{d}^2$，$S_e^2=\frac{4k}{\sum w_i}\left(1+\frac{\bar{d}^2}{8}\right)$，异质性检验 $\chi^2=\frac{KS_d^2}{S_e^2}$。置信区间估计：随机效应模型，$\bar{d}\pm1.96\sqrt{S_d^2-S_e^2}$；固定效应模型，$\bar{d}\pm1.96\frac{s_8}{\sqrt{k}}$。

（4）定性资料计算公式：

D-L 法计算公式：$OR_{\text{MH}}=\frac{\sum\frac{b_ic_i}{T_i}OR_i}{\sum\frac{b_ic_i}{T_i}}$。同质性检验公式：$Q=\sum\frac{b_ic_i}{T_i}[\ln(OR_i)-\ln(OR_{MH})]^2$。异质性校正因子 D 计算公式：若 $Q<k-1$，则 $D=0$，若 $Q\geqslant k-1$，则 $D=\frac{[Q-(k-1)]\sum\frac{b_ic_i}{T_i}}{\left(\sum\frac{b_ic_i}{T_i}\right)^2-\sum\left(\frac{b_ic_i}{T_i}\right)^2}$。D-L 法计算权重：$w_i=\frac{1}{D+\frac{T_i}{b_ic_i}}$。D-L 法计算合并 OR 值：$OR_{DL}=\exp\left(\frac{\sum w_i\ln(OR_i)}{\sum w_i}\right)$。95%置信区间：$\exp\left[\ln(OR_{DL})\pm\frac{1.96}{\sqrt{\sum w_i}}\right]$。

【Meta 分析过程】

1. 构建相关问题

（1）一般性问题

1）涉及患者的一般知识性问题（如患者性别、年龄、文化程度、职业等）；

2）涉及有关所有患者疾病的基本问题（如患者存在什么问题，在什么时间，什么地点，发生什么问题）。

（2）特殊性问题

1）患者存在的特殊问题（这些问题不解决则必影响对患者的正确临床处理）；

2）干预（如何进行相应干预，这往往涉及疾病、危险因素的暴露干预、诊断、预后、患者的依从与理解等）；

3）干预措施的选择；

4）干预的最后结局问题。

（3）患者关心的问题

（4）循证问题的 PICO 格式

1）P 指特定的患病人群（Population/Participants）；

2）I 指干预（Intervention/Exposure）；

3）C 指对照组或另一种可用于比较的干预措施（Comparator/Control）；

4）O 结局（Outcome）。

2. 清晰研究背景与目的

研究背景：“背景”可以分为 4 个部分：①疾病概述；②治疗现状；③干预措施概述；④分析评价的必要性。

研究目的：阐明本研究的目的是解答研究假设提出的科学问题。

3. 拟订纳入与排除标准

按照 PICO 原则从 4 个方面描述和规定纳入和排除标准。

（1）研究类型

（2）研究对象

（3）干预措施

（4）结果测量标准

4. 制定检索策略

按照纳入标准查找已发表或未发表的原始研究。常用的数据库应该包括 MEDLINE/PubMed，Embase，Cochrane 临床对照试验中心注册库，中国期刊全文数据库，中文科技期刊全文数据库，万方数据库，中国生物医学文献数据库。

5. 文献资料质量评价

6. 研究筛选资料提取

7. 资料分析

8. 结果讨论

【RevMan 5.3 软件分析过程】

1. 软件安装　从网站 http：//tech. cochrane. org/revman/download 上下载软件客户端，并安装，注意安装的时候不要更换程序的安装位置，选择默认即可。

2. 启动软件分析数据

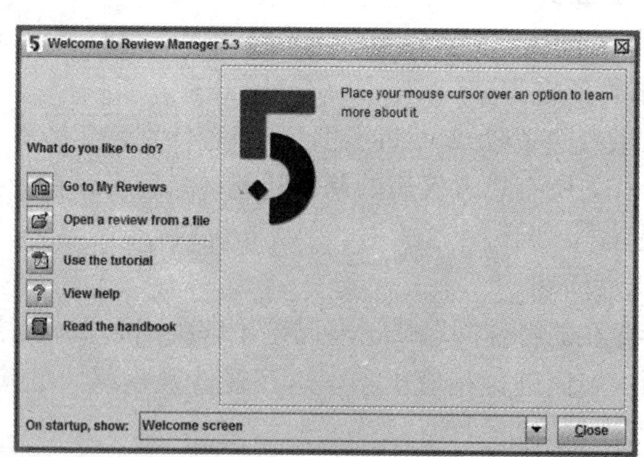

图 4－1　欢迎界面

启动软件进入欢迎界面（图 4－1），这时候可以直接关闭欢迎界面。在接下来的界面里我们找到新建按钮，新建一个分析文档。

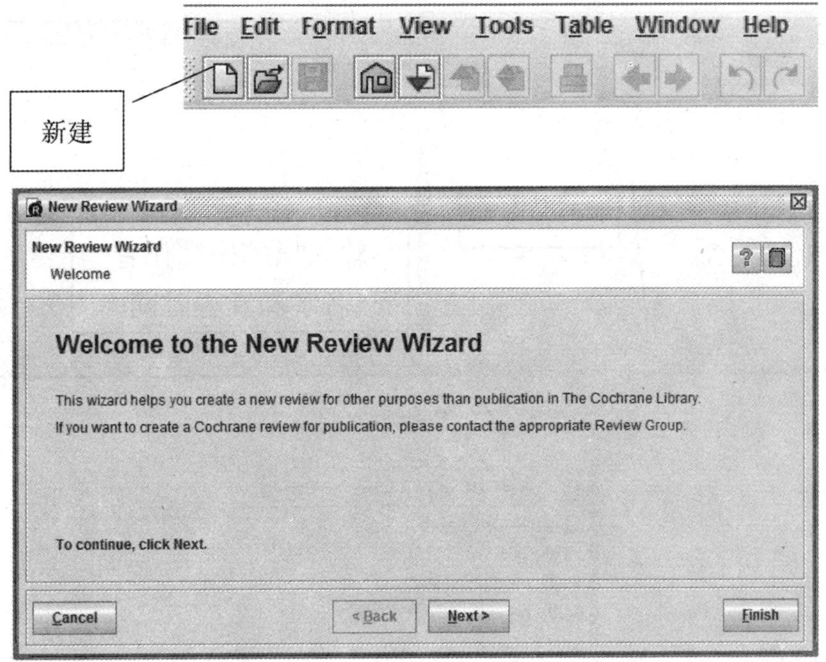

图 4-2

同样我们会看到一个欢迎界面（图 4-2），这个时候我们只需要按 Finish [Finish] 键即可进入下面的界面（图 4-3）。

接下来我们需要在 references to studies 这个地方单击右键添加一个 studies，即原始性研究（图 4-4）。

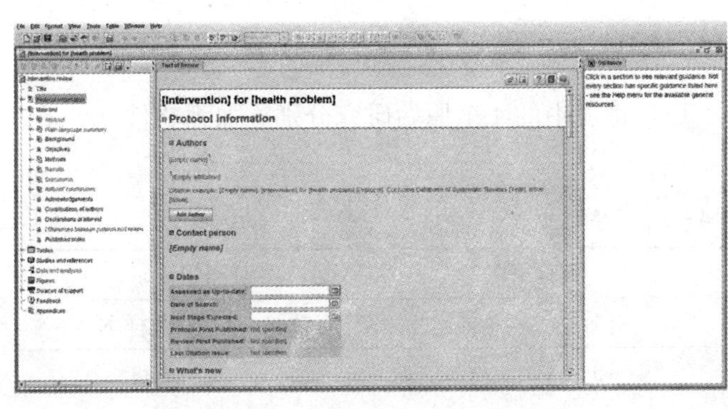

图 4-3

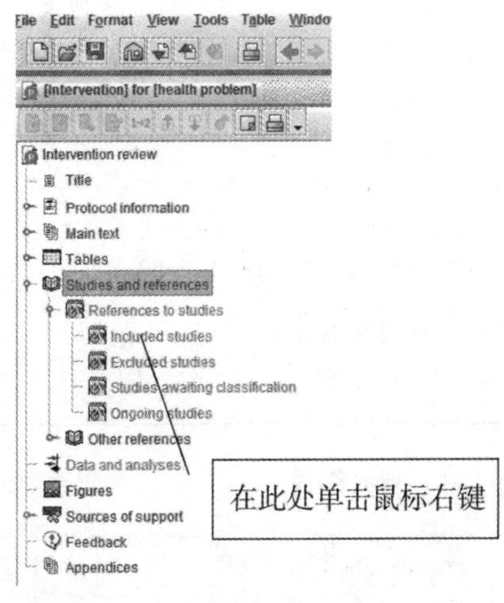

图 4-4

在添加原始研究的时候需要将原始研究的作者和发表时间填上（图 4-5），然后按 "Finish" 按钮结束即可，这个时候我们可以从侧边中看到这个添加项（图 4-6A）。按照同样的操作方法，将各个原始研究都添加到程序里供分析时使用。

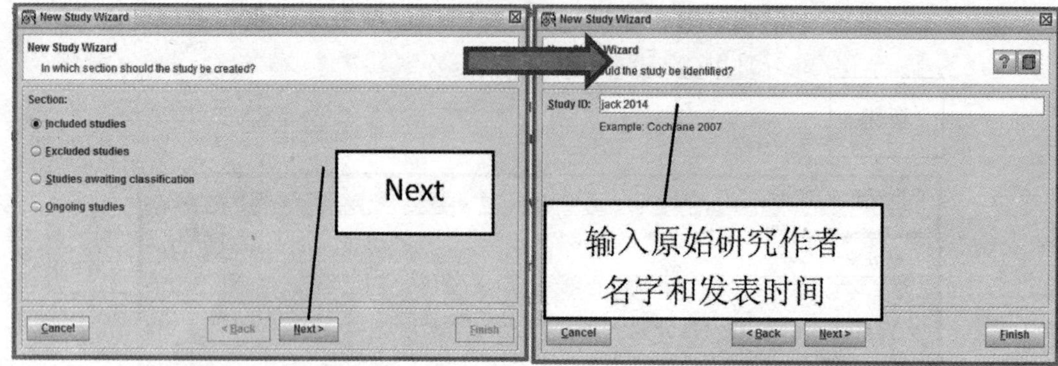

图 4-5

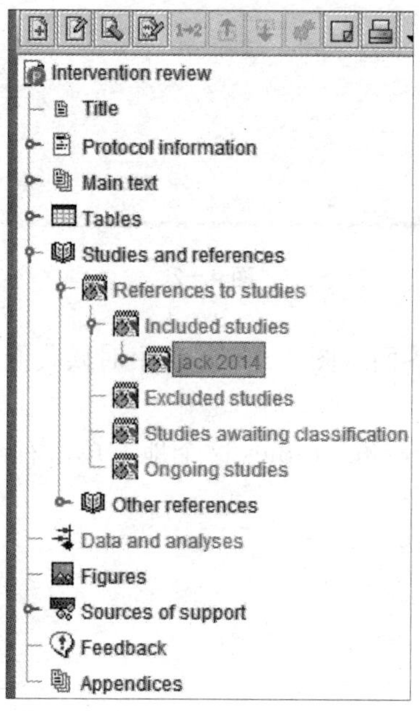

图 4-6A

本次示例使用的数据表如下（表 4-1），将表中的 4 个原始研究分别添加到软件 included studies 里面。

表 4-1　示例数据表

研究作者	发表时间	实验组		对照组	
		有效	总样本	有效	总样本
Jack	2014	19	38	14	38
Fanny	2013	17	35	14	35
Laly	2007	27	38	10	34
Tom	2000	13	49	11	48

对于每一个研究我们要添加相应的研究特征，其方法是在对应的研究上面点击右键选择 Edit study characteristics 选项，出现图 4－6B 界面。在相应的位置分别填上相应的信息，选项相关内容参见表 4－2 和表 4－3。

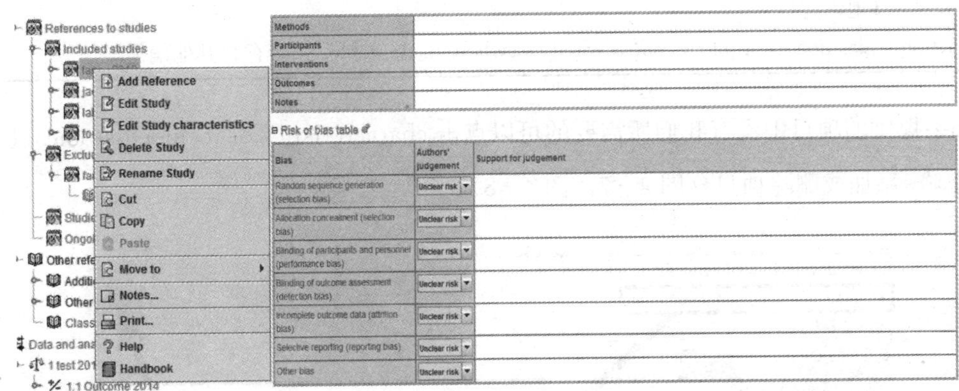

图 4－6B

表 4－2　添加项目名称及相应内容

项目	对应的内容
Methods	原始研究的研究方法
Participants	研究参与人员，一般我们能看到的是原始研究的作者
Interventions	研究的干预方法
Outcomes	结果
Notes	备注项

表 4－3　偏倚评价项目对应的内容

Risk of bias table
Random sequence generation (selection bias 选择偏倚) Explanation：Selection bias (biased allocation to interventions) due to inadequate generation of a randomised sequence；是否采用随机设计来避免选择偏倚； Allocation concealment (selection bias 选择偏倚) Explanation：Selection bias (biased allocation to interventions) due to inadequate concealment of allocations prior to assignment. 在分组的过程中是否使用了分配隐匿，来避免选择偏倚； Blinding of participants and personnel (performance bias 实施偏倚) Explanation：Performance bias due to knowledge of the allocated interventions by participants and personnel during the study. 在实施的过程中是否使用了盲法，来避免实施偏倚； Blinding of outcome assessment (detection bias 检出偏倚) Explanation：Detection bias due to knowledge of the allocated interventions by outcome assessors. 在结果测量或评价中是否使用了盲法，来避免检出偏倚； Incomplete outcome data (attrition bias 失访偏倚) Explanation：Attrition bias due to amount, nature or handling of incomplete outcome data. 是否存在失访；

续表

Selective reporting（reporting bias 报告偏倚） Explanation：Reporting bias due to selective outcome reporting. 是否存在报告偏倚；
Other bias（其他偏倚） Explanation：Bias due to problems not covered elsewhere in the table. 是否存在其他偏倚。

如果提供的项目中没有我们所需要的可以点击 characteristics of included studies 上面的小齿轮 添加或删除项目（图 4－7，图 4－8）。

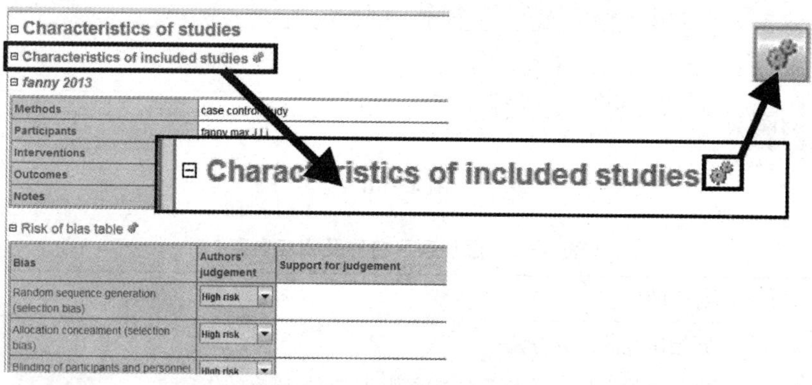

图 4－7

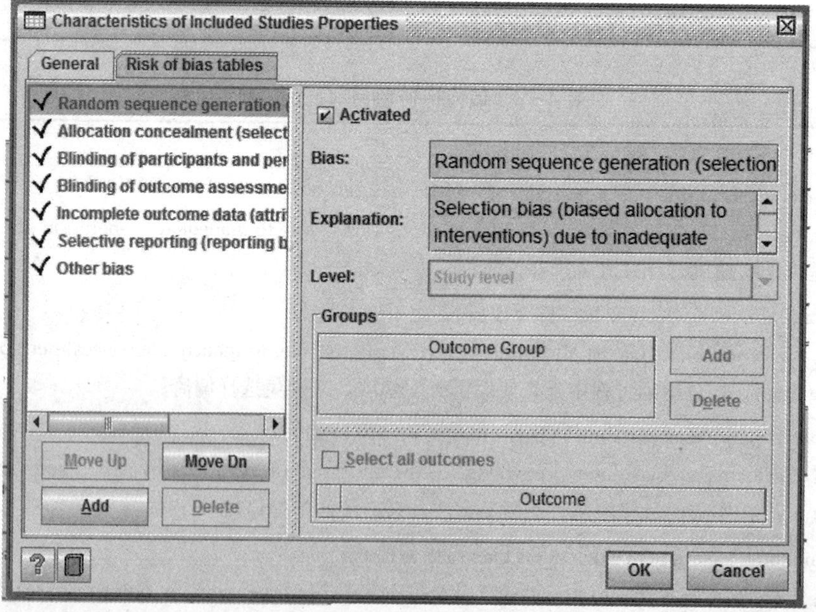

图 4－8

在图 4－8 的界面下点击 Add 就可以添加自定义的偏倚选项，delete 按钮是删除偏倚的选项，move up 和 move down 分别可以向上和向下调节偏倚的位置。

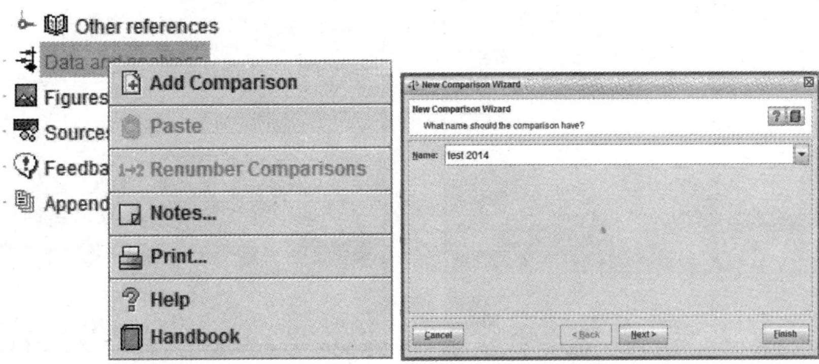

图 4-9

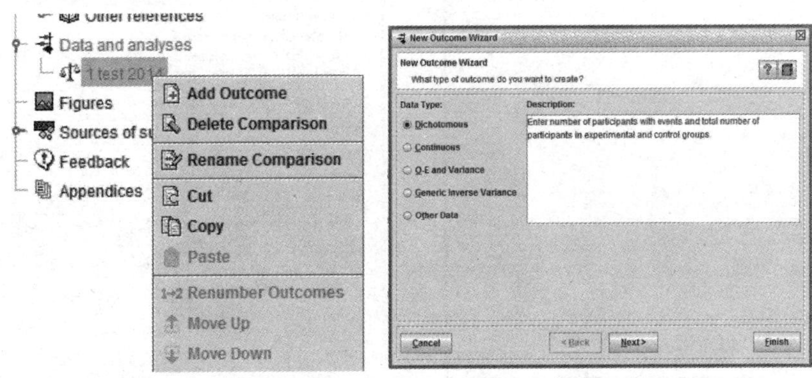

图 4-10

下一步找到 data and analyses 使用右键添加 comparison（图 4-9，图 4-10）。

选项：

Dichotomous（Enter number of participants with events and total number of participants in experimental and control groups.）适用于二分类资料。

Continuous（Enter mean，standard deviation and number of participants in experimental and control groups.）适用于连续性变量。

O-E and variance［Enter observed minus expected and its variance（e. g. calculated from individual patient data）. Optionally enter number of participants with events and total number of participants in experimental and control groups.］适用于期望方差法。

Generic inverse variance（Enter an effect estimate of your choice and its standard error. Optionally enter number of participants in experimental and control groups.）适用于一般倒方差法。

Other data 其他。

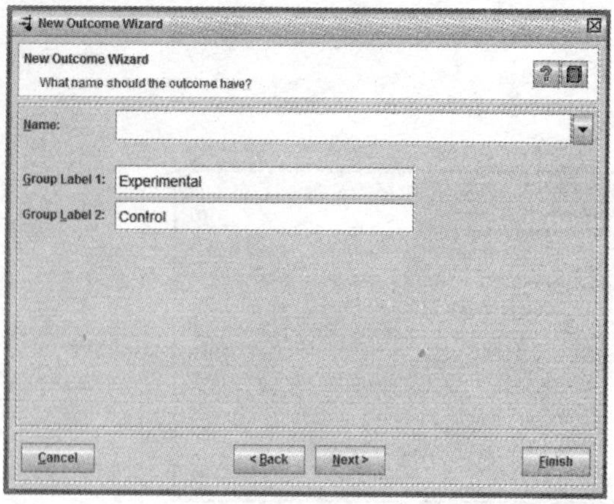

图 4-11A

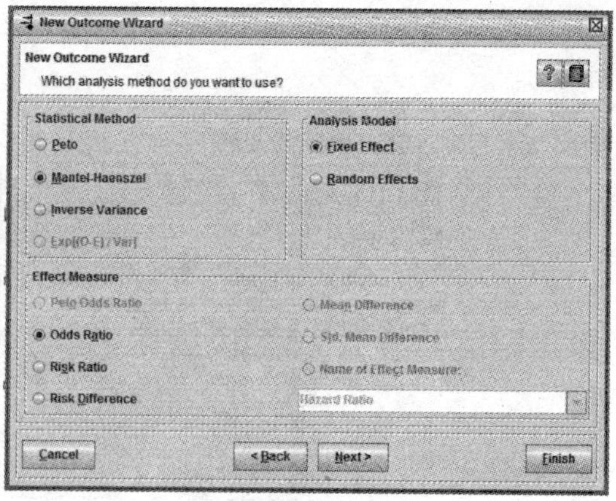

图 4-11B

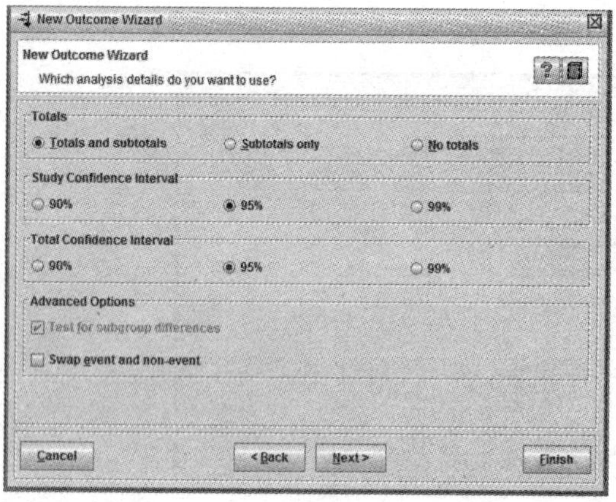

图 4-11C

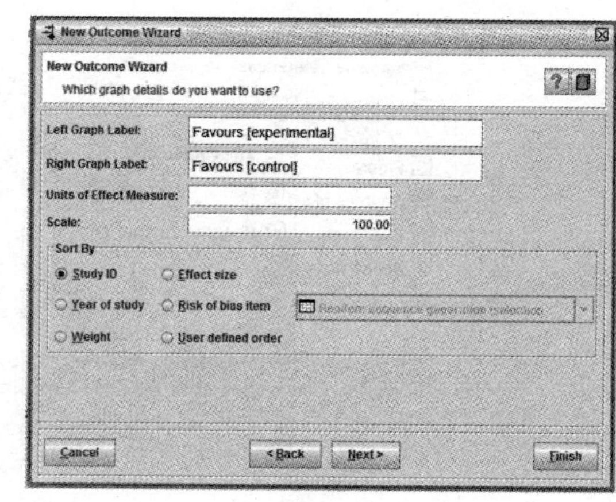

图 4-11D

图 4-11A 界面主要是分组标签和本次分析名称。

图 4-11B 界面主要是要选择对应的分析方法。

图 4-11C 界面主要是定义是置信区间。

图 4-11D 界面主要是定义森林图左右标签和相关显示项目。

分析方法介绍：

generic inverse variance 倒方差法、Mantel-Haenszel（M-H 方法）、Peto 法和 Dersimonian-Laird 法（D-L 法）等。Peto 法适用于大型研究的小效应量的合并分析，包括生存资料；倒方差法、M-H 法和 Peto 法由于权重分配方法上的差异，各研究的权重仍可出现很大的差异，但对合并效应量的影响不会太大；OR、RR、RD 的选择，一般按照小事件时选择 OR 值，大事件时选择 RR 值，RD 值；M-H 法或 Peto 法在两种情况下均可使用。见表 4-4。

表 4-4　常用 Meta 分析方法一览表

资料类型	合并效应量	模型选择	计算方法
计数资料	OR	固定效应模型	Peto 法
	OR	固定效应模型	M-H 法
	OR	随机效应模型	D-L 法
	RR	固定效应模型	M-H 法
	RR	随机效应模型	D-L 法
	RD	固定效应模型	M-H 法
	RD	随机效应模型	D-L 法
计量资料	WMD	固定效应模型	倒方差法
	WMD	随机效应模型	D-L 法
	SMD	固定效应模型	倒方差法
	SMD	随机效应模型	D-L 法
个案（时间-事件）资料	OR	固定效应模型	Peto 法

根据我们要分析的资料的要求选择设置图 4-11 的各项，之后完成进入数据录入界面（图 4-12）点击添加原始研究图 4-13。添加完研究录入表 4-1，数据见图 4-14。

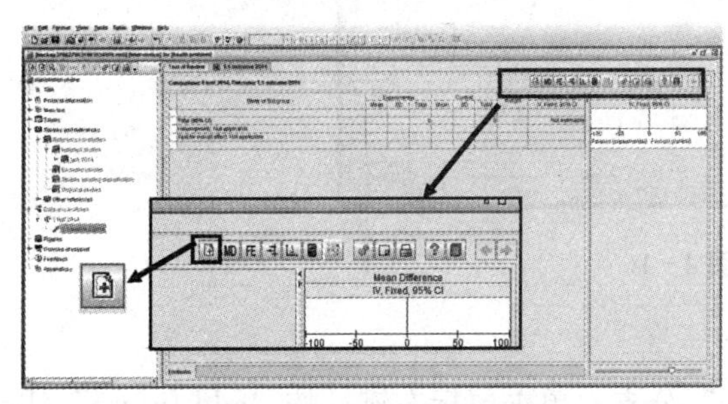

图 4-12

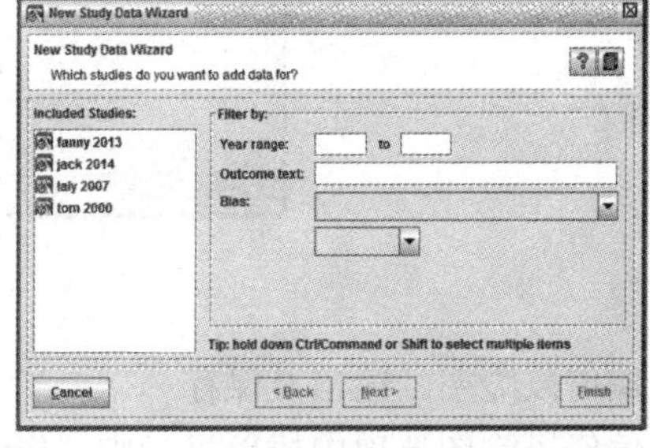

图 4-13

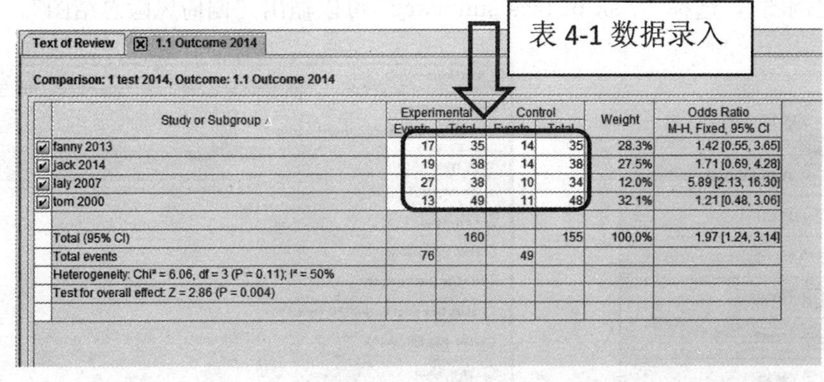

图 4-14

分析界面右上角的按钮分别代表的含义：表示添加原始研究，

表示的是计算器；表示绘制森林图（图 4 - 15）；表示绘制漏斗图（图 4 - 16）；FE表示选择固定效应模型；RE表示选择随机效应模型；设置选项；显示偏倚情况。

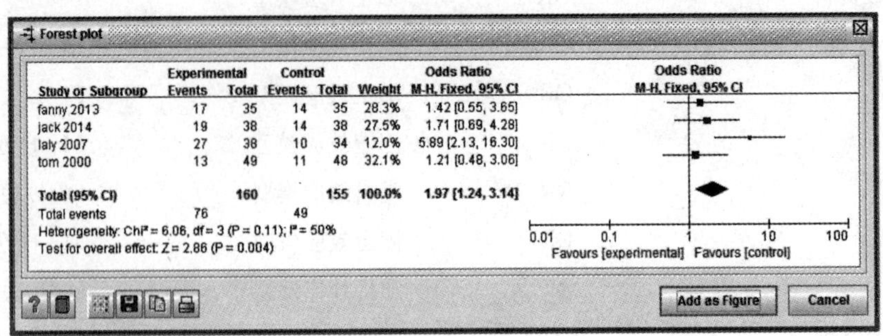

图 4 - 15

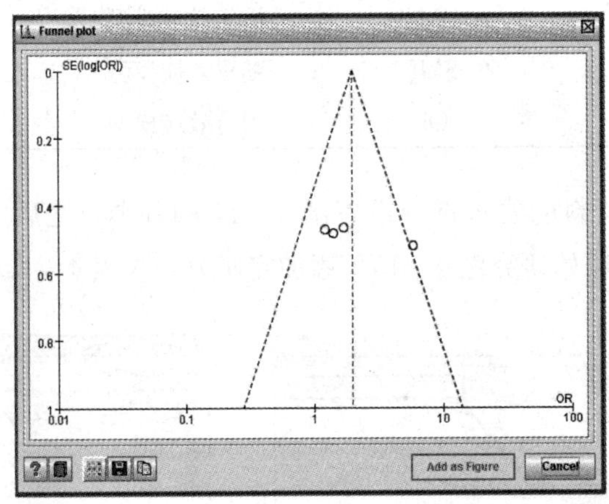

图 4 - 16

偏倚风险图的输出及保存

偏倚风险图选项中树形目录中"figures"分支，单击鼠标右键，按"add figure"（图4 - 17A），即出现"new figure wizard"对话框（图 4 - 17B）。选择"risk of bias graph"输出"偏倚风险比例图"，选择"risk of bias summary"可以输出"偏倚风险总结图"。

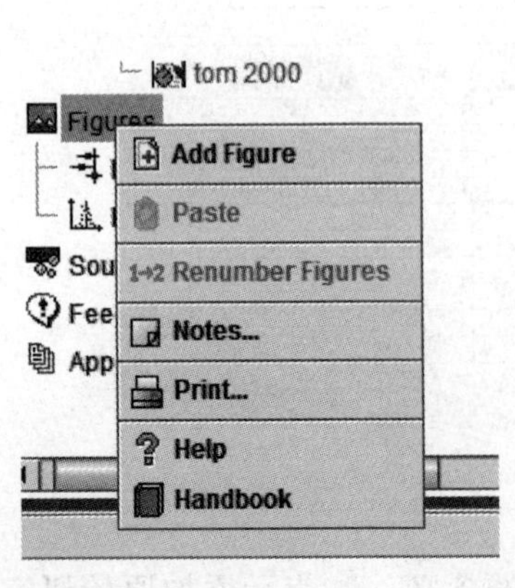

图 4 - 17A

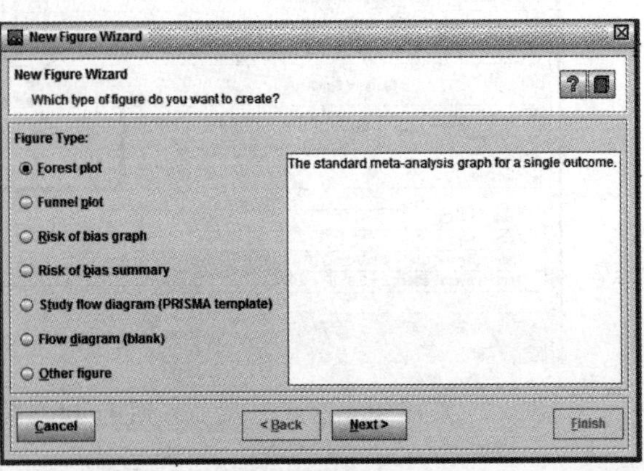

图 4 - 17B

表 4-5 图 4-17B 中选项对应的输出内容

Forest plot：The standard meta-analysis graph for a single outcome. 森林图

Funnel plot：A plot of effect estimate against its standard error for a single outcome. 钟形图

Risk of bias graph：A plot of the distribution of review authors′ judgements across studies for each risk of bias item. 偏倚风险比例图

Risk of bias summary：A summary table of review authors′ judgements for each risk of bias item for each study. 偏倚风险总结图

Study flow diagram (PRISMA template)：A flow diagram following the PRISMA template.

Flow diagram (blank)：A blank flow diagram that you can expand using the tools available in RevMan.

Other figure：A graphics file created in another software package.

3. 数据结果解读

分析结果见图 4-18A，显示异质性检验结果（b 指示部分）Heterogeneity：$\chi^2 = 6.06$，$df = 3$ (P = 0.11)；$I^2 = 50\%$；通常情况下 Q 检验的检验水准通常设定为 $\alpha = 0.10$，即当 $P < \alpha = 0.10$ 时，研究间存在异质性。I^2 检验：I^2 取值范围定义在 0～100%，当 $I^2 = 0$ 表明没有观察到异质性；I^2 值越大则异质性越大。目前在 Cochrane Handbook 上面给出 I^2 值分为 4 个程度：0～40%，轻度异质性；40%～60%，中度异质性；50%～90%，较大异质性；75%～100%，很大异质性。在 Cochrane 系统评价中，只要 I^2 不大于 50%，其异质性就可以接受。如异质性较小，即小于等于 50%我们采用固定效应模型（图 4-16A），本次研究中的 $I^2 = 50\%$，并且 Q 检验的 $P = 0.11$，稍大 α 一点。因此出于慎重考虑我们采用随机效应模型再进行计算一次（图 4-18B）。发现 AB 之间结果差异很小，因此可以使用固定效应模型。图中 a 位置是对合并的效应量进行的统计检验结果，本次示例的结果有统计学意义 P 小于 0.05。合并效应量 OR 值为 1.97，95%CI 为（1.24，3.14），图 4-19 为 meta 分析的偏倚评估结果。

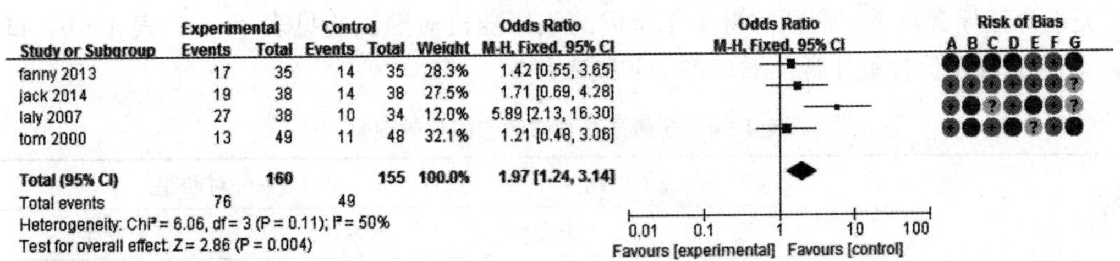

Risk of bias legend
(A) Random sequence generation (selection bias)
(B) Allocation concealment (selection bias)
(C) Blinding of participants and personnel (performance bias)
(D) Blinding of outcome assessment (detection bias)
(E) Incomplete outcome data (attrition bias)
(F) Selective reporting (reporting bias)
(G) Other bias

a：合并效应量的统计检验；b：异质性检验结果；c：每一个原始研究的权重；
d：效应量对应的森林图；e：原始研究的效应量；f：合并的效应量及95%置信区间；
g：风险偏倚图

图 4-18A

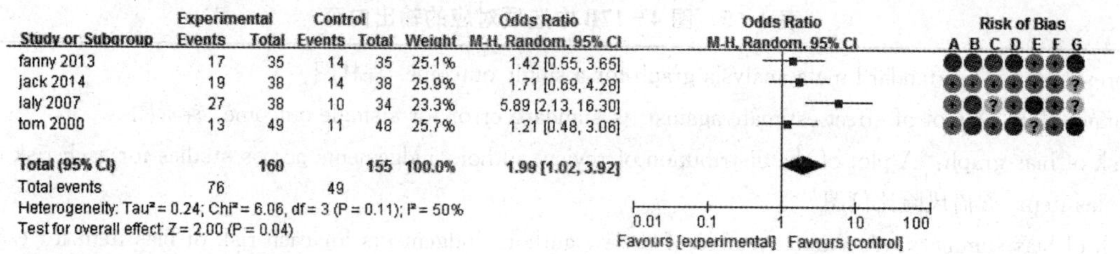

图 4－18B

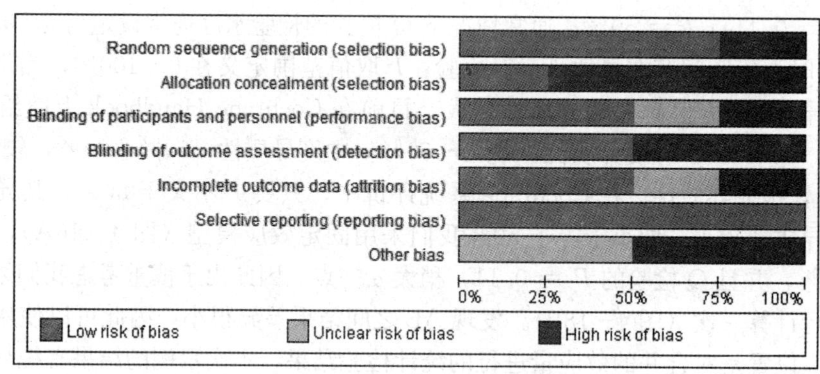

图 4－19

4．软件分析实习案例

关于含氟牙膏及漱口剂预防青少年龋齿的临床随机对照试验见表 4－5、表 4－6，试用 meta 分析综合评价含氟牙膏及漱口剂的防龋效果。

表 4－6　含氟牙膏预防龋齿的疗效观察

研究	干预组		对照组	
	发生	未发生	发生	未发生
Dolles1980	13	11	15	8
Frosman1974	174	240	56	89
Frosman1974a	139	123	69	63
Hanachowioz1984	425	48	447	25
Kleber1996	45	32	40	39
Marthaler1974	37	13	54	5
Torell1965	113	222	169	164

表 4-7 含氟漱口剂预防青少年龋齿发生的 RCT 研究

研究		干预组			对照组		
		n	$\bar{x}$	s	n	$\bar{x}$	s
Bastos	1989	280	3.02	3.48	140	4.59	4.38
Blinkhom	1983	190	2.65	2.31	184	3.51	2.61
Finn	1975	292	3.34	3.68	161	4.27	4.21
Horowitz	1971	133	0.54	1.15	123	0.72	1.00
Horowitz	1971a	98	0.79	1.68	110	1.63	2.62
Koch	1967	85	7.48	2.77	82	8.41	2.90
Mc conchie	1977	496	2.56	3.18	247	3.12	3.55
Monila	1987	145	2.37	2.32	150	3.19	2.35
Radike	1973	348	1.39	1.66	378	2.01	2.04
Ringelberg	1979	341	2.78	2.94	186	3.38	3.29
Rug-gunn	1973	222	3.74	2.49	212	5.47	3.19

思考题

1. 如何选择效应模型？
2. Meta 分析的过程有哪些步骤？

（王嘉淇）

实习五　烟草控制流行病学调查

【实习目的】

1. 熟悉烟草使用的流行情况，识别烟草使用和二手烟对健康的主要危害。

2. 了解烟草使用的方式，吸烟与健康关系的流行病学特点。

【实习知识点】

1. 烟草主要的有害成分、烟草使用对健康的影响，烟草与健康关系的流行病学特点。

2. 吸烟行为干预，临床场所戒烟指导，常见的戒烟药物及使用方法，常见的戒烟问题及吸烟与戒烟误区，人群烟草控制的策略。

案例讨论

【案例】青少年控烟干预计划

第一阶段：描述问题

步骤 1.1　确定需要干预的健康问题

在美国，吸烟是引起人们早逝的原因之一，也是最容易控制的原因。每年有 40 多万美国人死于吸烟。约有五分之一美国人的死亡原因与吸烟相关（美国 CDC，1999）。

肺癌患者死亡有 85%归因于吸烟，癌症的死亡原因中有 30%可归因于吸烟。据估计，冠心病有 21%由于吸烟引起。吸烟还成为引起心血管疾病、慢性支气管炎、肺气肿、肺癌、喉癌、鼻咽癌、口腔癌、食管癌、胰腺癌、膀胱癌，以及其他如呼吸道感染、胃溃疡等疾病的高危因素。

1969 年，美国疾病预防控制中心（CDC）指定吸烟与健康办公室作为烟草控制的主管机构，其职责包括：

- 减少使用烟草带来的死亡、残疾以及经济损失；
- 协调联邦机构、健康志愿者组织、专业协会和其他公共卫生组织有关吸烟与健康的活动；
- 规划、协调和制定有针对性的国家级公众信息与教育项目；
- 促成烟草控制计划在国家、各州、地方及私营部门的实施；
- 协调和促进国家级吸烟与健康研究计划；
- 监测和分析美国的烟草使用趋势；
- 参与关于控烟政策的制定；

步骤 1.2　确定参与项目计划设计的人员及工作方式

项目计划组由来自国家、州和地方许多不同部门的代表组成，主要的参与成员包括：

- 美国癌症协会；
- 美国心脏协会；

- 美国肺脏协会；
- 社区/社区领袖；
- 医疗服务提供者；
- 其他政府部门和志愿者；
- 零售商协会；
- 学校；
- 州教育部；
- 州卫生部；
- 教师；
- 大学研究人员。

步骤 1.3　具体描述健康问题的范围与影响

数据来源于政府部门提供的烟草相关市场调研和统计资料。

确定相关亚人群；

- 非洲裔和拉丁美裔的青少年；
- 零售商；
- 某些州吸烟率较高的青少年。

需完成两个环节。

1. 为每一亚群体写一份问题分析报告；

下列因素较为关键。

（1）年龄：八年级学生和十年级学生

每天吸烟的成年人中有 82％始于 18 岁之前，而且每天有超过 3 000 的青少年开始吸烟（CDC，1994）。吸烟几乎都是从青春期开始的。青少年吸烟的百分比持续上升，高中生过去一个月的吸烟率正在逐年上升，从 1991 年的 27.5％升到 1997 年的 36.4％，其中八年级学生的吸烟率是升高最快的。在十年级学生中超过 1/4 的人在过去一个月内偶尔吸烟，将近 1/5 的人已经开始有规律吸烟了。

（2）零售协会

目前，美国各州都出台了禁止向未成年人销售香烟的政策，但至少 1/3 的零售商不能严格遵守。

（3）青少年吸烟率最高的州

美国某些地区的青少年有着较高的吸烟率，根据行为危险因素监测系统数据，青少年吸烟率最高的五个州包括肯塔基、印第安纳、田纳西、俄亥俄和北卡罗来纳。

（4）种族

白人、西班牙裔和非洲裔美国学生吸烟率上升（CDC，1998）。

2. 进一步描述亚群体中存在的问题

利用上面收集的数据作进一步的分析和讨论。

步骤 1.4　对可能影响项目进展的因素进行分析

1. 优势

各任联邦政府领导都非常重视青少年吸烟问题，特别是克林顿总统和他的健康顾问。在 1997 年 5 月，卫生与人类服务部部长 Donna E. Shalala 向国务卿提议，制订一个能够在 7 年内有效减少 50％青少年吸烟的综合干预计划。

2. 不足

烟草行业和其政治支持者的势力极其强大，美国CDC没有与烟草零售业建立强有力的合作伙伴关系。

3. 机遇

社会和政治气候有利于青少年控烟行动。各类行动剑指烟草业，使得它处于前所未有的弱势地位。投票数据显示，公众希望打击曾鼓励青少年吸烟的各种行为。

副总统戈尔宣布了一项全国性的运动，用以教育消费者并阻止零售商非法向青少年销售烟草。吸烟与健康办公室与控烟的非营利组织存在潜在的合作关系，美国癌症协会、心脏协会和肺脏协会均作为合作伙伴为其提供服务。

美国CDC吸烟与健康办公室和部分州政府建立了固定关系，以实施烟草控制政策。国家的官方合作伙伴负责地方媒体的宣传和信息的提供。

4. 挑战

与烟草公司的宣传投入资金相比，相关机构用于控烟的资金微乎其微。

34%的青少年吸烟者表示，其最初吸烟的原因之一就是被香烟广告中极具魅力的吸烟形象所打动。

青少年和青年成人吸烟者是一个不断变化的群体，为了增强效果，相关机构必须不断修改干预措施，以适应需要。

第二阶段：分析问题

步骤2.1　列出各个子问题的直接原因和间接原因

影响青少年吸烟的主要因素包括：

- 外部因素
  - 同伴影响；
  - 零售商缺乏关于销售对象年龄限制的认识；
  - 零售商缺乏对年轻购买者年龄的核实；
  - 父母和偶像吸烟的榜样行为；
  - 烟草业的推销造成一种暗示，使人们误以为吸烟者比不吸烟者更酷。
- 内部因素
  - 缺乏对吸烟危害的认识；
  - 认为吸烟可使人更有魅力和吸引力；
  - 冒险倾向；
  - 低自尊；
  - 易于受同伴压力影响；
  - 认为吸烟是规范行为。

导致零售商向青少年出售烟草的主要因素包括：

- 缺乏对限制年龄销售的政策的认识；
- 过于关注利润；
- 烟草销售市场的需要；
- 限制年龄销售政策缺乏执法者；
- 不便核实烟草购买者身份。

步骤 2.2　选择需要优先干预的子问题

根据以上因素重要性的相对优先次序，选择如下子问题进行干预：

- 青少年坚信吸烟会使人更有魅力和吸引力；
- 零售商缺乏对限制年龄销售政策的认识。

步骤 2.3　确立每一个子问题的干预目的

传播目的 1：显著降低青少年吸烟率。

传播目的 2：提高香烟销售商对限制年龄销售政策的认识程度。

步骤 2.4　考虑各种干预方案的优势、劣势以及伦理学问题

CDC 吸烟和健康办公室提供了一个网站，上面提供了有关理论、模型和最佳方案等信息：

1. 健康传播/健康教育

干预措施的具体内容：

- 社会推广；
- 名人效应（如体育明星、音乐人等）；
- 学校赞助节目；
- 相关的法律教育；
- 媒体素养行动；
- 提高相关法律/政策的执法力度；
- 支持新政策以限制烟草销售行为；
- 立法以对违背者施以严厉处罚。

干预措施的优势、劣势、机遇、挑战及伦理学分析：

（1）优势

- 美国 CDC 与合作伙伴在相关领域有成功的经验；
- 干预结果表明，能够提高目标人群的认知，改变观念和态度。

（2）劣势

- 健康传播活动需要大量的资金支持。

（3）机遇

- 政府与合作者对此类干预兴趣浓厚。

（4）挑战

- 有许多信息和产品在竞相吸引青少年的注意力。

2. 健康政策/执法

干预措施的具体内容：

- 提高相关法律/政策的执法力度；
- 支持新政策以限制烟草销售行为；
- 对违法者给予更严厉的惩罚。

干预措施的优势、劣势、机遇、挑战及伦理学分析

（1）优势

- 法律的惩罚能够迫使人们严格遵守。

（2）劣势

- 执法过程是艰难的，同时需要大量资金。

（3）机遇

• 这些措施能够得到公众和政治家们的支持。

（4）挑战

• 烟草行业对这些措施存在抵触。

（5）伦理影响

• 通常遭受惩罚的是试图谋取利润的小企业主，然而大公司却不受影响。

步骤 2.5　确定每个问题的干预方法，建立项目逻辑模型

在所有干预之中，健康传播是优选的方法，并最为可行。原因有如下几点：首先，健康传播能够提高认知，改变态度、信念和意图；其次，它很容易通过各种渠道到达青少年和零售商；最后，CDC 吸烟与健康办公室已有相关媒体运作经验，并曾与私营部门合作建立控烟媒体资源中心，可为青少年提供材料，进行指导和技术支持。

潜在的合作者可能来自学术界、政府机构、各种协会和私营企业，包括：

• 美国癌症协会；
• 美国心脏协会；
• 美国肺脏协会；
• 美国疾病预防控制中心青少年和学校健康科；
• 美国国家癌症研究所；
• 国家卫生研究院；
• 全国零售商协会；
• 公立和私立学校的 5～12 年级；
• 电台和电视台广播网络；
• 国家和地方卫生机构。

第三阶段：受众分析

步骤 3.1　确定传播项目的作用与定位

本项目将健康教育作为主要的干预措施。

对青少年进行直接的干预越来越重要，因为研究表明高中生吸烟率在不断升高。他们也引起了美国总统和 CDC 吸烟与健康办公室的高度关注。多数人从青春期开始吸烟。针对这一群体实施干预，更有机会控制近期的尝试吸烟和远期的烟草成瘾。

零售商直接影响着青少年对烟草产品的接触和使用，因此他们在实施年龄限制销售政策的过程中有着至关重要的作用。

步骤 3.2　描述目标人群的特征

项目的受众包括以下两大类：

（1）青少年，按照如下标准细分。

• 性别；
• 年级；
• 吸烟与非吸烟者。

（2）销售商，按照以下标准细分：

• 大型零售商（公司）和小零售商（便利店）；
• 学校周边一英里范围以内的零售商和较远的零售商。

步骤 3.3　确定目标人群的分组

最终确定目标受众。

一级目标受众为高中 2000 届学生。原因是，高中 2000 届学生目前是 10 年级在校生。在 10 年级有近 1/3 的学生曾经尝试吸烟，超过 1/4 的学生报告自己前一个月内吸过烟，近 1/5 的学生在有规律吸烟，他们最直接也最容易被吸烟问题影响。另一个一级目标受众为距学校一英里范围内的零售商，他们最易向学生出售香烟。

高中教师是潜在的二级目标受众，因为他们与 2000 届学生紧密相关。一方面教师每天有大量的时间和学生在一起，另一方面教师对学生的榜样作用很大，再有在执行禁止吸烟的校规方面，教师处于有利地位。

步骤 3.4　进行形成研究

传播有关的理论和模式：各种社会营销和行为科学理论，诸如合理行动理论、行为改变阶段理论，以用于吸烟的干预措施。

在目标受众中进行广泛的受众研究，收集来自合作伙伴的典型数据，从商业市场和健康数据库中收集相关的第二手资料。

以下是相关研究的结果。

（1）对 2000 届学生特点的概述：

- 他们非常需要同伴的接纳和认可；
- 他们觉得有必要满足每个人的期望，当这种期望难以满足时，往往相互冲突；
- 他们更愿意倾听著名运动员、教师、教练和同伴的话，认为他们是可信赖的人；
- 他们喜欢接受比正式授课和阅读书籍更好的方法，比如视频、网络和非正式讨论小组；
- 如果当局表示反对，会导致更多的青少年叛逆；
- 他们更相信吸烟对青少年的生活没有什么直接的影响；
- 虽然他们知道吸烟和其他不健康行为一样具有风险，但不能因此反思自己的行为，因为没有察觉相关性；
- 他们所关注的媒体渠道首选电视、广播和印刷品。

（2）可能接触到 2000 届学生的场所包括：

- 通告栏；
- 教会；
- 社区聚集场所，企业，商场，当地游泳池，邻里保安组织；
- 社区休闲中心；
- 家庭（可通过电视、广播、报纸、杂志、直投广告等发放）；
- 互联网；
- 娱乐场所，如电影院、剧院、体育场馆；
- 零售网点，如商场、服装店、鞋店；
- 学校；
- 等候区，如公交车站、机场候机厅、医院的候诊室。

（3）零售商的概况：

- 一些零售商认为他们对预防青少年吸烟没有责任；
- 一些零售商销售柔和的香烟；

- 许多人将政府机构（如 FDA）和名人作为可靠信息的来源；
- 许多零售商担心，如果禁止向青少年出售香烟，将蒙受很大的经济损失。

（4）可接触到零售商的场所包括：

- 通告栏；
- 家庭（通过广播、电视公益广告）；
- 行业协会通讯、杂志；
- 工作场所（直投邮件小册子）。

（5）可能接触到教师的场所包括：

- 布告栏；
- 教师学术会议；
- 工作场所（学校会议、校报、直投邮件小册子）。

为了与目标受众充分沟通，可通过人际、小团体、组织、社区、大众媒体进行多渠道传播。

1. 人际

- 教师和学生进行谈话，特别是那些对吸烟有害健康观点表示怀疑的学生和误认为不吸烟会缺乏魅力的学生；
- 通过一对一的辅导和同伴教育来强化学生的认识，为吸烟不会降低魅力提供充分的证据；
- 学生和老师之间展开关于吸烟个人形象负面影响的讨论。

2. 小团体

- 老师带领学生观看公益广告之后开展小组讨论。

3. 组织

- 在学校区特别是高中周围张贴海报，内容是吸烟导致一个人丧失魅力；
- 通过比赛奖励那些承诺不再吸烟并坚持不懈的高中生；
- 开展制作“2000 无烟班集体”方案和网站的比赛，并以海报形式张贴。

4. 社区

- 学生向当地零售商派发印有关于限制年龄销售香烟政策的海报和材料；
- 发起学生向零售商写信的活动，特别是限售香烟政策观念淡漠的零售商，提醒其不要向青少年出售香烟。

5. 大众传媒

- 创办青少年吸烟严重后果展示的网页，内容包括：其他国家青少年如何抵制吸烟，以及吸烟的人并不具有魅力等；
- 向零售商直投印有限售香烟政策的小册子；
- 通过广播和电视公益广告，提高零售商对限售香烟的认识；
- 在各行业的出版物中增加限售香烟的广告宣传；
- 向 2000 届学生展示关于吸烟缺乏魅力的印刷品、广播和电视公益广告；
- 将“2000 无烟班集体”活动制作成广告，张贴在通告栏上。

步骤 3.5　设定每个目标人群的传播目标

一级目标受众的健康传播目的是：

- 让更多 2000 届学生相信，吸烟只会让人缺乏魅力和吸引力；

- 让更多零售商了解向青少年销售香烟相关的年龄限制政策。

设定一级目标人群的传播目标如下：

- 到毕业时，2000 届学生中认为吸烟缺乏魅力并且让人不舒服的比例上升 40%；
- 到 2000 年，了解限售香烟政策，并且严格拒绝向青少年售卖香烟的零售商数量提高 50%。

步骤 3.6　编写创意提纲

为了实现项目目标，需要为每个目标人群编写创意提纲，以指导传播计划的制订。

目标受众 1：2000 届高中学生

目标：

到毕业时，2000 届学生中认为吸烟使人丧失魅力和吸引力的比例上升 40%。

障碍：

- 有很多产品和信息吸引青少年的注意力；
- 青少年更容易受同伴的影响（特别是最好的和亲密的朋友）；
- 吸烟往往象征着叛逆和具有魅力；
- 青少年认为吸烟并没有对他们的生活和健康产生直接的影响；
- 他们缺乏具有个性化的抵制吸烟的信息；
- 他们相信自己是不可战胜的。

核心信息：

如果不吸烟，你将是健康的、令人喜欢的，也更加具有魅力。

语调：

轻松、幽默、时尚、吸引青少年、富于资讯性。

媒介：

广播、电视、印刷公益广告、互联网。

创意性思考：

- 鼓励青少年相互激励，因为相比权威人物的说服，青少年更善于倾听同龄人的观点；
- 为了与青少年前卫流行的审美观点一致，需要使用时尚的艺术造型和表现手法。

目标受众 2：零售商

目标：

到 2000 年，了解限售香烟政策，拒绝向青少年售卖香烟的零售商数量提高 50%。

障碍：

- 不便核实青少年的年龄、身份信息；
- 利润是最大的动力；
- 烟草公司提供的支持。

核心信息：

如果遵守法律法规，你就是一个好公民，你就不会受到惩罚。

依据与理由：

- 这是科学合理的事情；
- 你不希望违反法律，但要维护企业的声誉。

语调：

简单、严肃、准确。

媒介：

宣传手册。

至此，为了与利益相关者和合作伙伴共同确定计划，做好充分的准备，可以将传播影响与合作伙伴进行讨论，说明形成的研究结果，强调评价的重要性和必要性。从相关方获得数据使用的许可。此外，合理安排活动时间，确保活动的可行性和现实性。

第四阶段：制订项目实施方案

步骤 4.1　设计和测试传播创意与信息

本项目的传播创意建立在有关学生和零售商信息的基础上。主要解释如下：

- 香烟广告商创造了吸烟更具魅力的谎话；
- 吸烟影响形象（如牙齿色斑、皮肤皱纹、熏黄的手指）；
- 接吻时抽过烟的味道令人作呕；
- 违反限售政策，零售商将受到惩罚；
- 零售商需对青少年的健康负责任。

组织学生和零售商参与专题小组访谈，从而获取相关创意的反馈信息。

组织学生和零售商参加非正式的焦点小组，以设计最终采用的信息和传播材料。

通过专题小组访谈和市场调查，选择最适合受众的传播场所。

步骤 4.2　确定传播活动的场所、渠道与形式

CDC 吸烟与健康办公室选择大众媒介和人际传播来开展控烟活动，因为这两种方式的结合对提高认识和改变态度效果最好。下列材料将通过各种媒介渠道散发，以获得受众最大化。

- 针对零售商的商业广告；
- 零售商手册；
- 向老师提供吸烟导致缺乏魅力的讨论指南；
- 教师和学生的吸烟现状报道；
- 学生海报；
- 电视、广播和印刷版公益广告；
- 学生网页。

通过公益广告、网页、现状报道和海报的使用，在 2000 届学生中达到预期目标。采用人际传播，开展关于吸烟导致个体缺乏魅力的讨论也是可行的。

通过邮寄宣传册和在商业刊物中刊登广告，促使零售商了解限售香烟政策。

步骤 4.3　传播材料的设计和预试验

设计了包括小册子、网页和公益广告在内的一系列传播材料。如：

• 公益广告，广告片中的青少年正在讨论关于吸烟的问题，他们提出吸烟使人变得缺乏魅力；

• 针对零售商的直投小册子，明确印上关于限制年龄销售香烟的政策以及违反政策的详细处罚条款；

• 网页，包括青少年和吸烟的事实性资料，吸烟如何危害健康的直观图片，并提出了一些特定建议，指出让人更具魅力的关键（如友好、善良）。

在 2000 届学生中进行了 40 组一对一访谈，以测试网页、广播、公益广告以及故事版资料的效果。在展示网页、公益广告和其他材料（海报、现状报道等）之后，调查员要求学生作出反馈。一般来讲，获得的反馈都是积极的。公益广告的特征（如风格、色调、来源和渠道）应是容易接受的。

在各种材料印刷完毕、公益广告和网页制作结束之后，就要按照原定的时间和活动内容实施干预活动。可草拟一个清单，以保证活动如期举行。

- 通知方案的所有合作伙伴和组织者、参与者，确定活动日期；
- 联系全国性电视网，安排记者招待会；
- 提前一天确定会议室，准备召开记者招待会；
- 告知参与者如何回答有关吸烟的问题；
- 准备一个网页作为示范。

步骤 4.4　制作传播材料

完成信息和材料的设计与预试验后，需要完成的任务：

- 制作传播材料，包括小手册、海报、现状报道、广播和电视公益广告、商业刊物中的广告；
- 创建吸烟与健康网站；
- 编写和印制教师讨论指南。

步骤 4.5　确定传播项目实施方案

为了使 2000 届学生更加相信吸烟使人缺乏魅力，也为了增加零售商关于向青少年限售香烟政策的认知，这项传播活动于 1998 年 11 月开展，迄今已有两年。各社区代表、公共和私营机构参与了这项工作，其中的合作伙伴包括美国癌症协会、美国肺脏协会、美国心脏协会、零售联营协会、教师、学校、医疗保健机构和美国教育部。

甘特图是用来记录任务、负责人和完成日期的。传播创意的形成是建立在对目标受众（即学生和零售商）的了解基础上。根据创意制作的信息反映了吸烟对人形象的影响（变色的牙齿、泛黄的手指），以及要求零售商对青少年的健康负责。要为目标受众所接受，就要随时随地修改这些信息。根据不同的目标受众，在不同地点开展传播活动。

采用大众媒体与人际交流相结合的传播策略，对于重建观念和影响态度是最有效的。要在不同场合，借助不同媒体渠道，分发不同材料，尽可能到达广泛的目标受众。

采用准实验研究设计，对干预组和对照组干预前和干预后的测定结果进行比较。不断完善数据分析报告，并与利益相关者和员工共享。

在传播计划实施后，要进行评价，记录反馈和经验教训。根据反馈进行方案的修订，并分发给所有的参与者。

最后，向各利益相关者告知传播计划已经完成。将计划告知利益相关者。通过会议，对方案材料、合作伙伴、员工和追踪措施进行讨论。向与会者提供一份清单，确定具体任务的分配。

第五阶段：制订评估计划

步骤 5.1　确定利益相关者，使其参与到评估计划中来

各个合作者、美国国会和美国疾病预防控制中心均对评估结果倍感兴趣，在评价设计的过程中需充分考虑到他们的兴趣。

步骤 5.2　确定利益相关者对评价的需求

利益相关者对以下信息感兴趣：

- 零售商的行为改变了吗？
- 2000 届学生的行为改变了吗？
- 干预的成本和效益如何？
- 青少年、教师和零售商接触到相关材料和信息了吗？

步骤 5.3　确定评估指标和资料收集方法

进行评估指标描述：

- 到毕业时，2000 届高中学生中认为吸烟丧失魅力和吸引力的比例上升 40%；
- 到 2000 年，了解限制年龄销售香烟政策，并且拒绝向青少年售卖香烟的零售商数量提高 50%；
- 对于影响的重要性来讲干预成本是相对的。
- 目标受众的传播干预覆盖率达到 X%。

确定资料来源与收集的方法。

成本效益分析：

- 预算；
- 效果评价结果分析。

目标人群暴露情况：

- 跟踪网页点击率；
- 利用 Sigma 电子跟踪装置跟踪电视公益广告的播放次数；
- 通过广播电台播放记录跟踪公益广告的播放次数。

材料发放干预活动的实施情况：

- 小样本随机抽样网页使用者，进行反馈调查；
- 传播材料每周库存记录；
- 通过电话向广播/电视主管人员了解他们是否收到并在使用传播材料；
- 向学校主管人员了解是否收到传播材料，数量是否足够。

效果评价：

- 随机抽样信函调查零售商；
- 随机抽样信函调查 2000 届学生。

步骤 5.4　制订评估计划

（1）评价方法

此次干预采用准实验方法进行评价，在干预期间进行前测和后测。

干预组	组 1（学生）	T_1O —(X_1- X_2- X_3)— T_2O
对照组	组 2（学生）	T_1O ———————— T_2O
干预组	组 1（零售商）	T_1O —(X_1- X_2- X_3)— T_2O
对照组	组 2（零售商）	T_1O ———————— T_2O

学生组的干预因素：

X_1：网页

X_2：公益广告（广播、电视和印刷品）

X_3：情况说明书

零售商组的干预因素：

X_1：直接邮寄宣传册

X_2：公益广告（广播和电视）

X_3：平面广告

准实验方法包括：

- 进行基线观测；
- 对组 1 使用干预因素，该组成员包括 2000 届学生和香烟零售商；
- 对组 2 不使用干预因素，该组与组 1 基本同质，包括年龄、性别、人口密度等；
- 对组 1 使用干预因素后，同时观察组 1 和组 2；
- 比较同一变量下的 T_1 和 T_2（使用相同的调查工具）；
- 根据组 1（干预）和组 2（不干预）测验结果，确定传播干预是否增加了 2000 届学生中相信吸烟使人缺乏魅力的人数，以及是否增加了认识到禁止向未成年人销售香烟政策的零售商的数量。

（2）采用如下方法进行数据分析：

- 录入信函抽样调查数据，进行卡方检验和频率计算；
- 公益广告播出的时间和次数都有据可查；
- 分析电视和广播公益广告记录，如播出时间和次数；
- 通过跟踪记录表，分析相关人员收到项目信息的频率；
- 分析网页每周点击次数的记录。

（3）确定需撰写的评价报告：

- 两个目标受众——学生和零售商专题小组访谈的调查报告；
- 面向两个目标受众——学生和零售商的公益广告的播出情况报告；
- 一份网页评估报告；
- 两份信函抽样调查报告（目标受众——学生和零售商）。

（4）制定评价时间表和预算

本项目为期两年，在 1998 年 11 月正式启动，在第二年的六个月内进行评估。

（5）总结、分享评估计划

向项目人员和利益相关者提供评估计划概要，内容包括：如何完成评估，如何回答利益相关者关心的问题，以及干预标准、预算、时间表和评估方法、设计信息等。

第六阶段：实施项目计划

步骤 6.1　整合项目实施和评估计划

在整个项目活动中将传播计划和评估计划整合在一起是必要的。为确保整合的成功，在项目进展过程中，定期召开联席会议（涉及计划组成员、利益相关者、其他对此感兴趣的团体），通过会议制订和调整方案，监测进展，征求反馈意见，并保持开放的沟通渠道。

步骤 6.2　实施与管理传播活动

执行传播和评估计划

- 本项目于 1998 年 11 月启动，历时 2 年，并在 2000 年 12 月完成。

管理传播和评估活动

- 项目管理包含两个方面。第一，涉及管理过程中的实施、评估和不断发展、改进与参与。第二，涉及干预活动，其中包括各种媒体和人际沟通活动。

步骤6.3　收集项目反馈信息、总结经验教训

项目过程中吸取的经验教训包括：

- 公益广告的设计需经过审查把关。项目人员需听取节目编排者有贡献的想法，从而消除公益广告审查、播放过程中遇到的阻碍。
- 公益广告播放时间仍然很少，因为电台和电视台主管认为频繁播放公益广告没有经济收益，而公益广告又缺少一个标准模式。
- 宣传海报广受欢迎，但吸烟现状报道受到冷落。大部分学生已经对烟草使用的相关内容有所了解。
- 可与其他组织进行协调，确定方案的启动时间。例如，可与美国癌症协会的“伟大的美国不吸烟”活动同时启动。

步骤6.4　根据评估结果调整传播活动

根据评估和反馈，对该项目活动进行部分调整，内容如下：

- 公益广告应按照标准格式进行编辑；
- 为确保公益广告在特定的时间播出，可采用购买方式获得播出时间；
- 由于广受欢迎，需要印制更多的海报；
- 为了确保这个项目活动的实施和再次运行，将配合出台相关政策规定。

【材料一】青少年吸烟的预防方案

第一步　适时在学校讲授一些吸烟对青少年身体健康的危害并播放一些有关吸烟危害健康的视频。让学生了解一些烟草知识和烟草使用的法规。

吸烟有害健康，吸烟对青少年的成长发育和身心健康危害更甚，我国大约有3.2亿人吸烟，占世界吸烟人口的1/4。特别值得关注的是，中国青少年吸烟问题日趋严重，由吸烟和被动吸烟引发的各种疾病严重危害着我国青少年的健康成长。1996年，我国预防医学科学院等单位进行的全国吸烟与流行病学调查表明，15～19岁年龄段人群的吸烟率男生为18.0%，女生为0.3%。占总人群9.7%，且有逐年增长的趋势。

青少年开始吸烟时，多出于好奇，并往往低估吸烟的危害性、成瘾性及戒烟的困难，因此，青少年控烟教育可以通过健康教育课进行。

1. 使中学生深刻了解吸烟的危害，认识到烟草的有害成分不仅使人成瘾，而且严重危害人的身心健康。烟草含有尼古丁、焦油、苯并芘、一氧化碳等多种有害物质。尼古丁使人上瘾，一氧化碳造成缺氧，焦油具有致癌性。吸烟可以导致25种以上危及生命或健康的疾病，如肺癌、肺气肿、高血压、心脏病、慢性支气管炎等。吸烟或被动吸烟的青少年除了有与成人相同的危害外，还影响着食欲、身高、智力发育，影响青少年的心理健康发展，引导青少年犯罪等。通过宣传教育使青少年产生惧怕心理，建立起牢固的心理防线，从而自觉远离烟草，要让青少年了解戒烟，最重要的就是拒绝第一支烟。只要永远不吸第一支烟，就可以保障终身不吸烟，这样就能主宰自己的心理行为，并拥有健康。所以，应当在青少年吸烟的初级阶段筑牢防线，卡死源头。

2. 要求青少年了解有关烟草使用的行为规范和法律规定。《中学生日常行为规范》中规定：不吸烟、不饮酒、不赌博、不参加封建迷信活动。《中华人民共和国未成年人保护法》中规定：任何人不得在中小学、幼儿园、托儿所的教室、寝室、活动室和其他未成年人集中活动的室内场所吸烟。教育学生既要掌握学生守则和行为规范，约束自己的不良行为，远离烟草，又要懂得法律以保护自己的合法权益，在家庭、学校和公共场所，有权要求不被动吸烟。

第二步　开展学校控烟活动，创造健康的学校环境。在一些醒目的地方张贴禁止吸烟的标识和宣传图片。

学校通过制定、张贴《规章制度》，开展“创建无烟学校”活动，要求学校没有烟具、烟蒂，学校有明显的禁烟标志、宣传画和规章。学校周围没有烟草广告牌，没有烟摊，学校教职工，来访者不在学校范围内吸烟。

开展以预防烟草使用为主题的健康教育课，就不吸烟的态度、信念、价值观开展班级讨论，使学生学会选择健康的生活方式和不吸烟的人际交往方式，学会如何不吸第一支烟、拒绝他人劝烟和控制烟瘾的方法，以及克服成瘾心理的技能。

通过“尼古丁杀死小白鼠”的医学小实验活动，使学生认识烟草的危害。

建立心理咨询室，教师、学生主动帮助有吸烟行为的学生，解决其心理困惑，学会控制不良活动和行为。

学校控烟措施

1. 建立不吸烟的规章制度

2. 学校进行控烟教育

(1) 上健康教育课、向学生传授吸烟危害健康和引起相关疾病的知识，使学生对吸烟有更深的认识，自觉养成不吸烟的良好习惯。

(2) 注意德育和美育教育，树立学生正确的人生观，确立远大的理想和目标，让青少年知道什么是学生的气质、风度美。

(3) 注意形式多样化，利用读宣传资料、听广播、看展览、举办讲座、放映卫生科普电影及录像，召开座谈会等知识性、趣味性和社会性强的活动进行强化教育。

第三步　教会学生正确处理学习中遇到的压力和生活中人际关系交往的一些技能。

1. 听音乐、唱歌

一般来说，当你情绪低落时，可以听一些振奋性的音乐。比如你正陷入考试失败的沼泽中，那你可以听听刘欢的《从头再来》，张雨生的《我的未来不是梦》等。

2. 一产生压力，立刻把它写下来

把你感受到的压力全部写下来，再逐条去分析，有没有什么事实证明它们是存在的，之后很多同学发现大部分都是自己想象出来的。

3. 大声喊

跑到校外一个没人的田野里，大声的喊出来之后就特舒服。其实这也是一种将心理的能量发泄出去的方式。另外，大家在早晚读书的时候也可以尽量大声地读出来。

4. 适当的运动

5. 做一些放松训练

第四步　让学生意识到吸烟不是独立、成熟的标志，可以通过其他途径来表现自己的独立和成熟。

想办法让他们感觉到：吸烟行为并不是特别酷，特别招人喜爱……用身边常见的事例，鼓励、刺激他们。

第五步　使同龄群体相互促进和鼓励不吸烟。

看到同龄学生吸烟，不断地告诉他吸烟的危害，劝诫他不要吸烟。

【材料二】青少年吸烟行为的预防和干预的研究

下文分别介绍现有的4种青少年吸烟行为的预防和干预研究。

1. 健康教育干预模式

这种方法重点完全集中在吸烟对健康的长期负面影响上，强调青少年充分认识到吸烟的不良后果，就会做出不吸烟的明智决定。同时，使用大量“激发恐惧”的策略以增强反吸烟的力量，并采用讲授、小组讨论、海报张贴、录像放映等方法来提高中学生对吸烟长期危害的认识。

2. 社会影响干预模式

与健康教育不同，社会影响干预法从心理学层面出发，强调各种引诱青少年吸烟的社会因素在干预中的重要地位，认为青少年吸烟的主要原因在于同伴、父母、媒体的影响。在看到青少年周围客观的社会环境对其开始吸烟的重要作用时，社会影响干预模式也特别强调青少年自我感知的社会环境的重要性。在他们看来，吸烟的青少年往往容易高估同伴和成人吸烟的普及率。由此，社会影响干预模式认为，有效的预防和干预应该包括纠正青少年有关吸烟普及率的错误认识，教会青少年识别引诱他们吸烟的社会影响因素，并提供抵制这些因素的技能和方法等。

3. 生活技能干预模式

个性、社会技能训练法的研究者认为，尽管有的青少年完全因模仿、强化而开始吸烟，但另一些青少年在同样的社会环境中却可以避免香烟的诱惑，这是因为他们有自身的个性特征，如自信、遵从动机的内外调节。因此，研究者将干预的重点聚集于不同的个体，将个人的一般心理特征引入到干预方案，从而大大提高了针对不同的个体实施干预内容的实效性。

Botvin和他的同事实施的生活技能训练法的主要观点是：在发展个体一般生活应对技能的同时，也提高他们抵制吸烟的特定能力和认识。这些一般生活技能策略包括：增强自尊，让学生学会设定目标；应对焦虑，提高语言和非语言的沟通技能；抵制诱惑，如识别诱惑性的语言和行为；提高社会技能，如交谈、发动交往以及赞美他人的技能等。在教给学生一般技能的同时，鼓励并训练学生将这些技能迁移到与吸烟有关的情境中。

生活技能训练包括三个主要成分。第一是有关吸烟的成分。包括吸烟的短、长期危害，抵制媒体、同伴的直接压力等。第二是个人技能成分，包括促进批判性思维发展的做决定技能、应对焦虑技能以及提供学生有关个人行为转变和自我进步的材料。第三是社会技能成分，包括有效的共同技能，一般社会技能，处理男女生关系的技能以及增强自信的技能。

4. 认知—发展干预模式

与社会影响干预模式和生活技能模式不同，在他们看来，有效的预防和干预应该重视个体从不吸烟发展到吸烟的过程，干预的重点应该集中在改变个体对吸烟及吸烟者形象的感知和认识上。

由此，认知—发展模式提出了两个主要的理论观点。①吸烟者经历了一个长期的发展过程，这个过程包括四个阶段。首先是准备阶段，青少年形成了对吸烟的基本态度，但此时青少年还没有开始吸烟。其次是开始吸烟阶段，此时，青少年会吸一支烟、两支烟甚至三支烟，但出现这个阶段的年龄变化很大，青少年是否及如何发展到下一个阶段也是因人而异。第三阶段为成为吸烟者阶段，青少年开始不定期的吸烟，将吸烟与吃东西、饮酒以及学习等活动联系起来。最后一个阶段是保持阶段，此时青少年已经常常吸烟。②在不同阶段，青少年吸烟的动机包括三种。第一是社会遵从的动机，即青少年希望通过吸烟来获得同伴和同伴团体的认可。第二是情感调控动机，当青少年无法调控和控制情绪时，他们求助于食物、饮酒和吸烟，并认为吸烟可以帮助控制情感。第三是自我定义的动机，青少年认为吸烟是独立、成熟的象征，吸烟可以把成熟的自我形象展示给他人。由此，研究者设计出一套包含 4 个成分的干预方案。第一成分在于强化青少年有关吸烟有害健康的知识，方案实施者给青少年提供一套背景知识，帮助他们对吸烟的生理反应做出负性解释，即强调吸烟是威胁健康的具体标志。第二个成分在于对与吸烟有关系的社会遵从、社会压力做出合理的解释，这一成分对于吸烟早期阶段的青少年尤其重要。第三、第四个成分的主要内容在于正确的认识吸烟与情绪的控制、自我定义的关系。干预者通过不同的途径和方法使青少年认识到吸烟不是成熟、独立的标志。

（周宪君）

实习六　大学生健康状况评价

【实习目的】

1. 掌握健康的定义、主要特征和健康决定因素。

2. 找出影响当代大学生健康的危险因素，并据此提出指导性建议。

【实习知识点】

1. WHO 在 1948 年将健康定义为："健康（health）是身体、心理和社会适应的完好状态（well－being），而不仅是没有疾病和虚弱"。随后，人们又将道德引入健康概念，即形成了现今的四维健康观：身体健康、心理健康、社会健康和道德健康。

2. 影响健康的因素大致可分为四大类：人类生物学、生活方式及心理因素、环境和卫生服务。其中影响最大的是生活方式及心理因素，占所有因素的 2/3 以上。将其进一步分为：饮食因素、行为因素及心理因素。

练　习

【练习一】生理指标计算：体质健康

背景：近年来，大学生的体质健康水平呈下降趋势。中国大学生体质调查显示，2010 年国民体质监测结果与 1985 年相比，肺活量下降了近 10％；大学女生 800 米跑、男生 1 000 米跑的成绩分别下降了 10.3％和 10.9％，立定跳远成绩分别下降了 2.72cm 和 1.29cm；学生或者过重或者过瘦。影响大学生的体质健康水平的原因很多，对大学生体质健康的评价问题对如何提高体质健康水平有现实指导意义。

问题重述：学生体质健康状况已经纳入对学校整体工作的评价体系中，大学生的体质健康测试成为高等院校必须完成的任务。各高校每年都会对在校大学生做体质健康测试，将测试的结果反馈教育部，并及时公布，评价标准参照《国家学生体质健康标准（2014 年修订)》。体质测试主要包括身体形态、身体功能、身体素质等方面，现有测试项目如下。

（1）身高、体重：评定身体匀称度，反映生长发育水平及营养状况。

（2）肺活量：测试人体呼吸的最大通气能力，反映了肺的容积和扩张能力。

（3）立定跳远：通过测试人体的跳远能力，反映下肢爆发力及身体协调能力发展水平。

（4）握力：测试前臂及手部肌肉的力量，反映上肢肌肉力量的发展水平。

（5）坐位体前屈：测试静止状态下躯干、腰、髋等关节可能达到的活动幅度，反映身体柔韧素质的发展水平。

（6）台阶试验：测试在 3min 的定量负荷后心率变化情况，评定心血管功能，反映心肺机能水平。

（其中握力这一项测试只针对男生，坐位体前屈这一项测试只针对女生。）

思考题

1. 影响大学生体质健康状况的因素很多，体重是体现体质健康状况的重要指标，分析体重对体质健康的影响?

2. 生源地是影响体质健康状况的因素，请在不同生源地选取适当的样本，试检验不同地区学生的体能健康是否具有显著差别?

3. 我国大多数高校学生体质健康合格率未达到国家要求。对于未达标的大学生来说，就如何让其在在校期间提高自身的体质健康写一份建议报告书，其中包括提高体质健康水平的措施和手段，如何量化提高体质健康指标等问题。

【练习二】饮食因素计算

根据一日三餐膳食中各食物品种和数量，结合《食物成分表》，计算出一日膳食中的热能和各种营养素的摄入量水平，按表 6－1 内容完成，具体计算参照膳食计算与评价。

表 6－1　某大学生一日膳食热能和各种营养素摄入量水平

餐别	食物名称	重量（g）	蛋白质（g）	脂肪（g）	碳水化合物（g）	热量（kcal）	粗纤维（g）	钙（mg）	磷（mg）	铁（mg）	VA（μgRE）	VB_1（mg）	VB_2（mg）	VC（mg）
早餐	1													
	2													
	…													
小计														
午餐	1													
	2													
	…													
小计														
晚餐	1													
	2													
	…													
小计														
总计														

【练习三】行为因素计算

通过体育锻炼、娱乐与休闲、睡眠质量、危害健康行为（吸烟、饮酒、性行为、药物滥用、网络成瘾、吸毒等），因分析过于复杂，此处略过。

【练习四】心理因素计算

使用标准的自评量表，对大学生常见的心理问题进行分析和判断。常用自评量表如下。

（一）90 项症状自评量表

90 项症状自评量表（symptom check list 90，SCL－90）测查 10 个心理症状因子：躯体化、强迫症状、人际关系敏感、抑郁、焦虑、敌意、恐怖、偏执和精神质，以及附加因子。因子分用于反映有无各种心理症状及其严重程度。每个项目后按“没有、很轻、中等、偏重、严重”等级以 1～5 分 5 级选择评分，由被试者根据自己最近的情况和体验对各项目选择恰当的评分。评定结果分析总平均水平、各因子的水平以及表现突出的因子，借以了解患者问题的范围、表现以及严重程度等。SCL－90 可进行追踪性测查，以观察病情发展或评估治疗效果。

1. SCL－90 的具体分析指标及结果判断

（1）总分：将所有项目评分相加，即得到的总分，分值为 90～450 分，大于 160 分为阳性结果；

（2）阳性项目数：单项分大于或等于 2 的项目数；总数大于 43 项为阳性结果；

（3）阴性项目数：单项分等于 1 的项目数，总数低于 47 项为阳性结果；

（4）阳性项目均分：（总分—阴性项目分）/阴性项目数>2 为阳性结果；

（5）因子分：将各因子的项目评分相加得因子粗分，再将因子粗分除以因子项目数，即得到因子分，得分/项目数>2 为阳性结果。

根据总分、阳性项目数、阴性项目数、阳性项目均分、因子分等评分结果情况，判定是否有阳性症状及其严重程度，或是否需进一步检查。因子分越高，反映症状越多，障碍越严重。

2. 10 个因子的定义、项目数及其含义

（1）躯体化：包括 1、4、12、27、40、42、48、49、52、53、56、58 共 12 项，主要反映主观的身体不舒适感。

（2）强迫：包括 3、9、10、28、38、45、46、51、55、65 共 10 项，主要反映强迫症状。

（3）人际敏感：包括 6、21、34、36、37、41、61、69、73 共 9 项，主要反映个人的不自在感和自卑感。

（4）抑郁：包括 5、14、15、20、22、26、29、30、31、32、54、71、79 共 13 项，主要反映抑郁症状。

（5）焦虑：包括 2、17、23、33、39、57、72、78、80、86 共 10 项，主要反映焦虑症状。

（6）敌意：包括 11、24、63、67、74、81 共 6 项，主要反映敌对表现。

（7）恐怖：包括 13、25、47、50、70、75、82 共 7 项，主要反映恐怖症状。

（8）偏执：包括 8、18、43、68、76、83 共 6 项，主要反映猜疑和关系妄想等精神症状。

（9）精神病性：包括 7、16、35、62、77、84、85、87、88、90 共 10 项，主要反映幻听、被控制感等精神分裂症症状。

（10）附加项：包括 19、44、59、60、64、66、89 共 7 项，主要反映睡眠和饮食情况。

表 6－2　90 项症状自评量表（SCL－90）内容

1. 头痛	□没有	□很轻	□中等	□偏重	□严重
2. 神经过敏，心中不踏实	□没有	□很轻	□中等	□偏重	□严重
3. 头脑中有不必要的想法或字句盘旋	□没有	□很轻	□中等	□偏重	□严重
4. 头昏或昏倒	□没有	□很轻	□中等	□偏重	□严重
5. 对异性的兴趣减退	□没有	□很轻	□中等	□偏重	□严重
6. 对旁人责备求全	□没有	□很轻	□中等	□偏重	□严重
7. 感到别人能控制您的思想	□没有	□很轻	□中等	□偏重	□严重
8. 责怪自己制造麻烦	□没有	□很轻	□中等	□偏重	□严重
9. 忘性大	□没有	□很轻	□中等	□偏重	□严重
10. 担心自己的衣饰整洁及仪态的端正	□没有	□很轻	□中等	□偏重	□严重
11. 容易烦恼和激动	□没有	□很轻	□中等	□偏重	□严重
12. 胸痛	□没有	□很轻	□中等	□偏重	□严重

续表

13. 害怕空旷的场所或街道	□没有	□很轻	□中等	□偏重	□严重
14. 感到自己的精力下降，活动减慢	□没有	□很轻	□中等	□偏重	□严重
15. 想结束自己的生命	□没有	□很轻	□中等	□偏重	□严重
16. 听到旁人听不到的声音	□没有	□很轻	□中等	□偏重	□严重
17. 发抖	□没有	□很轻	□中等	□偏重	□严重
18. 感到大多数人都不可信任	□没有	□很轻	□中等	□偏重	□严重
19. 胃口不好	□没有	□很轻	□中等	□偏重	□严重
20. 容易哭泣	□没有	□很轻	□中等	□偏重	□严重
21. 同异性相处时感害羞不自在	□没有	□很轻	□中等	□偏重	□严重
22. 感到受骗、中了圈套或有人想抓住您	□没有	□很轻	□中等	□偏重	□严重
23. 无缘无故地突然感到害怕	□没有	□很轻	□中等	□偏重	□严重
24. 自己不能控制地大发脾气	□没有	□很轻	□中等	□偏重	□严重
25. 怕单独出门	□没有	□很轻	□中等	□偏重	□严重
26. 经常责怪自己	□没有	□很轻	□中等	□偏重	□严重
27. 腰痛	□没有	□很轻	□中等	□偏重	□严重
28. 感到难以完成任务	□没有	□很轻	□中等	□偏重	□严重
29. 感到孤独	□没有	□很轻	□中等	□偏重	□严重
30. 感到苦闷	□没有	□很轻	□中等	□偏重	□严重
31. 过分担忧	□没有	□很轻	□中等	□偏重	□严重
32. 对事物不感兴趣	□没有	□很轻	□中等	□偏重	□严重
33. 感到害怕	□没有	□很轻	□中等	□偏重	□严重
34. 我的感情容易受到伤害	□没有	□很轻	□中等	□偏重	□严重
35. 旁人能知道您的私下想法	□没有	□很轻	□中等	□偏重	□严重
36. 感到别人不理解您，不同情您	□没有	□很轻	□中等	□偏重	□严重
37. 感到人们对您不友好，不喜欢您	□没有	□很轻	□中等	□偏重	□严重
38. 做事必须做得很慢以保证做得正确	□没有	□很轻	□中等	□偏重	□严重
39. 心跳得很厉害	□没有	□很轻	□中等	□偏重	□严重
40. 恶心或胃部不舒服	□没有	□很轻	□中等	□偏重	□严重
41. 感到比不上他人	□没有	□很轻	□中等	□偏重	□严重
42. 肌肉酸痛	□没有	□很轻	□中等	□偏重	□严重
43. 感到有人在监视您，谈论您	□没有	□很轻	□中等	□偏重	□严重
44. 难以入睡	□没有	□很轻	□中等	□偏重	□严重
45. 做事必须反复检查	□没有	□很轻	□中等	□偏重	□严重
46. 难以做出决定	□没有	□很轻	□中等	□偏重	□严重
47. 怕乘电车，公共汽车、地铁或火车	□没有	□很轻	□中等	□偏重	□严重
48. 呼吸有困难	□没有	□很轻	□中等	□偏重	□严重
49. 一阵阵发冷或发热	□没有	□很轻	□中等	□偏重	□严重
50. 因为感到害怕而避开某些东西、场合或活动	□没有	□很轻	□中等	□偏重	□严重
51. 脑子变空了	□没有	□很轻	□中等	□偏重	□严重
52. 身体发麻或刺痛	□没有	□很轻	□中等	□偏重	□严重
53. 喉咙有梗塞感	□没有	□很轻	□中等	□偏重	□严重
54. 感到前途没有希望	□没有	□很轻	□中等	□偏重	□严重

续表

55. 不能集中注意 □没有 □很轻 □中等 □偏重 □严重
56. 感到身体的某一部分软弱无力 □没有 □很轻 □中等 □偏重 □严重
57. 感到紧张或容易紧张 □没有 □很轻 □中等 □偏重 □严重
58. 感到手或脚发重 □没有 □很轻 □中等 □偏重 □严重
59. 想到死亡的事 □没有 □很轻 □中等 □偏重 □严重
60. 吃得太多 □没有 □很轻 □中等 □偏重 □严重
61. 当别人看着您或谈论您时感到不自在 □没有 □很轻 □中等 □偏重 □严重
62. 有一些不属于您自己的想法 □没有 □很轻 □中等 □偏重 □严重
63. 有想打人或伤害他人的冲动 □没有 □很轻 □中等 □偏重 □严重
64. 醒得太早 □没有 □很轻 □中等 □偏重 □严重
65. 必须反复洗手、点数目或触摸某些东西 □没有 □很轻 □中等 □偏重 □严重
66. 睡得不稳不深 □没有 □很轻 □中等 □偏重 □严重
67. 有想摔坏或破坏东西的冲动 □没有 □很轻 □中等 □偏重 □严重
68. 有一些别人没有的想法或念头 □没有 □很轻 □中等 □偏重 □严重
69. 感到对别人神经过敏 □没有 □很轻 □中等 □偏重 □严重
70. 在商店或电影院等人多的地方感到不自在 □没有 □很轻 □中等 □偏重 □严重
71. 感到任何事情都很困难 □没有 □很轻 □中等 □偏重 □严重
72. 一阵阵恐惧或惊恐 □没有 □很轻 □中等 □偏重 □严重
73. 感到在公众场合吃东西很不舒服 □没有 □很轻 □中等 □偏重 □严重
74. 经常与人争论 □没有 □很轻 □中等 □偏重 □严重
75. 单独一人时神经很紧张 □没有 □很轻 □中等 □偏重 □严重
76. 别人对您的成绩没有作出恰当的评价 □没有 □很轻 □中等 □偏重 □严重
77. 即便和别人在一起也感到孤单 □没有 □很轻 □中等 □偏重 □严重
78. 感到坐立不安心神不定 □没有 □很轻 □中等 □偏重 □严重
79. 感到自己没有什么价值 □没有 □很轻 □中等 □偏重 □严重
80. 感到熟悉的东西变成陌生或不像是真的 □没有 □很轻 □中等 □偏重 □严重
81. 大叫或摔东西 □没有 □很轻 □中等 □偏重 □严重
82. 害怕会在公共场合昏倒 □没有 □很轻 □中等 □偏重 □严重
83. 感到别人想占您的便宜 □没有 □很轻 □中等 □偏重 □严重
84. 为一些有关“性”的想法而很苦恼 □没有 □很轻 □中等 □偏重 □严重
85. 认为应该因为自己的过错而受到惩罚 □没有 □很轻 □中等 □偏重 □严重
86. 感到要赶快把事情做完 □没有 □很轻 □中等 □偏重 □严重
87. 感到自己的身体有严重问题 □没有 □很轻 □中等 □偏重 □严重
88. 从未感到和其他人很亲近 □没有 □很轻 □中等 □偏重 □严重
89. 感到自己有罪 □没有 □很轻 □中等 □偏重 □严重
90. 感到自己的脑子有毛病 □没有 □很轻 □中等 □偏重 □严重

（二）抑郁自评量表

抑郁自评量表（self-rating depression scale，SDS）SDS 由 Zung 于 1965 年编制。量表包含 20 个项目，采用四级评分方式，该量表使用方法简便，能相当直观地反映患者抑郁的主观感受及严重程度。使用者也不需经特殊训练。目前多用于门诊患者的粗筛、情绪状态评定以及调查、科研等。

评分：大多数项目为正向评分。①1 分：很少有该项症状；②2 分：有时有该项症状，③3 分：大部分时间有该项症状；④4 分：绝大部分时间有该项症状。但项目 2、5、6、11、12、14、16、17、18、20 为反向评分题，按 4～1 计分。由被试者按照量表说明自己进行评定，依次回答每个条目。

总分：将所有项目得分相加，即得到总分，如果总分超过 41 分可考虑筛查阳性，即可能有抑郁存在，需进一步检查。抑郁严重指数：抑郁严重指数＝总分/80。指数范围为 0.25～1.0，指数越高，反映抑郁程度越重。

也有学者对结果作如下解释：阳性分界值为 53 分，53～62 为轻度抑郁；63～72 为中度抑郁；72 以上为重度抑郁。

表 6－3　Zung 自评抑郁量表（SDS）内容

1. 我觉得闷闷不乐，情绪低沉	□很少有该项症状　□有时有该项症状　□大部分时间有该项症状　□绝大部分时间有该项症状
2. 我觉得一天之中早晨最好	□很少有该项症状　□有时有该项症状　□大部分时间有该项症状　□绝大部分时间有该项症状
3. 我一阵阵哭出来或觉得想哭	□很少有该项症状　□有时有该项症状　□大部分时间有该项症状　□绝大部分时间有该项症状
4. 我晚上睡眠不好	□很少有该项症状　□有时有该项症状　□大部分时间有该项症状　□绝大部分时间有该项症状
5. 我吃得跟平常一样多	□很少有该项症状　□有时有该项症状　□大部分时间有该项症状　□绝大部分时间有该项症状
6. 我与异性密切接触时和以往一样感到愉快	□很少有该项症状　□有时有该项症状　□大部分时间有该项症状　□绝大部分时间有该项症状
7. 我发觉我的体重在下降	□很少有该项症状　□有时有该项症状　□大部分时间有该项症状　□绝大部分时间有该项症状
8. 我有便秘的苦恼	□很少有该项症状　□有时有该项症状　□大部分时间有该项症状　□绝大部分时间有该项症状
9. 我心跳比平时快	□很少有该项症状　□有时有该项症状　□大部分时间有该项症状　□绝大部分时间有该项症状
10. 我无缘无故地感到疲乏	□很少有该项症状　□有时有该项症状　□大部分时间有该项症状　□绝大部分时间有该项症状
11. 我的头脑和平常一样清楚	□很少有该项症状　□有时有该项症状　□大部分时间有该项症状　□绝大部分时间有该项症状
12. 我觉得经常做的事情并没有困难	□很少有该项症状　□有时有该项症状　□大部分时间有该项症状　□绝大部分时间有该项症状
13. 我觉得不安而平静不下来	□很少有该项症状　□有时有该项症状　□大部分时间有该项症状　□绝大部分时间有该项症状

续表

14. 我对将来抱有希望	□很少有该项症状　□有时有该项症状　□大部分时间有该项症状　□绝大部分时间有该项症状
15. 我比平常容易生气激动	□很少有该项症状　□有时有该项症状　□大部分时间有该项症状　□绝大部分时间有该项症状
16. 我觉得作出决定是容易的	□很少有该项症状　□有时有该项症状　□大部分时间有该项症状　□绝大部分时间有该项症状
17. 我觉得自己是个有用的人，有人需要我	□很少有该项症状　□有时有该项症状　□大部分时间有该项症状　□绝大部分时间有该项症状
18. 我的生活过得很有意思	□很少有该项症状　□有时有该项症状　□大部分时间有该项症状　□绝大部分时间有该项症状
19. 我认为我死了别人会生活得好些	□很少有该项症状　□有时有该项症状　□大部分时间有该项症状　□绝大部分时间有该项症状
20. 平常感兴趣的事我仍然照样感兴趣	□很少有该项症状　□有时有该项症状　□大部分时间有该项症状　□绝大部分时间有该项症状

（三）焦虑自评量表

焦虑自评量表（self - rating anxiety scale，SAS）由 Zung 于 1971 年编制，由 20 个与焦虑症状有关的项目组成。用于反映有无焦虑症状及其严重程度。适用于焦虑症状的成人，也可用于流行病学调查。

评分：每项问题后有 1～4 四级评分选择。①1 分：很少有该项症状；②2 分：有时有该项症状；③3 分：大部分时间有该项症状；④4 分：绝大部分时间有该项症状。项目 5、9、13、17、19 为反向评分题，按 4～1 计分。由被试者按量表说明自己进行评定，依次回答每个条目。

总分：将所有项目评分相加，即得到总分。总分超过 40 分可考虑筛查阳性，即可能有焦虑症状，需进一步检查。分数越高，反映焦虑程度越重。

也有学者对结果作如下解释：阳性分界值为 50 分；50～59 分为轻度焦虑；60～69 分为中度焦虑；69 以上为重度焦虑。

表 6-4　Zung 自评焦虑量表（SAS）内容

1. 我感到比往常更加过敏和焦虑	□很少有该项症状　□有时有该项症状　□大部分时间有该项症状　□绝大部分时间有该项症状
2. 我无缘无故感到担心	□很少有该项症状　□有时有该项症状　□大部分时间有该项症状　□绝大部分时间有该项症状
3. 我容易心烦意乱或感到恐慌	□很少有该项症状　□有时有该项症状　□大部分时间有该项症状　□绝大部分时间有该项症状
4. 我感到我的身体好像被分成几块，支离破碎	□很少有该项症状　□有时有该项症状　□大部分时间有该项症状　□绝大部分时间有该项症状

续表

5. 我感到事事顺利，不会有倒霉的事情发生	□很少有该项症状　□有时有该项症状　□大部分时间有该项症状　□绝大部分时间有该项症状
6. 我的四肢抖动和震颤	□很少有该项症状　□有时有该项症状　□大部分时间有该项症状　□绝大部分时间有该项症状
7. 我因头痛、颈痛和背痛而烦恼	□很少有该项症状　□有时有该项症状　□大部分时间有该项症状　□绝大部分时间有该项症状
8. 我感到无力且容易疲劳	□很少有该项症状　□有时有该项症状　□大部分时间有该项症状　□绝大部分时间有该项症状
9. 我感到很平衡，能安静坐下来	□很少有该项症状　□有时有该项症状　□大部分时间有该项症状　□绝大部分时间有该项症状
10. 我感到我的心跳较快	□很少有该项症状　□有时有该项症状　□大部分时间有该项症状　□绝大部分时间有该项症状
11. 我因阵阵的眩晕而不舒服	□很少有该项症状　□有时有该项症状　□大部分时间有该项症状　□绝大部分时间有该项症状
12. 我有阵阵要昏倒的感觉	□很少有该项症状　□有时有该项症状　□大部分时间有该项症状　□绝大部分时间有该项症状
13. 我呼吸时进气和出气都不费力	□很少有该项症状　□有时有该项症状　□大部分时间有该项症状　□绝大部分时间有该项症状
14. 我的手指和脚趾感到麻木和刺痛	□很少有该项症状　□有时有该项症状　□大部分时间有该项症状　□绝大部分时间有该项症状
15. 我因胃痛和消化不良而苦恼	□很少有该项症状　□有时有该项症状　□大部分时间有该项症状　□绝大部分时间有该项症状
16. 我必须时常排尿	□很少有该项症状　□有时有该项症状　□大部分时间有该项症状　□绝大部分时间有该项症状
17. 我的手总是温暖而干燥	□很少有该项症状　□有时有该项症状　□大部分时间有该项症状　□绝大部分时间有该项症状
18. 我觉得脸发烧发红	□很少有该项症状　□有时有该项症状　□大部分时间有该项症状　□绝大部分时间有该项症状
19. 我容易入睡，晚上休息很好	□很少有该项症状　□有时有该项症状　□大部分时间有该项症状　□绝大部分时间有该项症状
20. 我做噩梦	□很少有该项症状　□有时有该项症状　□大部分时间有该项症状　□绝大部分时间有该项症状

思考题

1. 你目前的健康状况如何？
2. 你认为自己存在哪些危害健康的因素？你该如何纠正？
3. 学校应在哪些方面加强健康教育？

附件：大学生心理健康评价标准

1. 大学生智力正常且充分发挥

智力是指人的认识问题、解决问题的能力，包括人的观察力、注意力、记忆力、想象力、创造力、思维能力和实践活动能力等的综合，是人在经验中学习或理解的能力、获得和保持知识的能力，迅速而又成功的对新情景作出反应的能力，运用推理有效地解决问题的能力等。智力正常是大学生学习、生活、工作的最基本的心理条件，是大学生胜任学习任务、适应周围环境变化需要的心理保证，因此，是衡量大学生心理健康的首要标准。一般来说，大学生的智力是正常的，甚至相对与同龄人，其智力总体水平较高，因而衡量大学生的智力，关键在于看大学生的智力是否正常地、充分地发挥了效能。

大学生智力正常且充分发挥的标准是：有强烈的求知欲和浓厚的探索兴趣；智力结构中各要素在其认识活动和实践活动中都能积极协调地参与并能正常地发挥作用；乐于学习。

此外，一些非智力因素包括理想、兴趣、爱好等也是构成心理健康的重要标准。

2. 情绪健康

情绪健康的主要标志是情绪稳定和心情愉快。这是大学生心理健康的一个重要指标。

因为情绪在心理变态中起着核心的作用，情绪异常往往是心理疾病的先兆。大学生的情绪健康应包括以下内容。

（1）愉快情绪多于不愉快情绪，一般表现为：乐观开朗，充满热情，富有朝气，满怀信心，善于自得其乐，对生活充满希望；

（2）情绪稳定性好，善于控制和调节自己的情绪，既能克制约束，又能适度宣泄，不过分压抑，使情绪的表达既符合社会的需求，也符合自身的需要，在不同的时间和场合有恰如其分的情绪表达；

（3）情绪反应是由适当的原因引起的，反应的强度和引起这种情绪的情境相符合。

3. 意志健全

意志是人在完成一种有目标的活动时，所进行的选择、决定与执行的心理过程。意志健全者在行动的自觉性、果断性和自制力等方面都表现出较高的水平。

意志健全的大学生在各种活动中都有自觉的目的性，能适时地作出决定并运用切实有效的方法解决所遇到的各种问题，在困难和挫折面前能采取合理的反应方式，能在行动中控制情绪和言行，而不是顽固执拗、言行冲动、行动盲目、轻率鲁莽，或害怕困难、意志薄弱、优柔寡断。

4. 人格完整

人格在心理学上指个体比较稳定的心理特征的总和。人格完整就是指有健全统一的人格，即个人的所想、所说、所做都是协调一致的。大学生人格完整的主要标志是：

（1）人格结构的各要素完整统一；

（2）具有正确的自我意识，不产生自我同一性混乱；

（3）以积极进取的人生观作为人格的核心，并以此为中心把自己的需要、愿望、目标和行为统一起来。

5. 自我评价正确

正确的自我评价乃是大学生心理健康的重要条件。大学生是在与现实环境、与他人的相互关系中，在自己的实践活动中，认识自己的。一个心理健康的大学生对自己的认识应比较接近现实，有“自知之明”。对自己的优点感到欣慰，但又不至于狂妄自大；对自己的弱点既不回避，也不自暴自弃，而是善于正确的“自我接受”。

6. 人际关系和谐

社会的人总是处在一定的社会关系中，大学生也同样离不开与人打交道。和谐的人际关系既是大学生心理健康不可缺少的条件，也是大学生获得心理健康的重要途径。大学生人际关系的和谐表现为：

(1) 乐于与人交往，既有稳定而广泛的人际关系，又有知心朋友；

(2) 在交往中保持独立而完整的人格，有自知之明，不卑不亢；

(3) 能客观评价别人和自己，善取人之长补己之短；

(4) 宽以待人，乐于助人；

(5) 积极的交往态度多于消极态度；

(6) 交往动机端正。

7. 适应能力强

较强的适应能力是心理健康的重要特征，不能有效处理与周围现实环境的关系是导致心理障碍的重要原因。

心理健康的大学生，应能和社会保持良好的接触，对社会现状有较清晰正确的认识，思想和行动都能跟得上时代的发展步伐，与社会的要求相符合。当发现自己的需要愿望与社会需要发生矛盾时，能迅速进行自我调节，以求和社会的协调一致，而不是逃避现实，更不是妄自尊大，一意孤行，与社会需要背道而驰。

8. 心理行为符合大学生的年龄特征

在人的生命发展的不同年龄阶段，都有相对应的不同的心理行为表现，从而形成不同年龄阶段心理行为模式。大学生应具有与年龄和角色相应的心理行为特征。心理健康的大学生精力充沛、思维敏捷、情感活跃，与之相适应，行为上应该表现为朝气蓬勃、热情洋溢、生龙活虎、反应敏捷、勇于探索、勤学好问。如果出现那种所谓的“少年老成”、萎靡不振、喜怒无常，或过于幼稚、过于依赖等现象，都是心理不健康的表现。总之，若经常严重的偏离这些心理行为特征，则有可能是心理异常的表现。

（周宪君）

实习七　卫生改革与社区卫生服务案例研究

【实习目的】

通过实习，使学生了解我国卫生体制改革方针政策，社区卫生服务和全科医学发展的现状，存在的问题和制约因素，熟悉“六位一体”的社区卫生服务模式及运行机制，使学生能运用科学管理的理论，了解我国卫生事业发展趋势，推进学生参与我国卫生体制改革的责任感和使命感。

【实习知识点】

1. 新医改主要内容：概括为“一个目标、四大体系和八项支撑”。

2. 健康中国 2020 健康指标：到 2020 年，我国的主要健康指标要基本达到中等发达国家水平。具体包括可操作、可测量的 10 个目标和 95 个分目标。

3. 社区预防服务基本内容：健康教育、预防、保健、康复、计划生育技术服务、基本医疗（一般常见病、多发病）的诊疗服务，即通常所说的社区卫生服务“六位一体”功能。

案例讨论

背景资料：我国开展社区卫生服务时间不长，大部分群众对这一新型卫生服务还很陌生；有些人一谈起社区卫生服务中心和全科医生，就以“万金油”呼之，认为医疗水平偏低，不屑一顾，让上门家访的医护人员吃“闭门羹”。社区卫生服务工作人员对此也很苦恼，一些社区卫生服务中心门庭冷落，惨淡经营。要想让群众认识我们的服务能力和水平，首先要从最基本的卫生服务需求——看病、就医入手，做好每一个上门患者的接待和诊治。

【案例一】社区卫生服务中心诊疗实例

一位 80 岁男性患者，来到某社区卫生服务中心。

患者：我是一个老病号，患高血压、糖尿病和冠心病 20 多年了，到这来就是想让你们帮我测测血压，邻居说，家里的电子血压计有时测不准，血糖我都是每月去大医院测量。

医生：那我先给您建份病历吧？

患者：我不建，我不在你们这里看病，我儿子定期带我到大医院去做体检。

医生：想量血压没问题，但需要先休息一会儿。您坐下来好吗？

患者：我家离你们这里很近，3～5 分钟就到了，一点都不累，不用休息！

医生：不是因为您身体感到劳累了，是因为您刚刚活动以后，心脏的活动是比安静情况下增强的，这样测量的结果就不准了。所以，您需要先坐 5 分钟。

（患者就座后。医生趁机详细询问了他的家庭情况、患病经过、治疗情况等，顺手记录在健康档案里）

医生（看表）：好，5 分钟到了，现在给您测量血压吧！

（帮患者脱下袖子测量血压，紧接着进行了心肺听诊等检查，之后又搬了一个凳子过来。）

医生：请把鞋子脱了，我要查一下您的足背动脉。

患者：什么“足背动脉”？

医生（表情惊讶）：您得糖尿病20多年了，还不知道什么是足背动脉吗？

患者：20多年我一直在大医院找专家看病，可没有人说过这事啊？

医生：患糖尿病时间久了，会影响您的动脉血管、造成脚部溃烂。您到街上看看，三个截肢的人就有一个是因为糖尿病引起的！您不想发展到这一步吧？那就得学会检查自己的足背动脉呀！

（患者顺从地脱下鞋袜，接受了检查。医生嘱咐他今天晚上睡前自己练习触摸足背动脉，患者担心记不住正确位置，医生让护士用甲紫在足背动脉位置上做出了标记。）

（第二天上午，病人又来了，告诉医生他在昨晚洗脚时已经学会了触摸足背动脉。）

医生：那您的洗脚水烫吗？是谁给您倒的？

患者：是老伴给倒的，不烫，水温挺合适。

医生：她是怎么给您兑水的？用什么方法试的温度？

患者：她先倒热水，再倒凉水，用手去试的，不烫就好了。

医生：这里有两个错误：第一，应该先倒凉水，后倒热水，免得万一您忘了第二步骤，就烫伤了自己；第二，应该用胳膊肘试，而不是用手试，因为人对于温度的感觉，手与肘之间相差2摄氏度，胳膊肘对热更敏感些。

患者：是吗？我还真没听说过呢。

（第三天患者来时，告诉医生他学会了兑洗脚水。）

医生：那您洗完脚擦脚吗？用什么样的毛巾，擦什么部位？

（患者说，要擦脚，用淘汰了的洗脸毛巾，脚的上下左右都擦到。）

医生：您这里又出毛病啦。糖尿病人的擦脚可有学问了，一定要用新的、软的毛巾，不要太厚，还不能有机器扎过的边，免得碰破脚的皮肤。我可以送您一条毛巾，以后您就照这样的买（取出一条事先准备好的样品，大约1元钱）。也不能光擦脚的表面，脚趾缝间和趾甲也要擦干，不然残留的水就可能造成脚的感染，因为您的血液里糖分偏高，细菌容易繁殖。

患者：以后我就在社区卫生服务中心这里看病了，不仅态度好，还能关心我的日常生活起居。大医院人多，哪能得到这样细致的服务呀？

思考题

1. 患者一进门的“开场白”说明了什么？医生是如何应对的？
2. 测量血压前，医生让患者先休息一会儿。你认为医生的做法正确吗？
3. 从医生的查体过程和足背动脉检查中你体会到了什么？
4. 用甲紫标记足背动脉的做法可取吗？
5. 你觉得医生在诊疗过程中，有必要指导患者洗脚、擦脚吗？
6. 通过这一实例，分析医患关系转变的过程。

【案例二】建立社区医生和居民契约服务关系

建立社区医生和居民契约服务关系，已成为深化医疗体制改革的新亮点。那么，社区居民对于自己与社区医院签订合同，由社区医生提供跟踪服务，都是怎么看的呢？

（市民1）这个倒不错。就是说我们有病可以及时发现，跟踪我们的病情。我跟社区医院签了协议，前天社区医生打电话给我，询问我血压控制情况怎么样？吃了什么药？现在还有哪里不舒服？我觉得这样的做法很好。社区医生的关心使我感觉很温暖，所以对自己治好病更有信心。

（市民2）这个制度很好，减少了前往大医院的次数。如果将来还能开展上门服务，上门医疗就更好了。

（市民3）如果身体素质好的话，还是没有这个必要，如果身体素质没那么好，我觉得还是比较好的。

（市民4）如果签约的这个医生医术比较高，我想和他签，如果医术水平一般我就不想签了，免得耽误我的病情。

（市民5）我也没有什么大病，签不签约无所谓。

采访中，对于跟社区医生“签合同”这样的新鲜事，多数市民表示认同，不过对于签订合同的形式和医生的水平，还有顾虑。

为进一步转变社区卫生服务模式，建立社区医生和居民契约服务关系，天津滨海新区全面推广家庭责任医生契约制服务，以辖区老年人、慢性病患者、孕产妇和婴幼儿为重点人群，优先覆盖、优先签约、优先服务，并在居民自愿的前提下，与居民签订《天津市基层医疗机构家庭责任医生服务协议书》，开展家庭签约责任医生服务。滨海新区各基层医疗卫生机构都将要建立健全家庭签约责任医生服务团队，借发放《天津市基本公共卫生服务手册》的机会，建立契约服务关系，力争签约率不低于80%，并开展家庭责任医生签约服务。全区共签约城乡居民17.4万人，同时，继续向特困、孤老、高龄空巢、离休老人、失能等重点人群提供送医送药服务。

居民在收到免费的《天津市基本公共卫生服务手册》时，与家庭责任医生建立契约服务关系，在开展社区老年人定期体检、孕产妇保健、妇女常见病普查、儿童保健、残疾人康复时，根据家庭卫生服务需要进行签约。在医护人员为社区高血压、糖尿病、脑卒中等慢性病患者定期随访和进行年度检查时，还将根据慢性病患者家庭卫生服务需要进行签约。在社区开展健康教育讲座、卫生主题日宣传、发放健康宣传材料时，根据参与居民家庭卫生服务需要进行签约。在全科医疗科、中医科、康复医学科接诊和治疗、康复，以及诊疗住院患者时，根据患者家庭卫生服务需要进行签约。在建立城乡居民健康档案、完善健康档案信息、记载健康档案时，根据居民家庭卫生服务需要进行签约。

契约制服务将由社区卫生服务团队为签约居民提供服务，服务团队一般由3～5名经过专业培训的全科医师（包括临床或中医类别）、社区护士、公共卫生人员、乡村医生等人员组成。社区医院中的全科医生全部都将纳入家庭责任医生团队，以保证服务团队人员的足额配备。服务过程中，社区卫生服务团队对辖区内的居民家庭实行分片管理，实施家庭签约责任医生服务网络式全覆盖。值得注意的是，居民可以与片区团队自愿签约，也可以跨片区签约。每户居民同期只能选择一个服务团队，凭身份证或户口簿、居住证或暂住证进行签约。原则上，一个签约周期不应少于一年，期满后如需解约需告知服务团队并签字确认，未提出解约则视为自动续约。

契约服务包括健康评估早规划、健康信息早知道、健康管家在身边、送医送药更贴心、慢病管理更系统共五个方面。社区卫生服务团队对于签约人群，将建立并完善个人健康档案，详细做出健康状况评估，并量身定制1份个性化的健康规划，填写《天津市家庭责任医生重点人群健康评估表》，使居民不仅知道自己的健康状况，同时还知道如何自我干预。医护人员将及时把健康教育材料发放给签约居民，每年不少于1份；及时将健康大课堂和健康教育讲座等健康活动信息，以及居民健康素养和传染病防治等健康知识告知签约居民，每年不少于1次。同时，家庭签约责任医生团队按照基本公共卫生服务规范要求，提供基本公共卫生服务，主动做好签约人群的健康管理；根据居民健康状况和需求，提供主动健康咨询和分类指导服务；为签约居民优先提供上级医院转诊和预约门诊服务。此外，定期为签约居民提供送医服务，方便居民就近就医。对于签约人群中确因身体原因不便到机构就诊的重点人群，可以按照收费标准提供入户送医送药服务。对于患有高血压、糖尿病、脑卒中等病情稳定后的慢性病签约人群，在政策范围内延长给药时限。为签约人群中高血压、糖尿病、脑卒中患者完善健康档案，根据不同健康状况，提供主动健康咨询和分类指导服务，借助社区卫生信息平台，完善慢病患者的全过程、全方位、系统化健康管理。

签约后，每个基层医疗卫生机构都将在居民易于看见的位置安装社区卫生服务团队公示牌或宣传栏，公示牌要标明团队人员姓名、联系电话、投诉电话，向签约家庭发放家庭责任医生服务联系卡。为了提升医疗技术水平，滨海新区将以家庭责任医生为核心，服务团队为基础，社区卫生服务中心（乡镇卫生院）为后盾，二、三级医院为技术支撑，形成新型居民健康管理工作机制，共同为居民提供健康管理服务。同时，对家庭责任医生服务团队进行多层次、多角度的社区卫生服务能力培训，强化基本医疗及公共卫生服务技能和适宜技术应用，改善家庭责任医生的服务方式，提升服务团队业务素质和工作能力，提高居民的满意度和信任度。今后，还将通过信息化网络建设，为社区居民提供基本医疗服务、中医药适宜技术服务、预约诊疗、慢病管理、健康教育等贴心服务，逐步实现家庭责任医生对社区居民全程、全方位的健康管理。

思考题

1. 契约服务全科医生需向社区居民提供哪些健康服务?
2. 为什么有一些社区居民对契约服务热情不高?
3. 天津滨海新区做法给我们什么启示?

【案例三】上海静安区石门二路社区卫生服务中心新举措

石门二路社区卫生服务中心是上海市中心城区第一座设立于高层建筑内的社区医院。既地处闹市、交通便捷，又环境优美、清静怡人。全院建筑面积3500m^2，拥有东芝遥控X线数字影像系统、西门子彩色B超、全自动生化分析仪等多种大型先进诊疗设备，年门诊量达46万人次。诊疗科目包括全科（内科、外科）、妇科、眼科、口腔科、中医科、中医骨科、针伤科、康复病房等常规临床科室及外科小针刀等特色专科。

石门二路社区卫生服务中心现建有六个社区卫生服务站点和团队，使社区群众得到方便、高效、优质、低廉的医疗服务，深受社区群众的欢迎。石门二路地段医院已连续七届被评为上海市文明单位，是全国示范社区卫生服务中心、上海爱心助老特色基地、卫生部上海市全科医师培训中心社区教学基地。以下是石门二路的一些新做法。

1. 智慧社区为居民提供更好公共卫生服务

打开“www. smeljd. gov. cn”，石二“和谐家园”网与一般政府网站大不相同。首页上的事务受理、生活服务、卫生服务等六个图标，分别对应社区事务受理中心、社区生活服务中心和社区卫生服务中心等六中心，几乎所有中心服务内容都可以在网上查询、预约和办理。石门社区的智慧化改造，可以用“一体两翼”来概括。“一体”指和谐家园网，是为居民提供网上服务的集中平台，“两翼”则指社区帮困救助信息系统和社区居家养老综合系统。其中，社区居家养老综合系统是物联网技术在社区的应用，将分批为居民建成健康档案，今后居民可以用手机、电脑等与社区医院家庭医生联网，在线咨询、在线治疗，还可以在网上预约医院挂号。社区公益 WIFI 也同步向居民开放。街道在六大中心、居委会等设置 20 个信息点，为周边居民提供每天 1 小时免费信息化公益上网。石二社区正在通过信息化手段提高政府公共服务水平。

2. 助医养老有妙招

静安区石二社区的高龄独居老人，尤其是经济较困难的老人普遍存在着“小病拖，大病熬”的现象。特别是一些孤老在生病后，几乎无人照料。2011 年 12 月起，石门二路街道居家养老服务中心联手石二社区卫生服务中心为石门二路街道 30 位 80 岁以上的高龄独居老人送上“助医”服务。社区卫生服务中心为高龄独居老人建立健康档案。中心医生上门对老人的资料进一步采集，为 30 位高龄独居老人建立了完整的健康档案。对老人的一般情况，患病服药情况有详尽的了解。家住奉贤路 186 号的孤老王某，已经 84 岁，老人生病基本是无人照料。自从接受了助医活动后，社区卫生服务中心刘医生定期上门巡诊。老人今年心脏病几次发作，无法去医院看病，就打电话给刘医生请求帮助，刘医生接到电话后立即上门诊治，还为老人配好药送到老人家里。切实解决了老人的看病难问题。家住祥福居委的马某，2010 年老人上过心血管支架，术后两年来老人每天必须服用三甲医院开的进口药片，每天光用在药片上的花费就要二十多元，对老人来说不仅麻烦而且是一笔不小的开支。刘医生上门巡诊知道这个情况后，特意安排老人去做了一次 CT 检查，结果表明老人这两年来心血管情况平稳，可以不需要再服这种进口药了。社区卫生中心定期上门为 30 位老人进行巡诊。经过对高龄独居老人助医工作的开展，助医活动已取得预期的效果，切切实实解决了老人的实际困难。不但受助的老人非常感激，受助老人的家人、亲戚，邻居也非常称赞这项活动，甚至有其他老人主动询问如何成为受助对象并希望助医活动的继续推广和延伸下去。社区卫生服务中心每年都为老年人举办大型健康讲座。2013 年举办四场主题健康讲座，分别是“老年人骨质疏松防治”“老年人视力下降防治”“老年人慢性病防治”“社区急救—现场心肺复苏”。健康讲座的主持医学专家用简单扼要、贴近生活的语言讲述了复杂的医学知识，形式生动活泼，200 多位社区老年人参加了健康讲座。会后专家免费为老年人进行骨密度测试、眼底检测、慢性病筛查并且现场为老年人解疑答惑。健康讲座深受老人的欢迎，老人表示很高兴也很愿意参加这样的活动，能学到很多知识，对自己健康大有好处，希望今后社区卫生服务中心还能举办更多健康讲座。

3. 慢性病康复回社区

日前，家住石门二路街道的王老太突发脑出血，病情稳定后老人家却犯了愁。大医院床位紧张，不可能一直住下去；回家吧，但万一病情发生变化怎么办？犹豫之际，前来探望的居委干部赵阿姨带来了好消息：社区卫生服务中心新开了病房，马上可以入住。石门二路街道近四分之一居民是 60 岁以上老年人，心脑血管等慢性病、脑卒中后遗症、行动不便者很多。虽然社区卫生服务中心就开在家门口，看病开药挺方便，但社区中心没有病床，从大医院出院的康复患者无处可去，需要留观的吊针患者也“一床难求”。居民们把这些情况写成了人民来信，区领导很快批示：想方设法缓解居民住院难。中心主任却犯了难。中心位于寸土寸金的静安区，建筑面积仅 3000 多平方米，业务用房本来就局促。曾有的病房因设施不全、环境脏乱差，已在 4 年前关闭，并改成了中医药诊疗区，深受欢迎。如今如果重开病房，可能影响中医服务的开展，也会造成群众不满。此外，人手不足、运转经费短缺……困难堪称一大堆。经过反复论证，改造方案终于出台：归并行政用地，几个科室一起办公，为医疗服务尽量腾地方；合理调整中医诊疗区的布局，如过去推拿科占了一大间，就隔成几个小间，服务数量和质量都不打“折扣”，还提高了诊疗的私密性。中心还四处觅才，从瑞金医院和嘉定中心医院引进了两位护士长、五位护士，并专门配备了两名病房医生。至于支出增加，区卫生局表示：一定支持！去年秋天，石门二路社区卫生服务中心病房正式“开张”。病房区占据整个一层楼面，有常规病床 17 张，日间床位 8 张，配药区、消毒室、护士站一应俱全。考虑到就诊患者多为中老年病人，病区设计非常“体贴”：装修用的全是环保材料，送药的是静音推车，床边安装了呼叫系统和供氧系统，卫生间、浴室都加了防滑扶手，还有专门的配膳间，方便患者加热从家里带来的饭菜。

如今，石门二路社区慢性病患者的住院难题，已经基本解决。陈先生的父亲中风，从长征医院急诊出院后，曾辗转多家医院进行后续治疗，一周前住进了家门口的病房。“我们小辈照顾起来很方便，一天的床位费不过 20 多元，中山、瑞金等大医院的主任医生还每周来查房，很放心！”

思考题

1. 石门二路社区利用手机、电脑等现代通信技术开展哪些社区卫生服务？

2. 试举例说明如何在社区为老年人开展社区卫生服务。

3. 谈一下石门二路街道社区卫生服务中心新举措给我们的启示？

【案例四】湖南省深化医疗卫生体制改革的惠民举措

近年来，湖南省不断深化医疗卫生体制改革，出台了很多举措缓解“看病难”“看病贵”。对老百姓而言，他们更关心自己看病时的感受和体验。而深化医疗卫生体制改革则是百姓更便利看病的治本举措。

1. 公立医院改革，破除“以药补医”机制

公立医院是群众看病就医的主要场所，“看病难”问题，在大医院尤为突出，这也是医改中最难啃的骨头之一。今年，所有三级医院和部分二级医院都将开展“无假日医院”、预约诊疗服务。

预约诊疗，一个电话、一点鼠标就能实现挂号，免去了排长队的烦恼。湖南省卫生厅推出的惠民举措中承诺，将全面实现省级区域信息平台与各三级医院预约挂号系统的互联互通，通过预约诊疗行政监管平台，实时对医院预约专家号源内部管理情况进行监管。督促医院开通电话预约、短信预约、诊间预约及自助预约机等预约方式，方便患者挂号就诊，实现三级医院专家号门诊诊疗预约率达到 60%以上的目标。

以药补医机制，多年来备受诟病。这一顽疾，今年将得到彻底根治。湖南省将破除以药补医机制为关键环节，统筹推进管理体制和价格、药品供应改革，理顺医药价格，建立科学的补偿机制。2014 年起，将在已有的 8 个县级公立医院改革试点县市的基础上，新增 4 个试点县市推进改革。株洲市作为全国公立医院改革试点城市，也将实现公立医院改革全覆盖。届时，公立医院全面实行药品零差率销售，合理降低药品费用。公立医院改革关系整个医改的成效，湖南省将坚持公立医疗机构面向城乡居民提供基本医疗服务的主导地位，合理确定公立医院功能、数量、规模、结构和布局，履行好政府办医职责。今年，将有越来越多的医院出招，加快公立医院管理体制和运行机制改革，构建现代医院管理制度，解决“缩短看病时间和排长队看病”的问题，让老百姓在看病时感受到既“看得见”又“摸得着”的便利和实惠。

2. 改革基层医疗卫生机构，建立合理“分级诊疗”模式

不少人一生病就喜欢往大医院跑，往返长途奔波劳累之余，还要承担高额的医药费用。这也是看病难的重要原因之一。症结就在于，老百姓认为“家门口”的医院看不好病，基层医疗太薄弱。今年基层医改的突出任务是“巩固、深化、完善、提高”。

一是巩固完善国家基本药物制度。继续有序扩大基本药物制度实施范围，做好基本药物采购、配送、使用等环节监测和临床综合评价工作，千方百计满足基层临床用药需要；建立药物政策协调机制以及低价、短缺、临床必需药品的供应保障机制。

二是继续协调相关部门，完善基层医疗卫生机构稳定长效的补偿机制。改进绩效考核和人事分配制度，提高奖励性绩效工资比例，合理拉开收入差距，有效调动基层医务人员积极性，提高基层机构发展活力。

三是健全以县级医院为龙头、乡镇卫生院和村卫生室为基础的农村医疗卫生服务网络，启动示范乡镇卫生院创建活动，促进乡镇卫生院规范化、标准化、制度化建设。加快建设以城市社区卫生服务为基础，与大医院分工协作的新型城市医疗卫生服务体系。

四是转变卫生服务模式，抓紧制定分级诊疗办法，综合运用医疗、医保、价格等手段，建立上下联动、对口支援、利益引导机制，推动形成基层首诊、分级诊疗、双向转诊的就医新秩序。基层医疗机构服务模式将变“被动”为“主动”，推行家庭责任医生团队服务模式，为群众提供基本医疗和公共卫生服务。在2014年底，各县市区签约服务试点面达50%以上。

五是加强乡村医生培养培训，提升乡村医生队伍服务能力和水平。争取出台乡村医生养老政策。基层医疗卫生机构服务能力不断提高，就能让老百姓更愿意在“家门口”的医院看病，就可实现小病不出村、常见病不出乡、大病不出县的目标。

3. 城乡居民医保撑起百姓“健康保护伞”

城乡居民医保在扩大覆盖面的基础上，实际的报销比例逐年提高，为百姓“病有所医”提供了有效保障。今年，城镇居民医保和新农合人均政府补助标准提高到320元，政策范围内住院费用支付比例分别达到70%以上和75%左右，进一步缩小与实际住院费用支付比例之间的差距。同时，全面推开终末期肾病、肺癌等32种重大疾病的新农合保障工作，政策规定报销比例达到80%以上。在总结郴州、永州等试点的基础上，进一步扩大利用城乡居民医保基金购买大病保险试点范围，提升基本医保支付能力和重大疾病保障水平。多渠道筹集资金，建立疾病应急救助基金，使特殊困难群众的疾病得到及时有效救治。

推进医保支付方式改革，是控制不合理医药费用的“紧箍咒”。湖南省医保将积极推行按病种付费、按人头付费、总额预付等支付方式改革，提高资金使用效益，将救命钱用在“刀刃”上。省里还将主动为75万名35～64岁农村妇女免费进行宫颈癌检查，为4.8万名35～64岁农村妇女免费进行乳腺癌检查。

“一花独放不是春，百花齐放春满园。”湖南省还将社会办医纳入区域卫生规划统筹考虑，加大对社会办医的支持力度和服务指导，优先支持举办非营利性医疗机构，鼓励社会资本直接投向资源稀缺及满足多元需求的服务领域，实现公立和非公立医疗机构分工协作、共同发展。

未来，看病就医还将插上“信息化”的“翅膀”，建立远程医疗运行机制。随着全省统一的电子健康档案、电子病历、医疗服务和医保信息等数据标准体系的建立和完善，一卡在手即可随时随地查看个人的健康信息，以远程影像诊断、远程监护指导、远程会诊、远程教育等为主要内容，发展面向基层、偏远和贫困地区的远程医疗，将使优质资源更加便捷地服

务基层群众。

思考题

1. 以湖南省为例，试述医疗卫生工作与信息化的有机结合。

2. 如何建立合理“分级诊疗”模式？

【案例五】项目决策中的风险管理

某社区卫生服务中心为一级医院转型而来，职工 69 人，开设病床 30 张。近年来，积极开展社区卫生服务，全员更新观念，转变服务模式，为社区居民与患者提供综合、连续、经济、便捷的卫生服务，深受居民欢迎。为进一步拓展服务功能，开展社区新项目，中心主任下社区听取意见，并召开职工大会发动全体员工献计献策，拟定 2 个项目进行专题调研，即“亲子乐园”和“老年病房”项目。

中心主任组织一班人到开展亲子乐园项目的妇女儿童保健中心和开设老年护理病房的兄弟单位学习，并向有关专家咨询，然后结合单位实际，认真研究讨论项目的预期效果、效益以及可行性和风险性，反复衡量利弊，提出综合调研意见。其主要观点是：

亲子乐园项目是近年来深受家长欢迎的项目，预期效益良好。但是该中心是医疗机构，既缺少婴幼儿教育保健的专业人员，更缺少宽敞房间作为活动场所，开展有困难；而且现在儿童家长期望值高，开展起来儿童安全、服务质量和经济效益都有风险。

老年病房项目针对社区老年人多、子女无暇照顾的特点和中心病房病床使用率一直不高的问题，预期效益良好。中心作为医疗机构，老年病防治是强项，但是该中心以前曾经发生过 2 起住院老年患者跳楼自杀事件，处理很棘手，因为老年人抑郁症较多，与外界沟通不良，子女又忙于工作，关心不够，很容易发生意外；而且老年人病情复杂、变化快，生活护理要求高，因此开展起来也有很大风险。

中心主任就以上调研意见，进行反复权衡，认为搞儿童教育保健不是中心强项，而且不具备房屋条件，不安全，风险大，亲子乐园项目不宜上马。而老年病房可充分利用中心原有的病房、设备、人员等各种卫生资源，是中心强项，把握比较大，虽然也存在不少风险因素，但是如果加强员工教育、加强医患沟通、制定完善的规章制度，严格考核管理，这些风险不是不能预防的，最终决定开设老年病房。运转两年来，居民非常欢迎，病床使用率达到 100%，而且充分利用中心各种检查和治疗设施设备，由于加强管理，医务人员工作热情高、责任心强，没有发生一起投诉和纠纷，在低收费的情况下，每年病房收入近 400 万元，取得了良好的社会效益和经济效益。

思考题

1. 社区卫生服务在制订服务计划时应综合考虑哪几方面的因素？

2. 社区卫生服务中应如何防范风险？

【案例六】两起意外死亡的不同后果

某市城区两个社区卫生服务中心，规模相近，由于两个中心主任的风险意识和对质量管理的重视程度不同，培训教育与规范管理的力度相差甚远，以至在遇到类似的意外死亡事件时，导致完全不同的结果。

(1) 患者女性，46 岁，某日到甲中心看病。接诊医生询问其基本情况，知该患者为企业下岗人员，经济困难，家里人包括自己患病时，能忍就忍，很少上医院。两天来因感觉头晕，头胀，脖子后背僵硬就诊。医生为其测血压 160/100mmHg，考虑其经济情况没有再做其他检查，给她开了“寿比山”。患者说她没有医保，不能报销，要求医生以患者丈夫李某的名字开了处方取药。两天后，患者感觉病情未见好转，同时干活后腰痛，再次来到该中心的中医科进行针灸治疗。

次日下午患者继续来扎针灸。提及因家庭琐事生气，感觉颈部僵硬、沉重，医生嘱其卧位局部针灸。针灸结束后，患者刚从床上坐起，就出现喷射性呕吐，呕吐物中有红色内容物。针灸医生当即为其测量血压160/110mmHg，并询问患者是否需要与家属联系，患者说不用。医生嘱其卧床休息，10min后，病情未好转，医生电话告知患者家属，并向病区护士长借氧气瓶，介绍病情时，接受护士长建议立刻请来全科医生。此时，患者已昏迷，双侧瞳孔不等大，压眶反射消失，立刻组织抢救，并拨打“120”急救电话，急救车赶到时，患者呼吸、心跳已停止，经抢救无效死亡。

病人家属来到后，情绪非常激动，当场封存了抢救药品。当封存门诊病历时，发现针灸医生并未为患者建立病历，门诊日志上记载其丈夫李某的名字，性别为男。2h后医、护人员完成抢救记录，但经核对，医生与护士的抢救记录时间与药物剂量不一致，而其记录又与针灸医生描述不同。至此，中心只得将该针灸医生保护起来。病人家属邀来一些社会闲散人员既不拉走尸体，也拒绝尸检。终日在院内吵闹，围观的人越聚越多。结果：死者尸体在中心内停放，死者家属在中心院内搭设灵堂两天两夜。经多方调解，医院赔付死者家属11万元结案。

（2）患者，男性，60岁，社区内居民，某日到乙中心就诊，自述有冠心病史，前2周感觉心慌，在总医院带24小时动态心电监护未发现异常。本次因上呼吸道感染来院就诊，医生为其开了3天抗生素输液治疗。

次日早晨7点20分，患者独自一人来院输液，在大厅等待期间突然栽倒，医生与护士立即将其抬到病床上进行抢救，当时患者已昏迷，心电图显示室颤。在场值班医务人员通力协作，后患者经抢救无效死亡。随后在中心主任指挥下，安排人员分别与派出所联系，寻找病人家属，安顿死者尸体，相关人员各负其责。主治医生与护士清点抢救药品，及时完成抢救和护理记录。中心工作井然有序，正常接诊患者。

当9点多病人家属闻讯赶到时对发生情况和抢救过程不相信，当场封存抢救药品和复印病历资料。上午11点死者家属将尸体运走，并声称找专家咨询。由于抢救中各环节均无差错，抢救记录完整，3日后，死者家属再一次来到医院详细地询问了抢救情况，继续复印了一些资料，之后，死者家属未再与医院联系。

思考题

1. 两起均发生在社区卫生服务中心的死亡事件，为何结果却大相径庭？

2. 甲社区卫生服务中心在治疗过程中存在哪些问题？

【案例七】上海彭浦社区卫生服务中心信息系统介绍

彭浦社区卫生服务中心一体化信息系统是由医院信息系统（HIS）、社区信息系统（CHIS）两大部分组成的，具体来说，其信息系统功能特点包括：信息共享临床信息与社区信息通过健康档案平台进行信息互通、资源共享。多档合一，各种信息在健康档案中集成、更新和利用，原来健康档案的静态信息变为动态信息。上海市彭浦社区卫生服务中心就诊人员大多数是退休的医保病人，电子处方、医技电子申请让老人们避免了纸张易遗失的烦恼。一些临床检查报告结果，医生通过网上及时了解，使患者免除了往返与无谓等候的麻烦。患者原来一直抱怨的挂号、收费、取药及就医“三长一短”变为“三短一长”，先分诊看病，后收费，简化了挂号收费工序。

院长查询系统和财务管理系统的实时监控，分析医疗费用的发生情况，能及时有效遏止大处方、大检查和重复检查，从而能有效缓解医院层面造成的看病贵问题。医疗器械管理系统的使用能让医护人员及时了解医院的物质库存、供应商资质等情况，有效控制、追踪医疗器械购销和使用的整个流程，使之发挥最大效能。电子大屏和触摸屏自助查询系统公示的卫生服务价格和住院费用一日清，使患者能放心看病，明白消费，减少医患矛盾。

流程的再造使整个就医流程趋于合理，由于患者在医生处就诊的时间增加，医患交流、沟通增多，使医患关系更加和谐。检查结果通过网络传输到医生工作站，使患者能更快地接受治疗，减少患者等候和往返时间，大大方便了老百姓，同时，提高了医生的工作绩效。

一体化信息系统全面实施后，由于就医流程的优化，医疗质量和患者安全性得到了提高。另外，系统软件中融入人性化设计，如计划免疫管理系统引入的手机短信提示服务功能和个性化健康教育等，患者满意度明显提高。与此同时，医院的业务量上升，门诊量同比增加 25.2%，预防保健服务人次同比增加 34.8%，业务收入同比增加 20%。

信息系统简要功能描述

1. 药品医疗器械审批认证档案信息系统

该系统设置公共模块，丰富的参数设置便于适应不同业务需求；自定义报表查询可在实施阶段根据要求订制所需的报表；开放式的公用接口规范，使 LIS，PACS 等各种硬件设备提供国际标准的规范接口连接完整的软件产品线，保证了软件的全方位服务创意背景。“医疗机构医疗器械监管信息系统”是国内第一套专业化、系统化、网络化的医疗器械服务监管和安全预警应用软件系统，此项研究成果在其相应领域内达到了国内领先水平。就医院任何一件无论大小的医疗设备或医用材料而言，从采购入库到消耗、报废的整个过程，由于品种杂散、进出频繁，它们往往都是极难“监控”的。比方说对于生产商、供应商的资质，某一具体产品的批号文件，有效期、保修期，就是靠人工一一登记，也不能保证万无一失。特别是一旦发生医疗器械不良事件，“召回”等应急措施根本无从着手。自我规范与监督管理并重，切实保证患者的身体健康和生命安全，是实施这一系统的出发点。

2. 卫生服务中心短信系统

短信主要应用于上海市松江区公共卫生应急指挥，在应急指挥中能够及时通知应急人员，对应急情况的处理做到应急处理的及时反馈。短信平台采用 J2EE 技术，支持跨平台技术，实现不同操作系统的兼容。采用 Java 的开源框架 Hibernate＋struts 以保证维护工作。中间件采用亿镁 SDK 短信开发包，通过 J2EE 技术在跨平台的支持保证了短信平台的对任何操作系统的兼容性，保证了产品的稳定性。

3. 居民健康档案信息系统

本软件系统主要针对社区居民健康医疗卫生信息进行管理，通过本软件系统实施对各种社区居民医疗卫生信息全流程管理，促进其规范化管理。本项目是以国家卫生信息化建设政策为中心，加强社区卫生信息建设为目标。国家有关基层公共卫生要求，为群众提供预防、保健、基本医疗、康复、健康教育、计划生育技术指导“六位一体”为主要内容的社区卫生服务；建立社区卫生服务中心信息网络，对健康档案、妇幼保健、儿童计划免疫，传染病、地方病和慢性非传染性疾病防治等社区卫生服务信息实行计算机管理，提高医疗卫生服务能力。本项目的创新点为：图形化界面管理基站配置，软件装载和各模块的动态配置。

(1) 通过人性化的界面，提供给用户配置人员权限、状态、功能。避免用户通过命令方式来进行相关操作，更容易进行网络维护。

（2）系统采用了动态的数据库连接方式，提高了客户端搭建的效率。

（3）系统数据库采用多层结构模式，提高了数据库的安全性及查询速度。

思考题

1. 试述信息化在社区卫生服务中的重要作用。

2. 试述一体化的信息系统的组成部分及为社区居民就医所带来的便利。

【案例八】社区卫生服务中心定位实例

某社区辖区共有13个居委会，5.9万人口，老年人口占辖区中人口的18%。辖区内医疗资源比较丰富，在不足30min路程内仅三级医院就有两家。

辖区内的一所社区卫生服务中心为一所20世纪70年代建立的一级医院，设有地段保健科、门诊及50张病床，主要收住院的是一些患有慢性病的老年患者。1998年挂牌转建为社区卫生服务中心，转建后的社区卫生服务中心基本维持原来的等待患者门诊的服务模式，经济效益不理想，有时连工资都难以保证。

为了能使转建的社区卫生服务中心有较好的经济效益，同时看到旁边一家三级医院骨科患者十分多，经常挂不上号，认为这是发展的市场。于是社区卫生服务中心的领导班子讨论决定高薪聘请一位三级医院退休的骨科教授，增加中心内的床位，建立骨伤特色专科。于是中心在捉襟见肘的情况下，投资进行了中心内病房改造，床位迅速由原来的50张增至90张；中心内的所有中青年医师都找院长，希望进病房提高专业能力。于是中心将年富力强、思想好、技术过硬的业务骨干全部抽调到病房，希望给中心带来理想的效益。而将各科室不"感冒"的人员派到建立的2个社区卫生服务站中负责一般的日常门诊工作。

但是到年底，中心病床使用率仅达到46.3%，经济指标十分不理想。建立的2个社区卫生服务站更是入不敷出，而且中心的社区卫生服务各项工作在全区7个社区卫生服务中心年度考核中倒数第二。

考核结束后，区卫生局领导和中心领导班子重新认真分析了中心的具体情况，包括中心目前现状、人员情况、辖区内医疗资源情况、辖区内居民情况。根据分析的结果，召开职工大会发动全体员工献计献策，对中心的工作进行了新的定位。

1. 加强与社区联系：居委会和社区中心相互参加每周的工作例会，共同组织开展大型的健康教育讲座和各种有关健康的活动等预防保健工作。

2. 改造格局：将原来的诊室改为全科诊室、修建门前无障碍坡道、走廊方便扶手，洗手间配备呼叫铃以便患者遇到紧急情况呼叫，并配置自动冲水系统和不锈钢可折叠坐便器，走廊里安装了残疾人电话、无线呼叫系统和背景音乐系统等。

3. 开设老年病房和临终关怀病房：中心针对本社区老年人多、子女工作忙无暇照顾、老年人经济收入不太高，患有多种疾病，病情复杂，变化快；生活自理能力差，对生活护理的要求高；经济水平相对较低，要求获得价格低廉的服务等特点，中心利用原有的病房、设备等各种卫生资源开设老年病房和临终病房。

4. 扩大服务范围：增设了中医专家诊室、前列腺诊室和按摩诊室等科室，以及化验室、中药房；开展中医特色服务，增加了代煎代送中药、免费送氧气上门，免费提供治疗仪器入户治疗；开展社区护理服务出诊的服务项目。开展免费体检项目，每年春季为辖区老年人进行一次减免费用体检（55岁以上成本收费、80岁以上全部免费）；安排专车、专人免费接送行动不便老人就诊、转诊；

5. 开展契约式医疗服务，根据社区诊断，社区卫生服务中心和站的重点工作为：加强健康教育等预防保健工作及慢性非传染性疾病综合防治和老年保健工作。具体方法是将中心现有的保健科化整为零，保健医务人员与临床医务人员共同组成团队下到社区卫生服务站，为辖区内所有老年人建立健康档案，通过对健康档案的分析，将有需求的患有慢性病的老年人进行人盯人的管理，如利用老年活动站定期集中进行测量血压、开展社区医师-公卫助理员、邻居、家属-患者三级管理网络，进行个体化治疗保健干预方案，持健康保健合同卡的患者可在中心及中心下属所有社区卫生服务站随时测量血压等。

开展老年人的服务是社区卫生服务中心的强项，只要对现有的员工进行部分调整，同时加强对员工服务理念的教育、加强和培训如何做好医患沟通、制定更完善细致的规章制度就可以得到群众的认可。

运转5年来，病床使用率接近100%，现已成为当地社区卫生服务中心的先进典型。

思考题

1. 同样地点、同样服务人群为什么前后会有如此大的差异？
2. 社区卫生服务机构应如何定位？采取什么方法做好工作？

【案例九】社区卫生服务话健康讲座实例

某医院在一个居民比较密集的社区建立一个社区卫生服务站。但是由于在这个站周边已经有2家一级医院和一家二级医院，还有8家国家部委的医务室和7家药店。当时选择站址时只考虑了这里的居民比较密集，忽略了全面的调研和实地考察。建站已经快一个月了，到社区卫生服务站就诊和咨询的只有50多人。在这种情况下，医院主管社区卫生服务工作的副院长要求站上的人员发放宣传单和上门做健康档案。由于这家医院以往的口碑不好，居民都很少到这家医院看病，几乎全部到附近较远的大医院去看病。一个小小的社区卫生服务站怎么能够竞争过二级医院呢？又怎么能让原本已经习惯去大医院看病的百姓转变观念来社区卫生服务站呢？

2月20日，社区卫生服务站在居民宣传栏张贴了一张布告：

时间：×年2月26日上午9点

地点：社区活动站

内容：居民健康知识讲座——你健康吗？

讲座人：社区卫生服务站医务人员

欢迎广大居民积极踊跃参加！

并在布告最下方用小于其他内容2号的字体写上“届时有小礼品发放”。

布告贴出后，社区居民相互告知：本周日发放礼品，别忘了去领礼品。几乎没有居民讲有讲座。

原本为了要来领奖品的居民，十分认真地听完了这堂健康教育课后，几乎没有人向以往那样争先恐后地去领礼品，而是围着讲课医生问与自己和家人有关的健康问题，认真听医生解答每一个提问。更多的人急不可待地询问：“下次课是什么时间？”“能不能每周都讲啊？”“这课的内容太好了！几乎从来没有听过！”

一堂不起眼的健康教育讲座，带来了想不到的效果：

这个站的门诊量2月份达到432人，3月份779人，4月份1 322人，5月份1 587人……。

来听健康教育讲座的居民也在不断增加：第一次课有礼品才来了62人，而后来没有礼品发放却每次都有上百人。

由于这个站的变化，医院主管领导要求其他社区卫生服务站也开展健康教育讲座。几年下来，周围群众对这所医院的态度也发生了变化，不但社区卫生服务站的门诊量上升，医院的门诊量也在增加，甚至包括床位使用率、床位周转率也在提高。

思考题

1. 该案例给你什么启示？

2. 社区中如何看展健康教育讲座？

【案例十】全科医生诊疗实例

作为一名合格的全科医生，提供的是一种新型的、人性化的医疗服务，其中接诊、问诊、体检、实验室检查、新型检测技术的应用以及人际交往、协调患者—家庭—社会关系、利用双向转诊合理支配医疗资源的能力和技巧需要我们在实践中不断提高。全科医生独特的诊疗方式、思路和服务内容在全科医疗服务中具有鲜明的特色。

病例介绍：

拉尔夫，男，45岁，白种人，离婚，律师。

主诉：烧心。

现病史：

过去6周，拉尔夫先生反复出现上腹部烧灼感，进食后加重，特别是进食辛辣、酸性食物后明显。服抗酸药和牛奶可以减轻。无恶心、呕吐、便秘、腹泻。偶有与烧心不同的上腹痛。类似情况过去也曾发生过几次，特别是在10年前离婚时明显。

既往病史：

患者10余岁时有肝炎和股骨骨折史。

社会史：

患者离婚后独自与两只狗一起生活。他是律师所的合伙人，擅长研究劳动关系法。

个人史：

每日吸烟1盒，每晚饮1～2杯伏特加酒，每天喝6～8杯咖啡，从不用镇静药。

家族史：

父亲66岁死于大肠癌，母亲78岁做过手术，姐姐47岁患克隆病（节段性回肠炎）。

系统回顾：

有长期反复发作性头疼和下背痛的病史。

生命体征：

血压18.4/12kpa（138/90mmHg），脉搏：70次/min，呼吸：18次/min。

体格检查：

身高180cm，体重84kg，患者紧张、焦虑。胸部叩诊呈清音，窦性心律，无杂音，舟状腹，上腹部轻压痛，无包块，存在肠鸣音。直肠、前列腺正常，直肠内无包块，大便潜血试验阳性。

思考题

1. 关于既往病史，你还需了解什么？为什么？

2. 患者可能试图告诉你的是什么？

3. 为进一步了解当前他生活中存在的重要问题，你可能还会问什么问题？

4. 如果可能的话，还应该做哪些辅助检查？

5. 现在你有什么特殊的诊断计划？

6. 此时你的诊断是什么？你如何向病人解释？

7. 请说明这个疾患对拉尔夫先生可能意味着什么？目前他最担心的是什么？

8. 患者询问大便潜血阳性意味着什么？

9. 饮酒、吸烟对当前的疾病可能有什么影响？

10. 在进一步检查结果出来之前，你对拉尔夫先生的饮食、生活方式和用药方面有什么样的治疗建议？

【案例十一】深圳高新区社康中心健康问题实例分析及干预计划

南山人民医院高新区社康中心成立于2002年12月，直接为科技园社区的居民提供健康促进、卫生防疫、妇幼保健、老年保健、慢性病防治、疾病诊治六大类服务。辖区内居民距社康中心最远约1km。

一、社区基本情况：高新区社区健康中心服务区域为科技园社区居委会，位于科技园中区，东起科技路，西至新田路，南起深南大道，北至北环大道。占地面积约1.9km^2。总人口数约12 000人。常住户籍1 860户，常住人口数约6 200人，其中男2 954人，女3 246人。60岁以上老人（常住＋暂住）462人，75岁以上老人（常住＋暂住）9人。0～6岁524人；育龄妇女2 573人；已婚2 164人，带环妇女1 493人，结扎62人，本年度迁出人数36人，迁入人数57人，死亡人数2人。

暂住及流动人口户数1 240户，人口约5 800人，其中男约2 321人，女约3 479人，育龄妇女3 056人，已婚1 079人，带环妇女524人，结扎157人，0～6岁儿童约137人，死亡人数0人。到目前为止，我们入户调查3 074户，常住1 844户，暂住1 230户，并建立了家庭及个人档案，大部分已输入罡正电脑系统，实行电脑化管理，其中建档2 831户，常住达72.3%，暂住达76.5%。

经统计显示：

1. 家庭构成：核心家庭1 484户，主干家庭268户，单身家庭354户，单亲家庭22户，联合家庭61户。

2. 性别分布：男5 273人，女6 727人，男女比例为0.8∶1。

二、高新区社区主要高危人群及主要危险因素分析：

1. 60岁以上老人主要危险因素

(1) 机体组织功能减退，免疫力下降，易患多种慢性感染性疾病，如：气管炎、肺炎、肿瘤等；

(2) 孤独感，常有不良心理因素，易患抑郁症和老年痴呆；

(3) 老年动脉硬化易导致高血压、糖尿病、脑卒中、冠心病、椎动脉供血不足等病；

(4) 部分老年人吸烟、饮酒，不利于老年保健养生；

(5) 部分老年人健康及医学知识缺乏，有时患者不愿到医院就医。

2. 20～50岁人群主要危险因素

(1) 工作压力大，竞争激烈，心理不稳定，部分人士有抑郁障碍。

(2) 科技园社区大部分是以高科技为主，这个年龄段的人群整天面对电脑，活动少，易患颈椎病、腰椎病等。

(3) 对医学知识缺乏，不懂自我保健。

3. 7岁以下儿童主要危险因素

(1) 正值发育阶段，免疫功能尚未完善，加上幼儿园、学校的交叉感染，易患感染性疾病和传染病。

(2) 无生活经验，易发生意外。

三、社区主要健康问题：

在3月3日—4月25日，我们对管辖34区、36区、37区、48区、58区、通信小区、金达中心、桑达苑社区居民的健康状况、社区环境、社区资源等调查，入户调查了502户，常住及暂住共约1907人，发现影响社区居民的主要健康问题有两个方面：高血压和糖尿病。

四、社区主要健康问题分析、干预计划及措施

1. 高血压

目前发现高血压患者61人，为社区居民主要健康问题，也是发病较高的疾病。

发病危险因素包括以下几个方面。

(1) 年龄：社区内≥60岁老人462人，≥75岁老人9人，高血压患者最小年龄为37岁，最大年龄为77岁，以中老年人居多。

(2) 不良的生活和饮食习惯，过食海鲜及高脂、高碳水化合物食品，易致高脂血症及动脉硬化。部分人吸烟饮酒，孤独，心情郁闷，精神紧张。

(3) 一部分高血压患者有家族高血压史，加之缺乏医学科普知识，无症状时不就医，不吃药，等症状出现时才治疗，失去了控制高血压的良机。

疾病后果：

高血压易致动脉硬化，易发生脑卒中而致残，冠心病致心肌梗死或猝死，肾功能障碍致肾衰。

干预计划：

(1) 大力开展高血压病的健康教育，提高居民对高血压病的医学知识和高血压病对身体带来的危害，提高居民的健康意识和自我保健能力；

(2) 改进不良生活方式和饮食结构，提倡低盐、低脂、低糖饮食，戒烟戒酒等，采取正确的生活方式；

(3) 开展群众性体育活动，消除不良的心理社会因素；

(4) 指导合理的非降压药物治疗和降压药物治疗。

干预措施：

(1) 积极主动入户及早发现高血压病患者，开展20岁以上人群首诊测血压。对早期患者追踪、观察，采取非药物治疗措施，进行一级干预；

(2) 举办了“高血压病防治”的知识讲座，发放教育处方，经常播放有关“高血压病防治”的医学录像资料；

(3) 定期随访追踪患者，监测血压，指导患者长期、不间断、规律的合理应用降压药治疗，并对家人进行教育，帮助医护人员监督按时服药，在家里，对患者从身心上多给予关心、体贴、照顾。

2. 糖尿病

辖区内发现Ⅱ型糖尿病患者22人。

发病危险因素：

(1) 糖尿病家族史；

(2) 高糖、高脂饮食；

（3）不良的生活、饮食习惯。

疾病后果：

（1）伴发缺血性脑卒中致残；

（2）伴发高血压、冠心病、心肌梗死等；

（3）肾功能损害致肾衰；

（4）伴发糖尿病眼底病变、末梢神经痛、感染等。

干预计划：

（1）积极主动发现病人，进行跟踪随访，采取一级干预；

（2）大力开展糖尿病的健康教育活动，举办糖尿病知识讲座，每年2～4次，提高居民对糖尿病危害的认识，增强自我保健能力；

（3）改进不良的生活或饮食结构；

（4）坚持体育锻炼，消除不良的心理社会因素；

（5）指导合理的降糖药物治疗，减少并发症。

干预措施：

（1）广泛开展糖尿病筛查活动，对40岁以上及有糖尿病家族史的肥胖人群免费测血糖一次，发现高糖患者进行血糖监测，并指导非药物治疗；

（2）举办“糖尿病知识及防治”的科普讲座，不定时发放健康教育处方；

（3）定期跟踪随访患者，监测血糖，指导患者长期不间断、规律合理使用降糖药物。

思考题

以高新区社康中心为实例，为你所居住社区制定社区居民干预计划？

【案例十二】“健康中国2020”行动实施

一、背景

健康既是人类追求的永恒主题，也是一项基本人权。“健康中国2020”战略，作为卫生系统贯彻落实全面建设小康社会新要求的重要举措之一，努力促进公共服务均等化。这一战略是以提高人民群众健康为目标，以解决危害城乡居民健康的主要问题为重点，坚持预防为主、中西医并重、防治结合的原则，采用适宜技术，以政府为主导，动员全社会参与，切实加强对影响国民健康的重大和长远卫生问题的有效干预，确保到2020年实现人人享有基本医疗卫生服务的重大战略目标。到2015年，使我国医疗卫生服务和保健水平进入发展中国家的前列；到2020年，保持我国在发展中国家前列的地位，东部地区的城乡和中西部的部分城乡接近或达到中等发达国家的水平。

实施“健康中国2020”战略，必须着手以下工作：一是根据我国居民的主要健康问题及其可干预性和干预的成本效果以及相关国际承诺，确定优先领域和重点。二是根据影响健康的主要问题，制订切实可行的全国和地方行动计划。行动计划不仅要提供良好的卫生服务，还要特别关注影响健康的各种社会经济环境和人口因素，营造有利于健康的环境。三是建立健全健康评价体系。评价体系要以人民健康状况为中心，既反映工作情况，更要反映群众健康素质的变化。为此，必须建立和发展相应的体制机制、人才、科技、文化和国际合作等支撑体系。

二、行动实施

1. 走进甘肃

“健康中国2020”走进甘肃是由国家卫生部倡导、中国人口协会主办、兰州市慈善总会支持、兰州天伦不孕症医院承办，2011年1月20日在兰州启动。在启动仪式上，国家计生委原副主任吴景春指出，要想真正地帮助不孕不育患者走出困境，不仅仅是要从生理上解决，更要在心理上帮助他们走出阴影，这样才能使不孕不育患者从根本上解决问题。所以成立“甘肃省不孕不育家庭救助中心”是非常有必要的，所有符合“中国送子鸟基金”申请条件的患者均可拨打该中心的甘肃省首条助孕热线报名。

甘肃在全国率先制定“健康中国2020”的地方性战略规划，为将来全国省级层面开展课题研究提供可借鉴的经验模式。

2. 走进江西

由中华人民共和国卫生部倡导，中国医促会国际合作推广专业委员会与江西省南昌博爱泌尿专科医院共同组织发起的“健康中国2020‘男性雄起’江西行”大型公益活动于2010年3月20日走进南昌。据悉，本次活动以“构建男性健康，促进家庭和谐”为主题，通过全面提高男性健康的水平，普及男性健康的常识，增强男性健康意识，不断推进健康中国全民教育行动在江西城乡广泛深入的展开。

活动现场，为更好、更规范的护佑男性朋友的生殖健康，健康中国组委会特授予南昌博爱泌尿专科医院为江西省“‘健康中国2020’男性生殖健康促进工程唯一指定医院”。国内外泌尿男科权威专家的出席，也把本次会议的起点推向了一个全新的高度，同时也必将使江西泌尿男科诊疗技术水平走在国际前沿。

3. 走进河南

2009年10月31日，卫生部部长陈竺发表了“健康中国2020战略的思路与框架”的主题发言，详细介绍了“健康中国2020”战略的重要方针和预期目标。如今，这一大型公民健康战略部署也已经在河南落地，并以“女性健康”作为河南站行动的主题。郑州大学医院妇科中心被确认为“健康中国2020”实施定点医院，与中原女性息息相关的公益援助行动计划也正在火热进行中。“健康一个家庭，和谐整个社会”，通过公益活动来唤醒人们对自身健康的关注，增强防病、治病和自我保健能力，是郑州大学医院妇科中心所有医护人员的初衷。郑州大学医院妇科中心以多位高资质医学专家为带头人开创卓有疗效的特色疗法，传统中医与现代西医的完美结合，已经为众多女性轻松解除了妇科疾病的烦恼。

4. 走进无锡

作为国家卫生行政部门批准设立的江苏省首家综合性非营利性医院的无锡天一医院，于2011年5月起执行“健康中国2020——走进无锡”全民健康普查工程大型公益活动，为健康中国2020战略开启了新的篇章。

随着我国社会经济的不断发展，人们生活水平逐步提高，我国全民健康教育与健康促进工作紧紧围绕卫生工作中心任务，全民健康教育取得了可喜的成绩。作为长江三角洲重要的中心城市之一的无锡是首批“健康中国2020战略”受惠城市，将结合国家对健康工作的基本要求，大力开展疾病预防和卫生保健工作，进一步提升锡城男性健康整体水平。无锡不仅是一个具有千年悠久历史文化的著名城市，还是一个飞速发展的城市，它的快速发展为锡城百姓健康带来便捷。此次，无锡天一医院将通过“低价检查、优惠诊疗、限价手术”为主要内容的系列公益活动的开展，通过权威专家团亲诊和先进诊疗技术推广等形式，为锡城百姓提供高端疾病诊疗条件，通过全民健康公益普查、疾病诊疗和手术援助，为广大锡城百姓的疾病诊疗提供直接的帮助，缓解“看病难、看病贵”的社会问题。

5. 走进海南

据了解，近十几年来，我国男科疾病发病率以每年15%～20%的速度增加，呈逐年上升的趋势。为了让全社会重视男性健康问题，提高男性健康水平，由卫生部批准、中国医师协会主办，海南医学会、海南现代男科医院承办，海南慈善总会支持的“健康中国2020全国男性健康关爱工程暨海南男性健康万人免费普查活动”，2011年4月28—30日在海南现代男科医院大广场正式启动。“健康中国2020”海南男性健康万人免费普查公益工程，将泌尿系结石、前列腺癌筛查也列为普查重点工作。活动组委会根据男性常见泌尿生殖疾病和海南男性人口特点，特别制定双肾、输尿管、膀胱、前列腺、精囊腺彩超、尿常规、前列腺液常规、体格检查（身高、体重、血压、男性生殖泌尿系统等）项目免费检查，并酌情增加心电图、血常规、前列腺肛门直诊、下腹部彩超、精索静脉彩超、睾丸彩超检查。在为期1年的免费普查活动期间，活动承办方海南现代男科医院还将先后邀请全国数位权威男科专家坐诊该院，“周周有名医”将为本次活动可能遇见的疑难杂症进行免费会诊，并对接受男科手术患者援助治疗。

三、“健康中国2020”主要内容

“健康中国2020”战略研究报告包括总报告及促进健康的公共政策研究、药物政策研究、公共卫生研究、科技支撑与领域前沿研究、医学模式转换与医疗体系完善研究、中医学研究6个分报告。总报告主要阐述了我国卫生事业发展所面临的机遇与挑战，明确了发展的指导思想与目标，提出了发展的战略重点和行动计划及政策措施等。“健康中国2020”战略研究提出了“健康中国”这一重大战略思想，为把提高人均预期寿命（到2020年，人均预期寿命达到77岁）纳入“十二五”国民经济和社会发展主要目标体系提供了重要循证依据，为实现卫生事业发展和国民健康水平提高提供了重要抓手，对科学制订中国中长期卫生发展战略目标和战略步骤意义重大。报告确定了卫生事业优先领域筛选原则，提出针对重点人群、重大疾病及可控健康危险因素的三类优先领域，并提出了21项行动计划作为今后一个时期卫生工作的重点任务。

21项行动计划：其中包括针对重点人群的母婴健康行动计划、改善贫困地区人群健康行动计划、职业健康行动计划；针对重大疾病的重点传染病控制行动计划、重点慢性病防控行动计划、伤害监测和干预行动计划；针对健康危险因素的环境与健康行动计划、食品安全行动计划、全民健康生活方式行动计划、减少烟草危害行动计划；促进卫生发展，实现“病有所医”的医疗卫生服务体系建设行动计划；卫生人力资源建设行动计划、强化基本医疗保险制度行动计划；促进合理用药行动计划、保障医疗安全行动计划；提高医疗卫生服务效率行动计划、公告安全和卫生应急行动计划、推动科技创新计划、国家健康信息系统行动计划、中医院等我国传统医学行动计划、发展健康产业行动计划。

“健康中国2020”战略研究构建了一个体现科学发展观的卫生发展综合目标体系，将总体目标分解为可操作、可测量的10个具体目标和95个分目标。这些目标涵盖了保护和促进国民健康的服务体系及其支撑保障条件，是监测和评估国民健康状况、有效调控卫生事业运行的重要依据。

四、“健康中国2020”具体目标

1. 国民主要健康指标进一步改善，到2020年，人均预期寿命达到77岁，5岁以下儿童死亡率下降到13%，孕产妇死亡率降低到$20/10^5$，减少地区间健康状况的差距；

2. 完善卫生服务体系，提高卫生服务可及性和公平性；

3. 健全医疗保障制度，减少居民疾病经济风险；

4. 控制危险因素，遏止、扭转和减少慢性病的蔓延和健康危害；

5. 强化传染病和地方病防控，降低感染性疾病危害；

6. 加强监测与监管，保障食品药品安全；

7. 依靠科技进步，适应医学模式的转变，实现重点前移、转化整合战略；

8. 继承创新中医药，发挥中医药等我国传统医学在保障国民健康中的作用；

9. 发展健康产业，满足多层次、多样化卫生服务需求；

10. 履行政府职责，加大健康投入，到2020年，卫生总费用占GDP的比重达到6.5%～7%。

思考题

1. “健康中国2020”战略研究提出了“健康中国”这一重大战略思想，这一思想的具体涵义是什么？有什么重要意义？

2. “健康中国2020”战略研究提出“到2020年，主要健康指标基本达到中等发达国家水平”，具体包括哪些目标？

3. “健康中国2020”战略研究提出今后一个时期卫生工作的战略重点工作任务是什么？

（祝丽玲）

实习八　健康危险度评估

【实习目的】

1. 掌握健康危险度评估的原理和方法。

2. 熟悉目前的危险分数、一般人群的危险分数及目标危险分数的概念和计算方法。

【实习知识点】

1. 健康危险度评估是研究致病危险因素和慢性病发病率及死亡率之间数量依存关系及其规律性的一种技术。它将生活方式等因素转化为可测量的指标，预测个体在一定时间发生疾病或死亡的危险，同时估计个体降低危险因素的潜在可能，并将信息反馈给个体。

2. 危险分数是代表发病危险的指标。对于个体某一疾病的危险分数而言，危险分数为该个体发生该疾病的概率与同年龄同性别人群发生该疾病的概率的比值。通过对个体的评估，可以计算以下三种危险分数：

目前的危险分数：根据目前的情况所计算的现实的危险分数。根据个体的生活方式、遗传因素等确定。

一般人群的危险分数：同年龄、同性别个体的危险分数。作为评估对象的参照。因此都为1。

目标危险分数：由于有些与行为方式有关的危险因素是可以改变的，因此，计算出全面建立健康行为的理想生活方式下个体的危险分数。目标危险分数应小于或等于目前的危险分数。

【实习内容】

1. 如何计算目前的危险分数?

对于大多数慢性病来说，其危险因素往往不是单一的，因此，需要计算组合危险分数，即把每一项危险因素对某病发病或死亡的影响进行综合。

组合危险分数计算方法是先根据危险分数表查得在每一项危险因素中的危险分数，再根据下列公式计算：

$$P_Z = (P_1 - 1) + (P_2 - 1) + \ldots\ldots + (P_n - 1) + Q_1 \times Q_2 \times \ldots\ldots \times Q_m$$

P_n：≥1 的各项危险分数；Q_m：<1 的各项危险分数。

将大于1的危险分数减去1作为相加项，小于或等于1的部分相乘作为相乘项，相加项和相乘项之和即为组合危险分数。

对于个体的危险度计算：发病危险=人群总发病率×组合危险分数。

事实上，人们对所计算出来的发病危险的认知往往比较抽象，因为一般人无法判断，例如 $5/10^4$ 的肺癌发病危险究竟意味着什么。而计算的危险分数则非常直观，例如某人肺癌的危险分数为10，这就意味着他发生肺癌的危险是和他（她）同年龄、同性别个体的10倍，因此他属于肺癌的高危人群。因此，我们可以直接用（组合）危险分数来评估个体患病危险。

2. 如何计算目标危险分数？

应该看到，有些危险因素是人为难以改变的，如家族史、既往病史等。而有些因素通过努力是可以改变的，如吸烟，酗酒等。如果改变不良习惯，可降低疾病的危险性。计算这些可改变的危险因素消除或降低后的发病危险即为目标危险分数。

计算目标危险分数的方法与上述危险分数计算方法一致，只是所估计的是不良行为得到控制或改变情况下的危险分数。

健康危险度的个体评估，通过比较目前的危险分数、一般人群的危险分数、目标危险分数即可对该病的发病危险进行评价。评价结果可以分为以下四种：

（1）低危险型：被评价者发生该病的目前危险分数小于1，即低于同年龄、性别一般人群的发病危险。当然，通过进一步调整行为方式仍然可以进一步降低危险，但程度有限。

（2）自创危险型：被评价者发生该病的目前危险分数大于1，而目标危险分数远小于目前危险分数。被评价者发生该病的目前危险分数大于1，说明危险分数的平均水平较高；目标危险分数和目前危险分数相差较大，说明这些危险分数属于自创型，通过降低危险分数的措施，可以降低发病危险。

（3）难以改变的危险因素型：被评价者发生该病的目前危险分数大于1，但目标危险分数和目前危险分数相差较小。说明个体危险因素主要来自生物遗传因素和既往疾病史，通常不易改变，降低发病危险的可能性较小。

（4）一般危险型：被评价者发生该病的目前危险分数接近1，目标危险分数和目前危险分数相接近。说明被评价者的发病危险接近一般人群，降低的可能性有限。

【实习步骤】

1. 收集危险因素资料，获取与评估疾病有关的各项危险因素的指标。

2. 查阅该年龄、性别的危险分数表，得到各项因素所对应的危险分数。

3. 利用组合危险分数计算方法计算目前的危险分数。

4. 对各项危险因素进行重新评估，根据改变不良行为方式后的因素组合，查表获得各项因素所对应的新的危险分数。

5. 利用组合危险分数计算方法计算目标危险分数。

6. 通过目前危险分数、目标危险分数和一般人群危险分数的比较，确定发病危险的类型。

【实习案例】

个体危险分数的计算：例如一名23岁的男性，每天吸烟20支，酗酒，不参加锻炼。无糖尿病史。请对该个体发生脑卒中的危险性进行评估。

首先需要查20～24岁组男性个体的危险分数表（表8－1），获得各项因素所对应的危险分数。

则目前的各项危险分数分别为：1.25，1.23，0.99，1.05。

目前的危险分数为：$1.25+1.23+1.05-3+0.99=1.52$

如果戒烟戒酒，并参加体育锻炼则危险分数分别为：0.98，0.74，0.99，0.61。

目标危险分数为：$0.98\times0.74\times0.99\times0.61=0.44$

也就是说，目前该个体发生脑卒中的危险是同年龄组男性的1.52倍，如果该个体能够建立健康的生活方式，脑卒中发生危险率降低为0.44倍。

综上，该个体的脑卒中危险度评估为自创危险型。

诚然，对于23岁的年轻男性而言，发生脑卒中的概率接近于0，因此，尽管他目前的危险分数达到1.52，就发病的绝对风险而言，仍然是相当低的。但是，如果不采取措施，随着年龄的增长，他发生脑卒中的危险性将会呈几何级数上升，因此同样值得关注。

以下为健康危险度评估问卷，里面包括了冠心病、脑卒中、部分肿瘤的常见危险因素，通过问卷的填写和查表，可以计算冠心病、脑卒中、肺癌、肝癌、胃癌、乳腺癌（女性）、膀胱癌、肠癌、食管癌等疾病的目前危险分数和目标危险分数，从而进行危险度评估。

健康危险度评估问卷

（一）健康指标

1. 身高__________ cm
2. 体重__________ kg
3. 腰围__________ cm
4. 您最近一次测量的血压值为 __________/__________ mmHg
5. 如果您不知道您的血压，请按照下面的标准进行估计：
   A. 高　　B. 适中或低　　C. 不知道
6. 您最近一次血中的胆固醇含量为__________
   A. ≤200mg/dl　　B. 200～239mg/dl　　C. ≥240mg/dl
7. 如果您没有测量过，请按照下面的标准进行估计：
   A. 高　　B. 适中或低　　C. 不知道

（二）健康行为

1. 您目前的吸烟状况：
   A. 不吸烟（跳至第4题）　　B. 正在吸烟　　C. 已戒烟（跳至第3题）
2. 如果您仍在吸烟
   1）平均每天吸多少支？
   A. <10　　B. 10～19　　C. 20～29　　D. ≥30
   2）您已经吸烟多少年？
   A. <10　　B. 10～19　　C. 20～39　　D. ≥40
3. 如果您已经戒烟
   1）您从戒烟到现在有多久了？
   A. <6个月　　B. 6个月　　C. 1年　　D. 2～10年
   E. ≥10年
   2）戒烟前两年，平均每天吸多少支烟？
   A. <10支　　B. 10～19支　　C. 20～29支　　D. ≥30支
4. 您是否经常遭受被动吸烟？
   A. 无（跳至第7题）　　B. 有

（被动吸烟：不吸烟者一周中有一天以上每天吸入吸烟者呼出的烟雾多于15min）

5. 您已经被动吸烟多少年了？
   A. <10年　　B. 10～19年　　C. 20～29年　　D. ≥30年
   E. 记不清
6. 平均每日被动吸烟支数？

A. <10 支　B. 10～19 支　C. 20～29 支　D. ≥30 支

E. 记不清

以下问题请按您过去 30 天的情况回答：

7. 在过去 30 天内，您是否饮用过含酒精的饮料？

A. 是　B. 否

8. 您每周大约饮多少含酒精的饮料？

啤酒__________瓶

烈酒、白酒__________两

葡萄酒、果酒等__________杯

9. 过去的 30 天中，您有__________回一次饮用过 3 两以上白酒或含相同酒精的其他酒？

10. 与一般人相比，您是否口味较重，喜欢吃较咸的食物？

A. 是的，口味较重　B. 一般　C. 口味清淡

11. 每周有几天吃含油或脂肪多的食品（油炸食品或肥肉等）？

A. 从不吃或很少吃　B. 1～2d　C. ≥3d

12. 每周有几天吃腌制食品？

A. 从不吃或很少吃　B. 1～2d　C. ≥3d

13. 每周有几天吃新鲜蔬菜？

A. 从不吃或很少吃　B. 1～2d　C. ≥3d

14. 您每周有几天步行/骑自行车超过 30min？（包括上下班、日常购物等）

A. 0d　B. 1～2d　C. 3～5d　D. >5d

15. 目前您每周平均参加多少次使您心跳加速，微微出汗，每次持续在 20 分钟以上的体育锻炼和工作？（如跑、快走、游泳、自行车等）

A. 基本不参加　B. 1～2 次　C. ≥3 次

16. 平均每日睡眠时间

A. 6h 以下　B. 6h　C. 7～8h　D. 8h 以上

17. 目前饮水的水源：

A. 自来水　B. 纯净水　C. 深井水

D. 沟塘水（转至 18，选其他答案转 19）　E. 其他

18. 您饮用沟塘水大约多少年？

A. <35 年　B. 35～49 年　C. ≥50 年

19. 每年食用糖精的次数（这里指有意识将糖精作为甜味剂使用）？

A. 从不食用　B. 1～19 次　C. ≥20 次

20. 您是否经常食用霉变的花生或玉米？

A. 否　B. 是

21. 您是否有持续一年以上的精神压抑，情绪低落？

A. 否　B. 是

22. 您是否经常生闷气吃饭？

A. 从不或很少　B. 经常

23. 您是否在烹调时经常眼睛受到油烟刺激？

A. 从未　　B. 有时　　C. 经常

24. 您在工作中是否经常接触以下物质：

A. 汽油　　B. 其他有机剂　　C. 都没有

（三）健康史

您的家族成员（父母、兄弟、姐妹、祖父母）中是否有下列疾病：

1. 肺癌　　A. 没有　　B. 有　　C. 不清楚
2. 肝癌　　A. 没有　　B. 有　　C. 不清楚
3. 乳腺癌　　A. 没有　　B. 有　　C. 不清楚
4. 食管癌　　A. 没有　　B. 有　　C. 不清楚
5. 高血压　　A. 没有　　B. 有　　C. 不清楚
6. 心脏病　　A. 没有　　B. 有　　C. 不清楚
7. 糖尿病　　A. 没有　　B. 有　　C. 不清楚
8. 高脂血症　　A. 没有　　B. 有　　C. 不清楚

您是否有以下病史

9. 心脏病　　A. 没有　　B. 有　　C. 不清楚
10. 糖尿病　　A. 没有　　B. 有　　C. 不清楚
11. 高血压　　A. 没有　　B. 有　　C. 不清楚
12. 慢性支气管炎或肺气肿　　A. 没有　　B. 有　　C. 不清楚
13. 乙型肝炎或肝硬化　　A. 没有　　B. 有　　C. 不清楚
14. 肠息肉　　A. 没有　　B. 有　　C. 不清楚
15. 溃疡性结肠癌　　A. 没有　　B. 有　　C. 不清楚
16. 血吸虫　　A. 没有　　B. 有　　C. 不清楚

（四）女性生育史

1. 初潮年龄：

A. ≤13 岁　　B. 14～16 岁　　C. ≥17 岁

2. 是否已经生育（不包括流产）？

A. 否　　B. 是

3. 初产年龄：

A. <25 岁　　B. 25～29 岁　　C. ≥30 岁

4. 是否曾经母乳喂养婴儿四个月及以上（这里指双侧哺乳）？

A. 否　　B. 是　　C. 不清楚

5. 是否已经绝经？

A. 否　　B. 是

6. 绝经年龄：

A. <45 岁　　B. 45～49 岁　　C. ≥50 岁

7. 月经周期是否正常？

A. 紊乱　　B. 正常　　C. 不清楚

危险分数表是危险度评估的核心。以下为20～24岁男性和女性的危险分数表。第一列为评估疾病，第二列为评估的危险因素，第三列为各种危险因素所对应的危险分数，第四列针对部分可以控制或消除的危险因素，建立健康行为后的新危险分数。

表8-1　危险分数表20～24（男性）

疾病	危险因素	危险分数	可改变的危险分数
肺癌	吸烟（支/天）		
	否	0.45	
	<10	0.59	0.45
	10～	1.51	0.61
	20～	3.52	1.41
	30～	4.81	1.92
	已戒烟	0.59	
	被动吸烟	1.17	
	呼吸系统疾病史		
	无	0.83	
	有	1.90	
	家族肿瘤史		
	无	0.90	
	有	1.62	
	长期精神压抑		
	无	0.89	
	有	2.36	
	蔬菜水果摄取		
	5～7天/周	0.91	
	<5天/周	1.54	0.91
肝癌	HBV感染		
	无	0.29	
	有	2.60	
	HBsAg（+）		
	无	0.58	
	有	5.25	
	丙肝感染		
	无	0.86	
	有	5.18	
	经常食用霉变食物		
	无	0.71	

续表

疾病	危险因素	危险分数	可改变的危险分数
	有	2.22	0.71
	慢性饮酒或酗酒		
	无	0.76	
	有	1.22	0.76
	家族肝癌史		
	无	0.33	
	二级亲属有	0.5	
	一级亲属有	3.6	
	一、二及亲属均有	7.68	
食管癌	吸烟状况		
	不吸烟	0.53	
	<10 支/天	0.83	0.53
	≥10 支/天	1.32	0.87
	已戒烟	0.87	
	食管癌家族史		
	无	0.92	
	有	2.11	
	慢性饮酒或酗酒		
	无	0.79	
	有	1.19	0.79
	蔬菜水果摄取		
	5～7 天/周	0.88	
	<5 天/周	1.7	0.88
	食用腌制食品		
	<1 天/周	0.72	
	≥1 天/周	1.52	0.72
膀胱癌	吸烟年限		
	不吸烟	0.61	
	<20 年	0.77	0.73
	20～40 年	1.19	0.89
	戒烟<10 年	0.89	
	戒烟≥10 年	0.73	
	职业暴露年龄		

续表

疾病	危险因素	危险分数	可改变的危险分数
	无	0.8	
	<20岁	1.88	
	≥20岁	1.39	
	每年用糖精次数		
	<1次	0.67	
	1～19次	1.47	0.67
	≥20次	2.85	0.67
	蔬菜水果摄取		
	5～7天/周	0.96	
	<5天/周	1.27	0.96
大肠癌	肠息肉		
	无	0.96	
	有	21.54	
	溃疡性结肠炎		
	无	0.99	
	有	2.58	
	血吸虫史		
	无	0.99	
	有	1.59	
	食用油炸食品		
	0次	0.81	
	1～3次/周	1.12	0.81
	≥3次/周	1.54	0.81
	食用腌制食品		
	0次	0.92	
	1～3次/周	1.15	0.92
	≥3次/周	1.44	0.92
	食用新鲜蔬菜		
	0次	1.44	0.99
	1～3次/周	1.19	0.99
	≥3次/周	0.99	
胃癌	吸烟状况		
	不吸烟	0.62	
	吸烟	1.34	0.62

续表

疾病	危险因素	危险分数	可改变的危险分数
	慢性饮酒或酗酒		
	否	0.58	
	是	1.38	0.58
	食用油炸食品		
	<3 次/周	0.9	
	≥3 次/周	1.65	0.9
	食用腌制食品		
	<3 次/周	0.94	
	≥3 次/周	2.11	0.94
	食用新鲜蔬菜		
	<5 天/周	1.49	0.92
	5～7 天/周	0.92	
	摄盐		
	正常	0.88	
	过多	1.44	0.88
	胃癌家族史		
	无	0.74	
	有	2.11	
	生闷气吃饭		
	无	0.99	
	经常	2.97	0.99
脑卒中	血压（mmHg）		
		收缩压	
	舒张压	<140　140～159　≥160	
	<90	0.85　0.94　5.74	
	90～	1.63　3.26　4.96	
	≥100	3.19　3.74　7.97	
	吸烟（支/天）		
	否	0.78	
	<10	0.86	0.78
	10～	1.11	0.98
	20～	1.25	0.98
	戒烟	0.98	
	慢性饮酒或酗酒		

续表

疾病	危险因素		危险分数		可改变的危险分数
	否		0.74		
	是		1.23		0.74
	糖尿病				
	无		0.99		
	有，未控制		3.35		2.47
	有，已控制		2.47		
	体育锻炼				
	<3次/周		1.05		0.61
	≥3次/周		0.61		
冠心病	吸烟（支/天）				
	不吸烟		0.61		
	<10		1.08		0.68
	10～		1.29		0.68
	20～		2.37		0.68
	戒烟		0.68		
	血压（mmHg）				
			收缩压		
	舒张压	<140	140～159	≥160	
	<90	0.88	1.75	6.63	
	90～	1.87	2.18	2.07	
	≥100	0.97	2.36	2.41	
	高血压家族史				
	无		0.96		
	有		2.14		
	高胆固醇血症				
	无		0.75		
	有		1.75		0.75
	慢性饮酒或酗酒				
	否		0.8		
	是		1.18		0.8
	体重（BMI）				
	正常BMI≤24		0.82		
	超重BMI 24.0～27.9		1.09		0.82
	肥胖BMI>28		1.42		0.82

续表

疾病	危险因素	危险分数	可改变的危险分数
	糖尿病		
	无	0.98	
	有，未控制	4.89	2.45
	有，已控制	2.45	
	体育锻炼		
	<3 次/周	1.39	0.73
	≥3 次/周	0.73	

表 8-2 危险分数表 20～24（女性）

疾病	危险因素	危险分数	可改变的危险分数
肺癌	吸烟（支/天）		
	不吸烟	0.98	
	<10	1.22	0.98
	10～	2.99	1.2
	20～	6.19	2.47
	已戒烟	1.49	
	被动吸烟指数（PSI=每日吸烟支数×吸烟年数）		
	被动吸烟但无 PSI	0.99	
	0	0.63	
	<200	1.56	
	200～400	1.73	
	>400	3.23	
	呼吸系统病史		
	无	0.83	
	有	1.9	
	肺癌家族史		
	无	0.9	
	有	1.62	
	长期精神压抑		
	无	0.89	
	有	2.36	
	烹调油烟		
	有时	1.39	
	经常	1.69	1.39
	从未	0.87	

续表

疾病	危险因素	危险分数	可改变的危险分数
	蔬菜水果摄取		
	5～7天/周	0.91	
	＜5天/周	1.54	0.91
肝癌	HBV感染		
	无	0.29	
	有	2.6	
	HBsAg（＋）		
	无	0.58	
	有	5.25	
	丙肝感染		
	无	0.86	
	有	5.18	
	经常食用霉变食物		
	无	0.71	
	有	2.22	0.71
	慢性饮酒或酗酒		
	否	0.92	
	是	1.5	0.92
	家族肝癌史		
	无	0.33	
	二级亲属有	0.5	
	一级亲属有	3.6	
	一、二级亲属均有	7.68	
乳腺癌	初潮年龄		
	≥17	0.73	
	14～16	1.05	
	≤13	1.29	
	月经周期		
	正常	0.88	
	紊乱	1.45	
	家族史		
	无	0.87	
	有	3.4	
	乳腺病史		

续表

疾病	危险因素	危险分数	可改变的危险分数
	无	0.85	
	有	2.87	
	体重（BMI）		
	正常 BMI≤24	0.97	
	超重 BMI 24.0～27.9	1.08	0.97
	肥胖 BMI>28	1.47	0.97
食管癌	吸烟状况		
	不吸烟	0.97	
	<10 支/天	1.52	0.97
	≥10 支/天	2.42	1.58
	已戒烟	1.58	
	食管癌家族史		
	无	0.91	
	有	2.18	
	慢性饮酒或酗酒		
	否	0.93	
	是	1.4	0.93
	蔬菜水果摄取		
	5～7 天/周	0.88	
	<5 天/周	1.7	0.88
	食用腌制食品		
	<3 次/周	0.72	
	≥3 次/周	1.52	0.72
膀胱癌	吸烟年限		
	不吸烟	0.99	
	<20 年	1.24	1.19
	20～40 年	1.92	1.44
	戒烟<10 年	1.44	
	戒烟≥10 年	1.19	
	职业暴露年龄		
	无	0.8	
	<20 岁	1.88	
	≥20 岁	1.39	
	每年用糖精次数		

续表

疾病	危险因素	危险分数	可改变的危险分数
	<1次	0.67	
	1～19次	1.47	0.67
	≥20次	2.85	0.67
	憋尿情况		
	无	0.85	
	偶有	2	0.85
	常有	2.66	0.85
	蔬菜水果摄取		
	5～7天/周	0.96	
	<5天/周	1.27	0.96
大肠癌	肠息肉		
	无	0.96	
	有	21.54	
	溃疡性结肠炎		
	无	0.99	
	有	2.58	
	血吸虫史		
	无	0.99	
	有	1.59	
	食用油炸食品		
	0次	0.81	
	1～3次/周	1.12	0.81
	≥3次/周	1.54	0.81
	食用腌制食品		
	0次	0.92	
	1～3次/周	1.15	0.92
	≥3次/周	1.44	0.92
	食用新鲜蔬菜		
	0次	1.44	0.99
	1～3次/周	1.19	0.99
	≥3次/周	0.99	
胃癌	吸烟状况		
	不吸烟	0.99	
	吸烟	2.12	0.99

续表

疾病	危险因素	危险分数	可改变的危险分数
	慢性饮酒或酗酒		
	否	0.83	
	是	1.97	0.83
	食用油炸食品		
	<3 次/周	0.76	
	≥3 次/周	2.51	0.76
	食用腌制食品		
	<3 次/周	0.94	
	≥3 次/周	2.11	0.94
	食用新鲜蔬菜		
	<5 天/周	1.97	0.84
	≥5 天/周	0.84	
	摄盐		
	正常	0.88	
	过多	1.44	0.88
	胃癌家族史		
	无	0.77	
	有	2	
	生闷气吃饭		
	无	0.99	
	经常	2.97	0.99
脑卒中	血压（mmHg）		
		收缩压	
	舒张压	<140　140～159　≥160	
	<90	0.93　1.02　6.28	
	90～	1.79　3.56　5.43	
	≥100	3.49　4.09　8.72	
	吸烟（支/天）		
	否	1.00	
	<10	1.10	1.00
	10～20	1.42	1.26
	20～	1.59	1.26
	戒烟	1.26	
	慢性饮酒或酗酒		

续表

疾病	危险因素	危险分数			可改变的危险分数
	否	0.91			
	是	1.52			0.91
	糖尿病				
	无	0.99			
	有，未控制	3.35			2.47
	有，已控制	2.47			
冠心病	吸烟（支/天）				
	不吸烟	0.99			
	<10	1.75			1.11
	10～	2.09			1.11
	20～	3.84			1.11
	戒烟	1.11			
	血压（mmHg）				
		收缩压			
	舒张压	<140	140～159	≥160	
	<90	0.95	1.89	7.14	
	90～	2.01	2.35	2.23	
	≥100	1.05	2.55	2.6	
	高血压家族史				
	无	0.94			
	有	2.1			
	高胆固醇血症				
	无	1			
	有	2.33			1
	慢性饮酒或酗酒				
	否	0.93			
	是	1.37			0.93
	体重（BMI）				
	正常 BMI≤24	0.95			
	超重 BMI 24.0～27.9	1.26			0.95
	肥胖 BMI>28	1.65			0.95
	糖尿病				
	无	0.98			
	有，未控制	4.89			2.45

续表

疾病	危险因素	危险分数	可改变的危险分数
	有，已控制	2.45	
	体育锻炼		
	<3 次/周	1.39	0.73
	≥3 次/周	0.73	

注：以上仅列出各疾病几种公认的危险因素，而对于某些危险因素，由于难以定量或测量未能纳入，可能会对结果产生一定影响。

请同学选择 4～5 种疾病，对自己进行危险度评估，并将结果填入下表中。

表 8-3　危险度评估表

姓名：　　　　　　　　性别：　　　　　年龄：

疾病名称	目前危险指标	危险分数		目前组合危险分数	可以改变的危险指标	新危险分数		目标组合危险分数	评价结果
			≥1	<1			<1	≥1	

（张　强）

实习九　体力活动促进

【实习目的】

1. 掌握如何制订运动处方。

2. 熟悉运动负荷测量方法。

【实习仪器】

1. 腕式血压计

2. 台阶

3. 节拍器

【实习知识点】

运动负荷试验（Loading Physical Exercise Test）有几项基本要素：必须规定一定的运动负荷（运动强度）；应在规定时间内进行一项或多项运动；通过运动前后的生理指标（如心率、脉搏、血压、气体代谢、血乳酸含量等）变化，评价受试者的生理功能水平。

【运动负荷测试】

一、单项功能试验

在一定负荷条件下，运动强度越大，运动时心率（脉搏）越快，恢复所需的时间越长。因此，可根据青少年的年龄、性别、训练水平，确定一定运动负荷，通过适宜的运动方式进行测试，评价心肺功能水平。

1. 15s 原地快跑　受试者 2 人一组，1 人为受试者，先在完全安静状态下测安静心率，然后站起，做热身准备活动。一听发令，立即尽全力以最快速度在原地（不能移位）跑 15s；另 1 人在旁用秒表分别记录其运动后即刻 10s、恢复期（第 2～4min）每分钟 10s 的心率。结束后 2 人交换，测另 1 人。将 2 人各次脉率和同性别一年龄组正常值对照，可通过他们各自记录的运动前后及恢复期的脉率、血压，进行心血管功能评价。一般负荷后会出现以下五种反应类型之一：①正常反应。脉搏、收缩压适当增加，舒张压不变或稍下降，恢复快。②紧张性增高反应。脉搏、血压升高幅度大，恢复时间延长，常见于血压较高者。③紧张性不全反应。舒张压很低，可能有两种现象：经常锻炼，运动素质好，心肌力量强；血管张力显著降低，调节功能疲劳。④梯形反应。收缩压第 2、3min 才达到最高值，呈梯形式上升；是心血管功能不良的表现，原因是训练水平下降或过度训练。⑤无力反应。脉搏显著加快，血压变化小，提示心脏收缩力减弱，有显著疲劳。

2. 30s 20 次全蹲起　受试者测试前静坐，测安静脉搏和血压，然后起立，在 30s 内匀速蹲、起 20 次（用节拍器控制蹲起的节奏）。注意：蹲、起都在原地；下蹲时足跟不能离地，两膝要深屈，双臂向前平举；起立后双臂下垂。在蹲起结束后 3min 内，每 1min 的前 10s 测心率，后 50s 测血压；第 2、3min 重复该顺序，可获得恢复期第 1、2、3min 内的心率和血压。比较安静状态、运动后即刻以及 3min 恢复期的心率和血压变化，就能评估心血管功能水平。若运动结束后脉搏上升不高，血压中等升高，3min 后基本恢复，表明功能良好；若负荷结束后脉率明显上升，血压上升明显或不明显但 3min 内未恢复者，提示功能较差。

3. 原地高抬腿跑　和上两项原理相同，只是负荷（运动）方式改为 180 步/分跑速（抬腿时大腿与躯干成直角），男性进行 3min，女性进行 2min；跑完后（按上述方式）测运动后即刻和恢复期 3min 内脉率和血压，进行心血管功能评价。上述试验需准备秒表、节拍器和血压计。

二、台阶试验

台阶试验（Step test）是目前最常用的负荷运动试验，以台阶高度、上下台阶次数为运动负荷，通过运动，以定量方式较准确地反映全身（尤其心血管）的功能发展水平。该试验发源于美国，适用于成年早期运动员，称“哈佛台阶试验”；台阶高度男 50cm，女 42cm；每分钟上下台阶 30 次，连续 5min。显然该负荷强度对一般青少年是过大的，故世界各国学者相继推出一些改良模式，通过缩短运动时间、降低台阶高度，和青少年体型特点匹配。目前该试验已作为我国学生的常规体质监测指标之一，在评价大中学生心血管功能发育水平、预测运动潜能等方面，发挥积极作用。

1. 方法　目前我国常用的台阶试验规范如下：小学男女生、大中学女生使用 35cm 台阶，大中学男生使用 40cm 台阶。每次运动 30 次/分（按节拍器 120 次/分节律进行），每次完成（从上到下，从左到右）4 个完整的动作：①受试者一脚踏在台阶上；②踏台腿伸直，在台上站立；③先踏台脚下地；④后上腿下地，还原预备姿势（图 9-1）

2. 测试步骤　受试者佩戴心率遥测仪，先静坐 15～20min 后测安静心率。开始计时后，立即随节拍器速度运动。结束后立即静坐，分别测恢复期第 2、3、4min 的前 30s 心率。用下式计算台阶指数，评价心功能。

$$\text{台阶指数}=\frac{\text{上下台持续时间（s）}}{2\times\text{（2、3、4min 前 30s 心率之和）}}\times 100\%$$

3. 评价　若顺利完成，“上下台持续时间”一律为 60s×3＝180s。通常台阶指数越大，心功能越好。评估时可按人群的实际状况，按性别-年龄组分成 1～5 级。1 级最差，5 级最好。也可采用哈佛修正指数评定：指数＜55，下；55～64，中下；65～79，中；80～89，良；≥90，优。大学男生为：≥67，优；53～65，良；46～52，及格；≤45，不及格。大学女生为：≥60，优；49～59，良；42～48，及格；≤41，不及格。

4. 注意事项：①凡心血管疾病和心功能不良者不得进行该测试；②测试前 2h 内不得剧

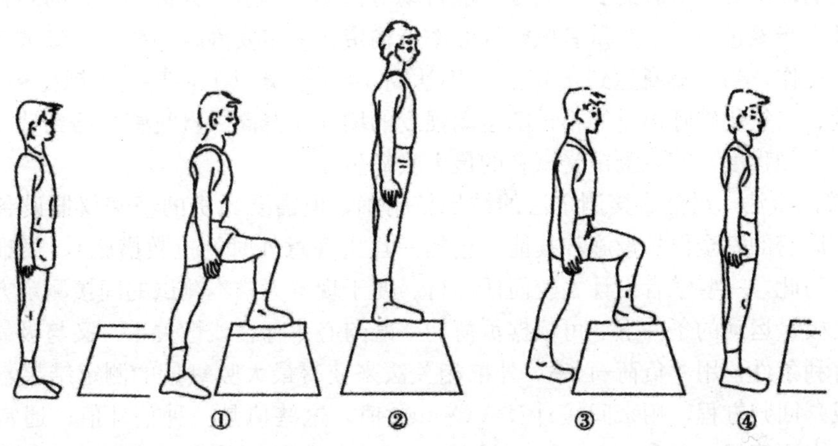

图 9-1　台阶试验

烈活动；③无论站在地面或台上，包括上下台阶时，腿与躯干要伸直，姿势要准确；④中途因疲劳不能坚持者可停下，记录其实际运动时间，不参与台阶指数计算。本实验需准备若干套遥控心率测量仪及备用电池；在场地上放置若干套（男用）40cm、（女用）35cm台阶。

三、联合功能试验

本试验由三套单项运动试验（见上文）组成，运动量较大，只适用于高中以上体质水平较高，或接受过系统训练者。然而，它在综合评价受试者的心血管功能方面（尤其耐力方面）有重要的实际意义。

1. 准备　先测安静心率、血压；2～3人一组；做热身准备活动。

2. 测试　本试验由3项不同类动作组成，如30s 20次全蹲起、15s原地快跑、原地高抬腿跑等联合组成定量负荷，依次进行。各项运动后的每分钟都要分别测脉搏和血压（第一个10s测脉搏，其后测血压）。要求20次全蹲起后，连续测3min；15s原地快跑后，连续测4min；高抬腿跑后，连续测5min。

3. 评价方法　将上述3项运动前后的脉搏数、收缩压、舒张压测量值制成曲线图，观察受试者的反应类型。可分为5种反应类型，而最简单的分型是“快”“中”“慢”。

4. 注意事项　①各部分运动间的衔接要严格按步骤进行，动作要规范；②测量时应严格遵守时间的限定。

四、最大吸氧量测定

（一）最大吸氧量测试的意义

最大吸氧量（VO_2max）或称最大耗氧量，是指人体在亚极量运动状态下呼吸、循环系统发挥出最大功能水平时，每分钟能摄取的最大氧量（VO_2max）。最大吸氧量与心肺功能、肌肉大小和强健程度、血液携带、输送氧的能力、组织吸收和利用氧的能力等都有关，所以利用它能综合判断人的体质状况，较精确地反映心肺功能水平，评估个体在一定负荷下的有氧工作能力，是迄今为止最理想的评价青少年体质水平的综合能力指标。最大吸氧量受多种因素的影响，包括个体变异、性别、年龄、体重、职业、体力活动测定方式等。

（二）最大吸氧量测试的方法

1. 直接测定法　直接测定法由运动试验、吸氧量测定两部分组成，所得VO_2max较精确、前者需要配置平板机等运动跑台，或功能测试自行车等专门设施，以及兼具保护和采集呼吸气体用的面罩等；后者需要特制额、能自动对代谢气体进行分析、计算的心肺功能测试仪等。其基本步骤包括：①受试者佩戴好心率传输带，测定安静时心率。②受试者在运动跑台上做跑步动作，当呼吸商达到1.05、心率达到180次/分以上，其他指标如每分通气量、最大吸氧量、二氧化碳呼出量等不再随运动强度的增加而升高（自我感觉已到精疲力竭，再也运动不下去的程度）时，测定受试者的最大吸氧量。

2. 间接测定法　虽然直接测定法的结果较精确，但需要昂贵的精密仪器设备、复杂的实验程序、周密的安全保护设施和技能（包括一旦出现意外时的抢救措施），很难在基层普及和推广。为此，一些学者设计了较简便易行、便于现场大样本测试的间接测定方法。在受试者不作亚极量运动的条件下，可依据负荷功率既与心率存在线性关系，又与吸氧量存在线性关系的有利条件，用“负荷-心率”外推相关法来获得最大吸氧量的测定结果，设计了列线图和（或）回归方程，用来间接计算VO_2max值。这些值是一种估计值；通常在估计值与（直接）实测值间，存在2%～25%的误差。越来越多的国外学者认为，只要台阶试验负荷设计得当，操作规范，能像以下两类方法一样，获得相当可靠地VO_2max间接推算值。

(1) Astrand 列线图法（图 9－2） 以上述研究为基本依据，基本步骤是：①受试者进行定量负荷的台阶试验。台阶高度为男 40cm，女 33cm。登台频率为 22.5 次/分，运动时间 5min。②用遥控心率测量仪记录运动后即刻 10s 心搏次数，换算成心率（次/分）。③在 Astrand 列线图相应轴线位置上标出受试者的体重和负荷后的心率值，用直线连这两点，连线通过最大吸氧量轴上的点，此值即为受试者的 VO_2max 估计值。例如，某女性体重 61kg，台阶试验 5min 后即刻心率为 156 次/分，此两点的连线与最大吸氧量轴相交点为2.4L/min，该值即为该女性 VO_2max 估计值。

假如以功率自行车为运动负荷装置，则可以通过负荷功率、负荷后即刻心率来计算 VO_2max。例如，某男少年在功率自行车上运动，负荷功率为 200W，负荷后即刻心率 166 次/分，可在图 9－2 上相应轴线的心率及 VO_2max 轴上分别标出；两点连线与最大吸氧量轴的相交点（3.6L/min）即为其 VO_2max 估计值，平均相对误差女为 6.7%，男为 9.4%。使用 Astrand 列线图还应注意：①负荷心率应控制在 120～170 次/分范围内；②年龄 18～30 岁。

Astrand 提出的年龄修正系数见表 9－1。通过修正系数的换算，可将适用年龄范围扩大至 13～60 岁。将查图所得 VO_2max 值与年龄修正系数相乘，即得该年龄的 VO_2max 估算值。

表 9－1 某地 2006 年结核病抽样 Astrand 列线图年龄修正系数

年龄	修正系数	年龄	修正系数	年龄
15～	1.10	40～	0.83	55～
25～	1.00	45～	0.78	60～
35～	0.87	50～	0.75	65～

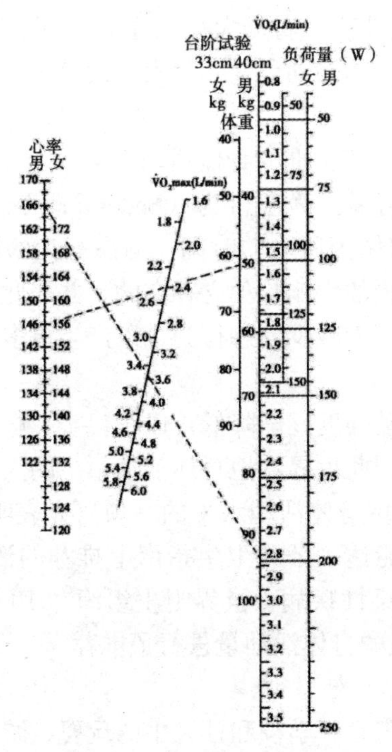

图 9－2 Astrand 列线图法

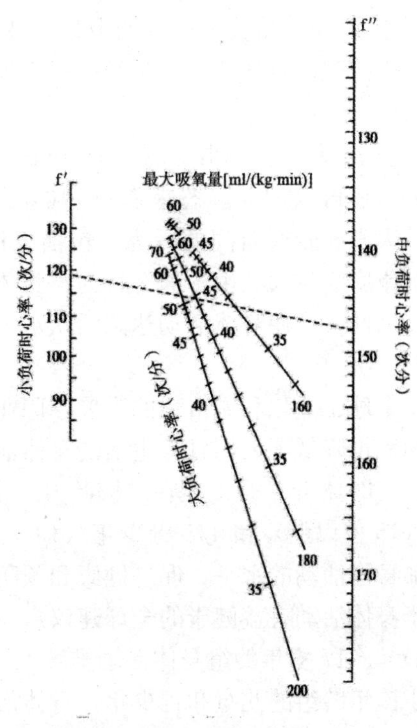

图 9－3 Margarla 列线图

（2）Margarla列线图法（图9-3） 适用于10～30岁人群。使用该图时受试需依次通过小、中、大三种负荷运动。小、中负荷以台阶试验为主，台阶高度40cm。小负荷时运动1min，上下台阶27次。大负荷通常选择某种运动负荷的较强运动，如中学生100m、小学生60m快速跑。中、小负荷运动时，心率控制在100～150次/分范围；大负荷运动时，心率应达到160次/分以上。每次负荷运动后测即刻10s心搏次数，换算成心率（次/分）。将小、中负荷后即刻心率分别标注在列线图上小、中负荷标尺上，两点连一线；通过图标上标VO_2max值得斜线，即可根据受试者大负荷后的即刻心率，选择其中一条斜线读出VO_2max值。使用哪条斜线应根据大负荷时的心率来确定：小于160次/分，右斜线；160～180次/分，中斜线；180～200次/分，左斜线。例如，某13岁男生小负荷心率118次/分，中负荷185次/分，大负荷185次/分。在f′和f′标尺上分别找到118、148两点，该连线与左斜线的相交点就是该男生的VO_2max，即51.0ml/(kg·min)。

【运动推荐量】有益健康的身体活动推荐量

人群身体活动量通常采用国际身体活动量表（International Physical Activity Questionnaire，IPAQ）和全球身体活动量表（Global Physical Activity Questionnaire，GPAQ）进行测量和评价。根据国际身体活动量表分析标准，可以将人群的身体活动分为三个水平。

1. 身体活动高度活跃（Highly Active PA）满足以下任何一点标准的身体活动将被划分为“高度活跃”水平：每周大于或等于3天的高强度身体活动（METs＝8.0），同时身体活动总量必须大于或等于1500代谢当量（MET）min/w；每周大于或等于7d的高强度身体活动、中等强度身体活动（METs＝4.0）和步行（METs＝3.3）的任意组合，同时身体活动总量必须大于或等于3000代谢当量min/w。

2. 身体活动中度活跃（Moderately Active PA）满足以下任何一点标准的身体活动将被划分为“中度活跃”水平：每周大于或等于3min至少持续20min的高强度身体活动；每周大于或等于5d至少持续30min的中强度身体活动或者步行；每周大于或等于5d的高强度身体活动、中等强度身体活动和步行的任意组合，同时身体活动总量必须大于或等于600代谢当量min/w。

3. 身体活动不足（Physical inactivity）未达到前两者标准的身体活动水平。

此外，还可以加上静态来衡量人群的身体活动情况。静态行为（Sedentary behavior）是指人一天坐着较长时间的行为，包括工作、学习和休闲所坐的时间。静态行为的时间越长，对健康影响越大。由于静态行为与身体活动对健康的影响是独立存在的，并非此消彼长的关系。因此，即使身体活动达到活跃水平，也应该尽量减少静态行为，以产生更多的健康效益。

由于全球工业化和城市化的进展，职业人群的劳动强度逐渐降低，以车代步、电视电脑的普及因素也降低了人们日常生活的身体活动水平，因此世界各地身体活动不足的人群还在不断增加。2012年7月发表在《柳叶刀》杂志有关全球身体活动水平的一项研究表明，1/3成年人（15岁以上）和4/5青少年（13～15岁）未能达到公共卫生指南上推荐的活动量。为了增加身体活动的水平，促进健康和预防慢性非传染性疾病，世界卫生组织2010年制定了《关于身体活动有益健康的全球建议》，对各年龄组的身体活动量进行了推荐。

（一）5～17岁年龄组身体活动推荐

对于该年龄组的儿童和青少年，身体活动包括在家庭、学校和社区中的玩耍、游戏、体育运动、交通往来、家务劳动、娱乐体育课或有计划的锻炼等。为增进心肺、肌肉和骨骼健康，减少慢性非传染性疾病风险，推荐：

1. 5～17 岁儿童青少年应该每天累计至少 60min 中等到高强度身体活动；

2. 大于 60min 的身体活动可以提供更多的健康效益；

3. 大多数日常身体活动应该是有氧活动。同时，每周至少应进行 3 次高强度身体活动，包括强健肌肉和骨骼的活动等。

（二）18～64 岁年龄组的身体活动推荐

18～64 岁成年人的身体活动包括在日常生活、家庭和社区中的休闲时间活动、交通往来（如步行或骑自行车）、职业活动（如工作）、家务劳动、玩耍、游戏、体育运动或有计划的锻炼等。为了增进心肺、肌肉和骨骼健康以及减少非传染性疾病和抑郁症风险，推荐：

1. 18～64 岁成年人每周至少 150min 中等强度有氧身体活动，或每周至少 75min 高强度有氧身体活动，或中等和高强度两种活动相当量的组合；

2. 有氧活动应该每次至少持续 10min；

3. 为获得更多的健康效益，成人应增加有氧身体活动，达到每周 300min 中等强度或每周 150min 高强度有氧身体活动，或中等和高等强度活动相当量的组合；

4. 每周至少有 2d 进行大肌群参与的强壮肌肉活动。

以上建议也适用于该年龄组人群中患高血压、糖尿病等不影响活动的慢性非传染性疾病患者。孕妇、产后妇女和曾发生心血管事件者，在计划达到该年龄组的建议身体活动量之前，需要采取特别的预防措施并寻求医学咨询。

（三）65 岁及以上年龄组身体活动推荐

对于 65 岁及以上老人，身体活动包括在日常生活、家庭和社区中的休闲时间活动、交通往来（如步行或骑自行车）、职业活动（如仍然工作的话）、家务劳动、玩耍、游戏、体育运动或有计划的锻炼等。为了增进心肺、肌肉、骨骼和功能性的健康，减少慢性非传染性疾病、抑郁症和认知功能下降等风险，推荐：

1. 老年人应每周完成至少 150min 中等强度有氧身体活动，或每周至少 75min 高强度有氧身体活动，或中等和高等强度两种活动相当量的组合。

2. 有氧活动应该每次至少持续 10min。

3. 为了获得更多的健康效益，该年龄段的老人应增加有氧身体活动量，达到每周 300min 中等强度或每周 150min 高强度有氧身体活动，或中等和高等强度活动相当量的组合。

4. 活动能力较差的老年人每周至少应有 3d 进行增强平衡能力和预防跌倒的活动。

5. 每周至少应有 2d 进行大肌群参与的增强肌肉力量的活动。

6. 由于健康原因不能完成所建议身体活动量的老人，应在能力和条件允许范围内尽量多活动。

【实习作业】

1. 根据运动负荷试验测量方法对自己进行运动负荷测试，并进行评价。

2. 根据测量结果同时参照推荐运动量为自己开出一张运动处方。

（王嘉淇）

实习十　职业中毒案例讨论

【实习目的】

1. 掌握职业病的诊断及处理原则。
2. 掌握职业性中毒案例的分析方法。
3. 熟悉现场劳动卫生学调查的方法与要求。

【实习知识点】

1. 职业有害因素的定义、种类及作用条件。
2. 职业卫生服务的原则及内容。
3. 职业病的概念、致病条件、特点及管理措施。

案例讨论

【案例一】氰化物中毒案例讨论

某天平厂女保管员王某于2008年4月16日上午8点半进入地下仓库取物，10多分钟后有人发现她昏倒在地，不省人事。被救出仓库后，立即送医院抢救。入院时为9点半左右，患者当时呼吸浅表、频数、脉微弱、口唇鲜红。随从人员介绍库内存有机油、煤油、稀料和氢氧化钠等。医院按急诊苯中毒抢救，见效不大，1小时后医院打电话报告所在区的疾病预防控制中心。

思考题

1. 根据患者入院的临床表现及工厂所介绍的生产环境情况，你首先想到的疾病原因是什么？

2. 仓库内储存物种类很多，现场环境不了解，不能肯定为哪种疾病时，应采取什么措施？

3. 如是急性职业中毒，报告的要求是什么？不重视职业中毒报告的后果如何？

疾病预防控制中心接到电话报告后，立即派两位大夫带着测苯的快速检气管去该厂进行调查。该地下仓库在一间办公室下面，室内地板有一个盖有木板的1.5m^2左右的入口，直立一木梯供人上下之用，地下库的面积约为8m^2、高2m，地面为泥土地，比较潮湿，无任何通风措施。地下库内除有煤油、稀料味外，有明显苦杏仁味。库内有成桶的机油、煤油和稀料，以及两箱白色结晶物，木箱未加盖，箱内结晶物已潮解。经测定苯浓度仅为痕迹量。因库内苦杏仁味重，考虑该白色结晶物是氰化物，经与工厂管理生产的人员核对，证实该白色结晶物是热处理用的氰化物，而不是氢氧化钠。根据调查结果，基本肯定该患者为氰化物中毒。通知工厂封锁现场，该办公室不能进入，防止继续发生中毒。进入地下库救出患者的两位同事虽然当时尚无明显症状，但也进行医学观察。疾病预防控制中心医师立即通知医院按氰化物中毒抢救，并同时电话报告市疾病预防控制中心和市、区劳动局。

思考题

4. 为什么必须进行中毒现场调查？工厂反映的情况为什么必须经过核实？

5. 现场调查后判断为氰化物中毒，根据是否充分？应怎样处理？

6. 根据现场调查结果，你认为该厂在此次事件中存在哪些问题？应建立哪些制度？

医院得知是氰化物中毒后，因无解毒药品，速派人去职业病防治院要求支援解毒药。中午12点，才开始用解毒药。下午1点左右患者出现强直性痉挛，每3～5min 1次，肺部有少数湿啰音，2点半血压、呼吸较平稳，4点输血400ml，晚10点半肺水肿明显，经各种抢救措施无效，于4月17日清晨5点死亡。

思考题

7. 氰化物中毒机制，急性重症氰化物中毒临床表现及抢救工作的关键是什么？

发生事故当天下午疾病预防控制中心医师佩戴防毒口罩进入地下库采集空气，用氰化物检气管进行鉴定，确定库内空气中氰化物浓度已超过100mg/m³（检气管最高刻度为100mg/m³），超过国家标准（0.3mg/m³）330倍以上，发生事故前地下库很少有人入库工作。此次事故后关闭五天，市劳动局请矿山救护队人员来协助现场测定和处理。救护队人员面戴氧气呼吸器进入地下库协助安放采样吸收管和小白鼠，小白鼠入库后立即死亡，地下库空气内氰化物浓度为6577mg/m³，超过国家标准19 930倍。采样后将木箱内的氰化钠和氰化钾分别装入磨口大玻璃瓶内，在库内喷洒了漂白粉和过锰酸钾进行处理。由于仓库无法通风，进入仓库又不便，不能保证工作人员的安全，因此要求工厂停用该仓库。此后召开了全区工厂医务室和安全技术干部会议，宣传了预防氰化物中毒的知识，并提出了仓库安全要求。

思考题

8. 请指出造成此次中毒死亡事故的主要原因及经验教训。

9. 随着工业的发展，目前我国是否已杜绝了这类事故？

【案例二】高温中暑案例讨论

一天，小刘随检查团进行露天安全检查，当天烈日炎炎，小刘由于走得急，忘了带遮阳用具，刚开始小刘还感觉良好，但过一段时间后就感到头痛、头晕、眼花、恶心、呕吐，最后晕倒在地。请分析原因。

【案例三】儿童铅中毒案例讨论

某日，小强的妈妈带着7岁的小强来就诊。妈妈说老师多次反映小强容易发脾气、注意力难以集中、学习成绩不好。妈妈说他从小就好动、容易分神。她同时说小强最近经常感到肚子痛和便秘。她曾经买药给他吃，但没有效果。小强和妈妈、姐姐住在郊区外公外婆家，她爸爸是公司司机，妈妈和外公都在一家蓄电池厂工作，小强和姐姐放学后经常到厂里玩。小强的姐姐有注意力缺陷，外公患有痛风，而且经常腹痛。检查发现小强的视力正常，但听觉灵敏度稍差，而且语言能力比一般小朋友稍差。血细胞比容减至30%。经询问发现，小强饮食充足、无异食癖，免疫接种正常。检查显示血红蛋白过少和小红细胞症，无失血，大便隐血试验阴性。诊断为“轻度缺铁性贫血”，补铁治疗3个月。

思考题

1. 请问小强的主要问题是什么？

2. 请问医生的诊断是否正确？为什么？贫血的原因有哪些？

3. 应进行什么检查进行诊断和鉴别诊断？

铅接触来源和铅中毒的高危人群 铅及其化合物是主要的环境和工业毒物之一，已有数千年的使用历史。铅接触的来源众多，包括汽车尾气（含铅汽油）、含铅油漆、含铅颜料、受铅污染的土壤和饮水、罐头食品、玩具、中药。职业性接触多发生在铅锌冶炼厂、蓄电池厂、铅字印刷厂、铅颜料厂等。铅中毒的高危人群主要包括儿童、孕妇及胎儿、铅作业工人，其中儿童最受关注。儿童成为铅中毒高危人群是由于以下原因：

（1）儿童铅接触来源广泛：含铅汽油（汽车尾气）、含铅涂料和含铅颜料曾经是发达国家儿童铅中毒的三个首要原因。之后一些国家先后采取的使用无铅汽油和无铅涂料的措施，降低了儿童铅接触水平和铅中毒的发生率。我国一些城市如上海在上世纪末开始采用无铅汽油。在我国，造成儿童铅接触的主要来源包括：含铅汽油（汽车尾气），工业污染造成的大气、土壤和水体铅污染，铅作业工人通过工作服等将铅带入家庭，含铅文具和玩具，含铅涂料，含铅食品等。而且，由于儿童手—口活动频繁增加了铅的摄入。

（2）儿童铅吸收率比成人高：成人消化道的吸收率为6%～20%，儿童和孕妇消化道吸收率为50%。另外，儿童容易发生钙和铁缺乏，从而增加机体对铅的吸收。

（3）儿童大脑和神经系统正处于发育阶段。而且，0～3岁儿童的血-脑脊液屏障不完整性会使更多的铅向中枢神经系统转移。铅同时可以通过胎盘屏障进入正在发育的胎儿造成发育损害。

思考题

4. 小强的主要铅接触来源是什么？

5. 还要对家庭中哪些成员进行铅中毒风险评价？

铅在体内的代谢 铅主要通过呼吸道和消化道进入体内。呼吸道的吸收率为30%～50%。成人消化道的吸收率为6%～20%，儿童和孕妇消化道吸收率为50%。皮肤铅吸收率为0%～1%。

铅通过肠道和呼吸道吸收进入人体后，随血液分配到全身器官和组织。机体内的铅可分为两部分：交换池和储存池。交换池中的铅主要是指存在于血液和软组织（肝、脑、肾等），约占体内总铅量的5%～10%。这部分铅大多数在25～35d左右转移到硬组织（骨骼、牙齿等）中，汇入储存池。储存池中的铅约占机体总铅量的90%～95%，与交换池中的铅维持动态平衡。在某些情况下，储存池中的铅会回到交换池。如：血钙降低、饥饿、感染、酗酒和服用酸性药物等使血液pH值改变时，骨骼中的铅可动员到血液中，使血铅水平升高。

铅通过三条途径排出体外。近2/3经肾随小便排出；近1/3通过胆汁分泌进入肠腔，然后随大便排出。8%左右（存在于头发和指甲中）的铅通过头发及指甲脱落排出体外。在自然状态下，机体排泄铅的速度很慢。

思考题

6. 为什么离开铅接触来源后短期内血铅水平还不会下降？一些患者在离开铅接触来源和驱铅治疗后血铅水平不下降反而升高？

铅的毒作用 首先，应强调的是铅可以对全身各个系统产生危害。不同血铅水平（单位：μmol/L）下的毒作用表现见图10-1。

（1）神经系统：铅毒作用最敏感的靶部位是神经系统。而且，铅所造成的神经系统损害是不可逆的。由于儿童和胎儿正处于神经系统发育时期，中枢神经系统的损害更敏感。在以前认为很安全的血铅水平（0.48μmol/L）下也能发现儿童神经系统损害的表现。所以，目前的观点是，对于铅引起的儿童神经毒性不存在阈值。

短期内接触高浓度的铅或血铅水平长期超过 3.84μmol/L 可以出现头痛、呕吐、惊厥、昏迷等铅性脑病的表现，甚至死亡。长期铅接触可导致儿童出现智商低、语言和学习能力比正常儿童差、易激怒、多动、注意力难以集中、攻击性行为、反应迟钝、嗜睡、运动失调等表现。但这些表现往往是亚临床表现，在临床检查时难以发现。严重的可以出现听觉和视觉障碍，甚至颅神经瘫痪。

铅引起的成人神经系统病变主要表现为神经行为改变、疲乏、注意力不集中和神经传导速度下降。

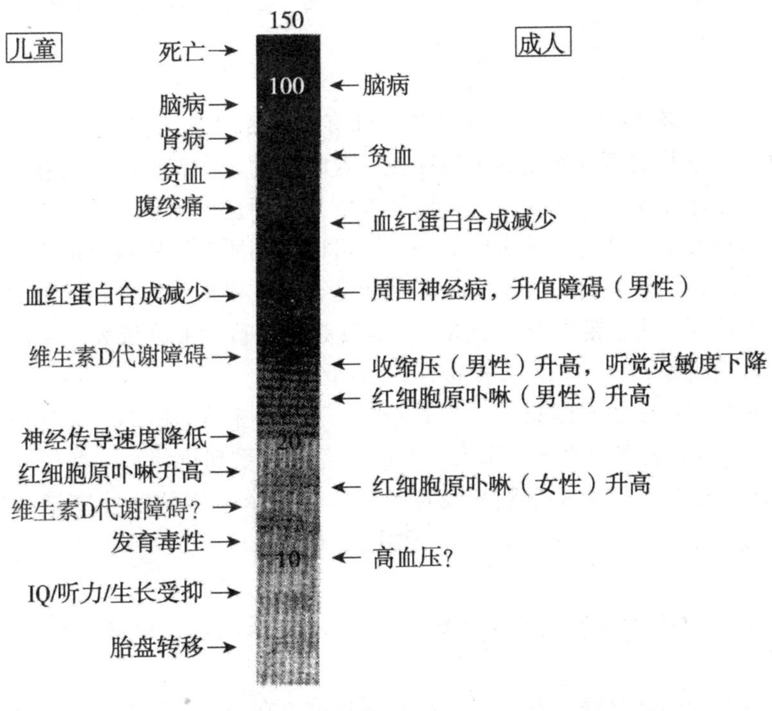

图 10－1　不同血铅水平下铅毒作用表现

（2）血液系统：血液系统是铅毒作用的重要靶系统，是铅中毒临床和研究中认识最早、研究最多的系统之一。铅可以抑制血红素合成过程中重要的酶，δ-氨基-γ-酮戊酸合成酶（ALAD）和铁络合酶，造成血红素合成障碍和血红蛋白合成减少，引起低色素性贫血。铅对 ALAD 的影响是铅影响血红素合成的关键因素。ALAD 活性随血铅水平升高而降低，所以 ALAD 活性是反映铅中毒或铅接触的重要实验室指标。铅对血红素合成过程的干扰可以导致红细胞游离原卟啉（EP）水平升高。所以，从 20 世纪 80 年代开始，EP 作为筛检儿童铅中毒的方法被采纳。

需要注意的是，虽然血红素合成障碍是铅中毒的早期反应，但贫血并不是铅中毒的早期临床表现，而且只有在长期高血铅水平下才较明显，所以儿童铅中毒很少造成贫血。

（3）内分泌干扰：机体铅负荷的增高可对某些激素的代谢产生影响，这些作用可能是铅引起儿童体格生长发育落后和高血压的基础。血铅水平升高可以降低血清维生素 D_3 的活性形式 1，25－二羟维生素 D_3 水平下降，导致活性维生素 D_3 的代谢障碍，同时反过来影响铅的代谢。铅可引起肾素分泌增加、生长激素和甲状腺素抑制。

（4）肾毒性：铅的肾毒性是一个隐匿而渐进的病理过程。这一过程发展到一定阶段就不可逆。铅主要损害肾近曲小管，导致肾小管的转运功能障碍，出现氨基酸尿、糖尿、高磷酸盐尿。50%的慢性铅中毒肾病患者同时有痛风。研究认为铅引起的血压升高与肾损害有关。

（5）心血管系统的影响：铅与高血压的关系是该领域重点关注的问题。目前的研究证明，不但高水平铅接触与高血压有关，低水平的铅接触也能导致血压的升高。

（6）生殖和发育毒性：成年女性长期接触铅可以引起生殖结局改变，流产、死产、早产、低出生体重、出生缺陷发生率比非接触人群高。铅的男性生殖毒性表现在精子数目减少、活动力减弱、形态改变。

（7）其他：铅对消化系统的作用表现为食欲缺乏、恶心、腹胀、腹隐痛，严重的可以出现腹绞痛。铅可一定程度地损害免疫功能。

思考题

7. 铅的主要毒性有哪些？成人与儿童铅毒性有什么区别？

临床评价 由于儿童铅毒作用的表现往往是亚临床的，在就诊时不易被发现。所以，要识别一个儿童是否存在铅中毒的风险，可以从以下几方面进行评价：

（1）询问铅接触史：这是至关重要的一步。可以询问所有家庭成员的工作、用药史、居住情况、学校情况、饮水和营养，从而帮助判断是否存在铅接触以及铅接触的水平。

（2）症状和体征：儿童铅中毒一个重要的表现是神经行为亚临床表现从而影响儿童的学习和社会交往。而听觉、视觉和发育损害在儿童中少见。

（3）实验室检查：血铅是最有效的检查指标。WHO和美国CDC认为儿童血铅水平在0.48μmol/L值下不会观察到明显毒作用。但这种观点已受到挑战，一些研究证实即使血铅水平在0.24μmol/L之下也可观察到神经毒效应。另一个常用的实验室指标是游离原卟啉（EP）。其他指标包括尿铅、尿δ-氨基-γ-酮戊酸（ALA）等。

思考题

8. 假设你是儿童铅中毒防治中心的医生，一个小孩来就诊，应该对哪些方面进行询问？进行哪些检查？

儿童铅中毒的预防和处理 儿童铅中毒的预防重点在一级预防和二级预防。一级预防的基本思想是消除或尽可能减少铅接触。这需要政府制定相关政策和措施，所以短期内无法消除，但可尽可能降低接触水平。目前发达国家以及我国一些城市使用无铅汽油是一项非常重要的措施。同时，降低油漆、涂料、玩具、文具和食品中铅含量也是非常重要的措施。对于无法脱离铅污染的儿童，二级预防措施非常重要。二级预防主要通过对父母的健康教育（如不穿工作服回家、减少手—口活动频率）减少儿童铅接触的机会、降低铅接触水平，进行营养干预（多食含钙、铁、蛋白质、维生素丰富的食物和新鲜的蔬菜水果）减少铅吸收。通过血铅筛查，早期发现血铅水平高的儿童，对其进行及时的干预，以降低铅对儿童机体的毒作用。

表10-1列出了不同血铅水平应采取的相应措施。应强调的是，认为血铅水平一旦超过0.48μmol/L就应立即进行驱铅治疗是不科学的。对于血铅水平＜1.2μmol/L的无症状儿童，不主张进行驱铅治疗，但应与铅接触来源隔离。血铅水平≥2.16μmol/L的儿童应立即进行驱铅治疗。驱铅治疗是通过驱铅药物结合血液和组织中的铅，使铅与药物的结合物经小便和（或）大便排出，达到降低体内铅负荷，阻止铅继续对机体产生毒作用的目的。常用的驱铅药物有依地酸二钠钙（$CaNa_2$-EDTA）、二巯丙醇（BAL）、二巯丁二钠（Na-DM-

SA)、二巯基丁二酸（DMSA）等。所有的驱铅药物都有一定的副作用，应在医生指导下谨慎使用。

表 10-1　不同儿童血铅水平及其相应措施

等级	血铅（μg/dL）	措施
Ⅰ	≤9	不应认为铅中毒
Ⅱ	10～14	应经常进行筛检，并在社区开展预防铅中毒活动
Ⅱ	15～19	接受营养和健康教育干预，并加强筛检；如果血铅水平长期保持在该水平，应考虑进行环境调查和干预
Ⅲ	20～44	应接受临床检查并进行药物治疗
Ⅳ	45～69	医学和环境干预，驱铅治疗
Ⅴ	≥70	非常严重，必须立刻开展环境和医学处理

注：血铅 1μg/dL=0.04826μmol/L

思考题

9. 如果某儿童的血铅水平为 1.21μmol/L（25μg/dL），你将如何处理？

10. 根据你所处城市或社区的情况，制订一份简要的预防儿童铅中毒计划？

（郎庆玲）

实习十一　职业病管理

【实习目的】

1. 掌握职业病管理的程序。

2. 掌握常见职业有害因素的现场快速定量检测方法。

3. 熟悉常见职业有害因素的实验室检测方法。

【实习知识点】

1. 职业性有害因素是指在生产工作过程及其环境中产生和（或）存在的，对职业人群的健康、安全和作业能力可能造成不良影响的一切要素或条件的总称。根据性质，分为物理性有害因素，化学性有害因素，生物性有害因素，不良生理、心理性因素。职业性有害因素可导致职业人群发生职业病、工作有关疾病、工伤等职业性病伤。

2. 职业卫生服务是以保护和促进职业从事者的安全与健康为目的，以职业人群和工作环境为对象的一种特殊形式的卫生服务。它包括工作场所的健康需求评估，职业人群健康监护，健康危险度评估，危害告知，健康教育和健康促进，职业病和工伤的诊断、治疗和康复服务，实施与作业者健康有关的其他初级卫生保健服务，职业场所突发公共卫生事件的应急救援。

3. 职业人群健康监护的目的在于检索和发现职业危害易感人群；及时发现健康损害，掌握健康危害的程度；评价健康变化与职业病有害因素的关系，鉴定新的职业危害、职业性有害因素；及时发现、诊断职业病，以及及时治疗或安置职业病患者；监视职业病及工作有关疾病的发病率和患病率在不同工业及不同地区之间的分布及其随时间的变化；评价暴露防护和控制以及其他干预措施效果；为职业病危害评价和职业病危害治理效果评价，为制定、修订卫生标准、职业危害防治对策和卫生策略以及行政执法提供科学依据，达到一级预防的目的。职业健康监护内容包括接触控制、医学监护和信息管理。

4. 职业病管理包括职业病诊断管理，职业病报告管理，职业病患者治疗、处理管理，职业性病伤的劳动能力鉴定管理，职业病预防管理。

案例讨论

【案例一】职业中毒案例

某县一皮鞋厂女工俞某，21岁，因月经过多，于1995年4月17日至卫生院门诊，诊治无效。4月19日到县中心医院就诊，遵医嘱于4月21日又去该院血液科门诊就医，因出血不止，入院治疗。骨髓检查诊断为再生障碍性贫血。5月8日因大出血死亡。住院期间，曾有一位医师怀疑该病员的疾病与职业病有关，但未进一步诊断。

思考题

1. 引起再生障碍性贫血的最常见生产性毒物是什么？哪些工种的工人接触该毒物？

2. 为什么怀疑该病员与职业有关？应采取哪些措施证实这种关系？该医师为什么不采

取这些措施进行病因诊断？

5月9日举行追悼会，与会同车间工人联想到自己也有类似症状。其中两名女工于5月10日至中心医院就诊，分别诊断为上消化道出血和白血病（以后也均诊断为再生障碍性贫血）。但未考虑职业危害因素。

思考题

3. 如果你在一个月内连收三名来自同一小厂的再生障碍性贫血病例，你有何想法？如何证实你的想法？

4. 该医院医师为什么未考虑职业危险因素？推测其后果如何？

上述两位病员住院后，医师告诉家属病难治好，至此车间工人惶惶不安。乡党委和工厂领导重视此事，组织全体工人去乡卫生院检查身体，发现周围血白细胞减少者较多。乡卫生院即向县卫生防疫站报告。

思考题

5. 试述职工卫生工作中三级预防的范畴？乡党委和厂领导组织工人体检属哪一级预防？

6. 乡卫生院向县卫生防疫站报告的意义是什么？

此后，县卫生防疫站向市卫生防疫站报告，由市卫生防疫站开展调查研究。结果发现，该厂制帮车间生产过程为：鞋帮坯料→用胶水黏合→缝制→制成鞋帮。

制帮车间面积56m^2，高3m，冬季门窗紧闭。制帮用红胶含纯苯91.2%。每月消耗苯9kg以上，均蒸发在此车间内。用甲苯模拟生产过程，测车间中甲苯空气浓度为卫生标准（100mg/m^3）的36倍。而苯比甲苯更易挥发，其卫生标准比甲苯低2.5倍，为40mg/m^3，故可推测生产时，苯的浓度可能更高。

经体检确诊为苯中毒者共18例，其中包括生前诊断为苯中毒的死者1例。制帮车间14例，其中重度慢性苯中毒者7例。病例分析见表11-1。

表11-1 某皮鞋厂慢性苯中毒患病率分布

项目	全厂			制帮车间			配底及其他部门		
	男工	女工	合计	男工	女工	合计	男工	女工	合计
总人数	37	37	74	6	15	21	31	22	53
慢性苯中毒人数	8	10	18	5	9	14	3	1	4
重度慢性苯中毒人数	2	5	7	2	5	7	0	0	0

思考题

7. 简述慢性苯中毒的主要临床表现。

8. 完成表11-1的统计分析。

9. 如何衡量该事件的严重程度？

10. 欲了解发生此事件中医疗卫生方面的问题，还需做哪些调查？

对该厂的职业卫生与职业医学服务情况调查结果如下：

该厂于1992年4月投产。投产前未向卫生防疫站申报，所以未获必要的卫生监督。接触苯作业的工人均未获就业前体格检查。

该厂没有进行过职业的卫生宣传教育。全厂干部和工人几乎都不知道粘合用的胶水有毒。全部中毒者均有苯中毒的神经系统症状，但仅7人在中毒死亡事件发生之前就诊，其余

11 人（占 61.1%）直至事故发生后由该厂组织体检时才就医，致使症状发生至就诊的间隔时间平均长达半年左右（0.68±0.70 年）。

对该厂接触苯作业的工人无定期体检制度。上述 7 名在事故发生前即因苯中毒症状就诊者，平均就诊 2.14±0.69 次。分别诊断为贫血、再生障碍性贫血、白血病或无诊断而只给对症处理药物。

事故发生后由职业病防治机构对全厂职工普遍进行体格检查，治疗中毒患者，并进行随访。

思考题

11. 指出造成此重大事故的主要原因。

12. 如何防止再发生这类严重事故？

验证性实验

【实验一】物理有害因素测定：噪声测量及听力测定

［目的］

1. 掌握职业环境中噪声的危害；
2. 掌握噪声测量方法、卫生标准以及听力的测量方法；
3. 熟悉职业环境中噪声的评价。

一、噪声测量

［器材］

数字声级计。

［原理］

声级计主要由传声器、放大器、指示器及计权网络等部分组成。

1. 传声器　是将声能（声压）转变为电能的换能器。通常采用的有晶体式，电容式及动圈式换能器。

2. 放大器　将传声器输出的信号经一级或多级放大，转换成可以显示的信号。

3. 衰减器　将放大后的信号精确地按照每挡 10dB 衰减，以便读数。仪器面板上输出衰减器由旋钮，按钮或移动键控制。

4. 计权网络　常用的有 A、B、C 三种滤波器，是根据不同频率声音的响应曲线而设计的计权网络，用计权网络测出的声级必须注明该计权网络的代号，如 dB(A)、dB(B) 或 dB(C)。

5. 倍频程滤波器　是一种频谱分析仪，可用以测量各频带声压的大小，倍频程滤波器有的与主机装在一起，有的是与主机分离的，使用时需与主机配套使用。有的声级计还同时设有 1/2 倍频程，1/3 倍频程滤波器，供频谱分析使用。

6. 指示器　用以显示所测噪声强度的大小，指针式指示器需与衰减器配合读数，指示器量程一般为每挡 10dB，并附有“快”“慢”二挡，一般情况下，如果所测噪声比较稳定，可使用“快”挡测量，以便节省测量时间，如果所测噪声稳定性不好，使用“慢”挡能够读出比较准确的读数。有的声级计使用液晶数字显示器，使用按键控制衰减器。

［步骤］

1. 使用前准备　以指针式声级计为例，装好电池，将开关置于“电池检查”位置，正常情况下，指示灯亮后，指针在红线范围内，否则表示电压不足，应更换电池。电池检查后将开关放置在“快”或“慢”挡的位置（根据需要而定），此时指示器的指针应回到-∞处。

2. 校正 声级计使用前需经过校正，以保证测量数据准确可靠。具体方法可以直接送计量部门或单位进行校正，也可使用活塞发声器按照要求予以校正。如无活塞发声器，也可以使用仪器内部电器校正信号进行校正。

3. 声压级测量 两手平握声级计，使传声器指向被测声源，计权网络开关置于“线性”位置，透明输出旋钮顺时针旋转到底，再调节黑色输入旋钮使指针有适当偏转，由透明输出旋钮两条红线所指的量程加上指示器指针的读数，即为所测声压级。当所测声压级小，黑色输入旋钮置于70dB位置而指针仍无反应时，可按逆时针方向转动透明输出旋钮，待指针有适当偏转时，即可读数。

4. 声级测量 按照“3”的方法进行声压级测量后，黑色及透明旋钮保持原位置不动，将计权网络开关置于“A”“B”“C”或“D”的位置，测得的值即声级，读数方法同“3”。测定结果应根据使用的计权网络加以注明，如85dB（A）。

5. 频谱分析 按照“3”的方法进行声压级测量后，将开关置于“滤波器”位置，滤波器开关按照顺序旋转到相应的中心频率的位置，再按“3”的操作及读数方法，依次测得各中心频率的声压级并做好记录，按倍频程中心频率的大小顺序以及相应的声压级，可绘制出该声音的频谱曲线。

[注意事项]

1. 电池极性或外接电源极性切勿接反，以免损坏仪器。

2. 使用完毕或长期不使用时，应将电池取出。

3. 装卸电容传声器时，必须将电源关闭，勿随意打开传声器前面的护栅，勿用力触碰内部膜片。

4. 转动衰减器时，勿用力过猛，以免造成错位或损坏仪器。

5. 测声仪器和活塞发声器应定期送计量单位校准。

[现场噪声测定]

现场噪声测定应在生产正常的情况下进行。

测点应选在工人生产操作经常停留的地点，测点位置高度以人的耳高为准。测点数目根据目的要求和噪声源分布情况确定。如果声源比较多且很分散，则应将现场划分若干个小区，每一小区内各处声级的差别不应大于3dB。测点附近避免有物体遮挡，以免影响噪声测量结果。

一个生产日内如果噪声呈周期性变化，则应根据变化规律安排测定时间，否则测定时间视目的和要求而定。

如果需要了解背景噪声情况，在条件允许的情况下，测定时应将电源关闭。

测量时应同时对现场有关情况进行详细记录。

如果被测噪声为波动声或工人在工作中间断接触不同声级的声音，则应测定并计算等效连续A声级；如果是稳态噪声则所测的A声级也即等效连续A声级。如果有条件，也可使用个体噪声计量仪测量8小时工作中噪声的累积暴露量或等效连续A声级。

现场测量时应注意减少和避免其他环境因素的干扰，如强气流（避开气流或在传声器上加装防风罩）、电磁场、高温、高湿。

脉冲噪声的测量，应选用脉冲声级计。测量的项目主要包括：峰值声压级（dB），有效声压级（rms，dB），脉冲持续时间（ms）。

[等效连续A声级的测量和计算]

如果在一个工作日内接触不同强度的噪声，应计算等效连续A声级进行评价。

根据能量平均的原则，把一个工作日内各段时间所接触的不同水平噪声，经过测量和计算，用平均的A声级来表示，称等效连续A声级（equivalent continuous A - weighted sound pressure level），以L_{Aeq}表示。

首先测量各个时间段的A声级并记录接触时间，测量数据按声级大小由小到大分段进行排列，按5dB分段，以中心声级表示，如85dB（A）表示由83～87dB（A），90dB（A）表示由88～92dB（A），计算出各段声级在一个工作日中总的接触时间，填入相应的记录表中。

以每个工作日8小时计算，小于80dB（A）不记入，一个工作日接触的等效连续A声级按下式计算：

$L_{Aeq}=80+10\ \log\ [\sum 10^{(I-1)/2}\mathrm{Ti}]\ /480$

式中，L_{Aeq}：等效声级A声级［dB（A）］；

I：中心声级分段序号；

Ti：第Ⅰ段中心声级（Li）在一个工作日内累积接触总时间（min）。

举例：某纺织厂送料工，每天工作8h，其中4h接触100dB（A）、2h接触9010kHz（A）、2h接触80dB（A）的噪声，按上式计算其接触的等效连续A声级为：

$L_{Aeq}=80+10\ \log\ [10^{(5-1)/2}\times 240+10^{(3-1)/2}\times 120+10^{(1-1)/2}\times 120]\ /480=80+10\ \log\ 25320/480=80+17.2\approx 97\mathrm{dB}\ (\mathrm{A})$

二、噪声作业人员听力测定

[器材]

纯音电测听仪。

[原理]

通常使用的测听仪器为纯音电测听仪，不同型号的测听仪器外形可有较大差别，但其基本构造和工作原理大致相同。

仪器主要部件包括音频震荡器，也称纯音发声器，可发出不同频率的纯音，经多级放大达到测试要求；噪声发声器，用以测听时作掩蔽声；耳机，分为气导和骨导两种耳机；衰减器即声音强度调节器，用以控制耳机输出的纯音和噪音的强度。此外，还设有送话和回话装置。

频率选择开关：频率设置多为125、250、500、1k、2k、3k、4k、5k、6k、10kHz，气导测试范围125～10kHz，骨导测试范围250～8kHz。

纯音或语音信号功率衰减器：一般按5dB分挡，衰减范围从-10dB～100dB，0dB纯音为听力零级。

"纯音-语音"信号输出开关：分左、右两挡，以纯音或语音信号输出给左耳或右耳的装置。

"掩蔽-平衡"信号输出开关：分左、右及平衡各挡，用以将噪声信号输出给左耳或右耳或两耳交替平衡实验用。

"断续-阻断-连续"开关：为纯音信号输出方式选择开关，置于"断续"位置时，纯音信号周期性自动输出；置于"阻断"位置则无纯音信号输出；置于"连续"位置时，则有连续信号输出。

［步骤］

1. 准备　听力测定应在隔声室内进行，隔声室本底噪声应低于 30dB。听力计应经过校准。测试前向被试者说明测试要求及注意事项，并进行预试，待反应正确后再进行正式测听。听力测定记录表见表 11－2。

表 11－2　听力测定记录表

姓名　　　性别　　　年龄　　　工种　　　工龄　　　单位　　年　　月

日期	测前接触时间	停止接触时间	右耳	左耳
	时分	时分	250 500 1K 2K 3K 4K 6K 8K 10K	250 500 1K 2K 3K 4K 6K 8K 10K
听力损失情况				

2. 听阈测定　采用断续纯音测定听阈，两耳分别进行，如两耳听力接近，一般先测左耳，后测右耳；如两耳听力相差较大，则应先测听力较好的一侧。

（1）气导听阈测定：通常从 1kHz 纯音开始，按下 1kHz 纯音按键，调节听力衰减器旋钮或按键，增加 dB 值，当被试者在某一 dB 值下听到声音信号后，便将信号强度降低，直至听不到为止，然后再以 5dB 为一挡上下推动数次，最后确定刚刚听到声音的听阈值。以后用同样方法测 1kHz 以上的高频听力和 1kHz 以下的低频听力。由高频回测低频听力时仍从 1kHz 开始，即重复一次 1kHz 的听力，如前后两次基本一致（或相差不超过 5dB），则表示测试准确，否则需要重复高频听力测试，再依次测试低频部分听力。测完一耳再测另一耳。如果两耳听力相差较大时，则测听力较差耳时应同时对较好耳进行噪声掩蔽。测试时纯音衰减器的调节时间不宜太快，声音刺激的停留时间不宜短于 2s。

（2）骨导听阈测定：如气导听阈正常，则骨导测听可以免测。如气导听阈不正常，特别是低频听阈明显提高时，需进行骨导测听。测听时将骨导耳机置放于乳突处，其他操作方法同气导测听。

（3）掩蔽：因为给予被测耳的信号可以绕过头顶或通过头颅传到对侧耳，造成测试误差，所以需对好耳用一定强度的噪声进行掩蔽。如测左耳气导听力时将“掩蔽-平衡”开关置于“右”的位置，则右耳机即有噪声输出，掩蔽用的声级一般采用 60～70dB。

（4）听阈测试记录：一般用符号“0”表示右耳，“×”表示左耳；实线“——”表示气导，虚线“……”表示骨导。测试时如衰减器已调到最大值而被试者仍无反应时，则以“↓”符号表示之。

（5）测试时间：每人每次测试一般不超过 10min。TTS 测试时间应在停止噪声接触后两分钟内进行；PTS 测定应在停止噪声接触 12h 以后进行。

［注意事项］

1. 职业性噪声聋的听力评定以纯音的气导结果为依据，纯音测听结果为感音性听力损失。

2. 鉴于职业性噪声听力损失有暂时性听阈位移，故应将受试者脱离噪声环境 12～48h

作为测定听力的筛选时间。若筛选测听所得的结果已达听力损伤及噪声聋水平者，应进行复查，复查时间定为脱离噪声环境一周。测试人员应经过专门培训并达到合格水平。

3. 确定职业性噪声聋时，应考虑年龄因素，按GB7582耳科正常人（18～70岁）听阈偏差的中值（50%）进行修正。

4. 如某一频率纯音气导听阈提高至100dB或听力计最大声输出受检者仍无反应时，以100dB计算。

5. 诊断原则中所述的排除其他致聋原因，主要包括：伪聋、外伤性聋、药物中毒耳聋、传染中毒性聋、家族性聋、老年性聋、Meniere病、突发耳聋、迷路炎、听神经瘤、各种中耳疾患等。

6. 若出现语频听力损失大于高频听力损失或双耳听力损失分级相差为3级或3级以上者（职业性噪声聋分级），均应请耳科医生复查，以排除其他致聋原因。若听力较差耳的致聋原因与职业性噪声无关，则不记入，只以较好听阈值进行听力损失分级。

7. 当一侧耳为混合性聋，若骨导听阈提高符合职业性噪声聋的特点，并且与传导性聋不为同一病因，可按骨导听阈进行评定；若骨导听阈提高可能与传导性聋是同一病因，则按对侧耳分级。同时，应结合以前定期体检的结果综合分析。

[评定听力损伤程度及噪声聋]

1. 计算单耳平均听阈

右耳平均听阈＝$(HL_{500HZ}+HL_{1000HZ}+HL_{2000HZ})/3$

左耳平均听阈＝$(HL_{500HZ}+HL_{1000HZ}+HL_{2000HZ})/3$

2. 计算双耳平均听阈

双耳平均听阈＝〔较好耳平均听阈(dB) ×4＋较差耳平均听阈(dB) ×1〕/5

[诊断证明]

由卫生主管部门所指定的专业机构开具的诊断证明方为有效。

【实验二】化学有害因素测定

一、苯系物

[目的]

1. 掌握苯系物的测定原理及其结果评价；

2. 掌握苯系物的现场快速定量测定方法及其结果评价；

3. 熟悉测量苯系物仪器分析的基本步骤。

（一）苯系物的溶剂解吸——气相色谱法

参考《工作场所空气有毒物质测定芳香烃类化合物》（GBZ/T160.42－2007）“工作场所空气有毒物质测定芳香烃类化合物方法—苯系物的溶剂解吸—气相色谱法”。

[原理]

空气中的苯、甲苯、二甲苯用活性炭管采集，二硫化碳解吸后进样，经色谱柱分离，氢焰离子化检测器检测，以保留时间定性，峰高或峰面积定量。

[器材]

1. 活性炭管，溶剂解吸型，内装100mg/50mg活性炭。

2. 空气采样器，流量0～500ml/min。

3. 溶剂解吸瓶，5ml。

4. 微量注射器，10μl。

5. 气相色谱仪，氢焰离子化检测器。

［仪器操作条件］

1. 色谱柱 1：2m×4mm，PEG 6000（或 FFAP）：6201 红色担体 =5：100。

2. 色谱柱 2：2m×4mm，邻苯二甲酸二壬酯（DNP）：有机皂土-34：Shimalite 担体 =5：5：100。

3. 色谱柱 3：30m×0.53mm×0.2 μm，FFAP。

4. 柱温：80℃。

5. 汽化室温度：150℃。

6. 检测室温度：150℃。

7. 载气（氮气）流量：40ml/min。

8. 氢气流量：40ml/min。空气流量：400ml/min。

［试剂］

1. 二硫化碳，色谱鉴定无干扰杂峰。

2. PEG6000、FFAP、NDP 和有机皂土-34，均为色谱固定液。

3. 6201 红色担体和 Shimalite 担体，60～80 目。

4. 标准溶液：加约 5ml 二硫化碳于 10ml 容量瓶中，用微量注射器准确加入10μl苯、甲苯、二甲苯、乙苯或苯乙烯（色谱纯；在 20℃，1μl 苯、甲苯、邻二甲苯、间二甲苯、对二甲苯、乙苯和苯乙烯分别为 0.8787mg、0.8669mg、0.8802mg、0.8642mg、0.8611mg、0.8670 mg、0.9060mg），用二硫化碳稀释至刻度，为标准溶液。或用国家认可的标准溶液配制。

5. 采样

（1）短时间采样：在采样点，打开活性炭管两端，以 100ml/min 流量采集 15min 空气样品。

（2）长时间采样：以 50ml/min 流量采集 2～8h（活性炭管）。

（3）个体采样：活性炭管佩戴在采样对象的前胸上部，进气口尽量接近呼吸带，以 50ml/min 流量采集 2～8h。

（4）样品空白：将活性炭管静至采样地点，除不连接采样器采集空气样品外，其余操作同样品。

采样后，立即封闭活性炭管两端，置清洁容器内运输和保存。样品在室温下可保存 14d。

6. 分析

（1）对照试验：将活性炭管带至采样地点，除不连接采样器采集空气样品外，其余操作同样品，作为样品的空白对照。

（2）样品处理：将采过样的前后段活性炭分别放入溶剂解吸瓶中，各加入 1.0ml 二硫化碳，塞紧管塞，振摇 1min，解吸 30min。解吸液供测定。若浓度超过测定范围，用二硫化碳稀释后测定，计算时乘以稀释倍数。

（3）标准曲线的绘制：用二硫化碳稀释标准溶液成表 11-3 所列标准系列：

表 11-3 标准系列

管号	0	1	2	3	4
苯浓度，μg/ml	0.0	13.7	54.9	219.7	878.7
甲苯浓度，μg/ml	0.0	13.6	54.2	216.7	866.9
邻二甲苯浓度，μg/ml	0.0	13.8	55.0	220.0	880.2
对二甲苯浓度，μg/ml	0.0	13.5	54.0	216.0	864.2
间二甲苯浓度，μg/ml	0.0	13.4	53.8	215.3	861.1
乙苯浓度，μg/ml	0.0	13.5	54.2	216.8	867.0
苯乙烯浓度，μg/ml	0.0	14.2	56.6	226.6	906.0

参照仪器操作条件，将气相色谱仪调节至最佳测定状态，分别进样 1.0ml，测定各标准系列。每个浓度重复测定3次。以测得的峰高或峰面积均值分别对苯、甲苯、二甲苯、乙苯或苯乙烯浓度（μg/ml）绘制标准曲线。

样品测定：用测定标准系列的操作条件测定样品和空白对照的解吸液；测得的样品峰高或峰面积值减去空白对照峰高或峰面积值后，由标准曲线得苯、甲苯、二甲苯、乙苯或苯乙烯的浓度（μg/ml）。

7. 计算

计算空气中苯、甲苯、二甲苯的浓度。

$$C=\frac{(c_1+c_2)\ v}{V_o D}$$

式中：

C：空气中苯、甲苯、二甲苯的浓度，mg/m^3；

c_1，c_2：测得前后段解吸液中苯、甲苯、二甲苯、乙苯或苯乙烯的浓度，μg/ml；

v：解吸液的体积，ml；

V_o：标准采样体积，L；

D：解吸效率，%。

8. 说明

本法的检出限、最低检出浓度（以采集 1.5L 空气样品计）、测定范围、相对标准偏差、穿透容量（100mg 活性炭）和解吸效率见表 11-4。

表 11-4 方法的性能指标

化合物	检出限 μg/ml	最低检出浓度 mg/m³	测定范围 μg/ml	相对标准偏差%	穿透容量 mg	解吸效率 %
苯	0.9	0.6	0.9～40	4.3～6.0	7	>90
甲苯	1.8	1.2	1.8～100	4.7～6.3	13.1	>90
二甲苯	4.9	3.3	4.9～600	4.1～7.2	10.8	>90

9. 注意事项

（1）每批二硫化碳必须检测，避免杂峰干扰。

（2）每批活性炭管需测定其解吸效率。

（3）合理调整色谱分析测定条件，达到二甲苯的基线分离。

（二）苯系物的现场快速定量测定

［器材］

便携式苯检测仪

［仪器原理］

仪器由光源/单色器、比色池、微处理器、检测器、信号控制与放大系统、可充电电源、分析结果显示系统及相应的化学试剂盒构成。苯系物现场快速检测仪是通过空气中苯系物在可见光区吸收光谱的特性及光吸收定律，对被测苯系物进行限量检测。具体步骤是将吸收后的样品与化学试剂相互作用形成有色化合物，该有色化合物的吸光度与被测苯系物浓度呈比例关系，通过测量该有色化合物的吸光度，计算出室内空气中苯系物的含量。

［步骤］

1. 将大气采样器与三脚架适配器连接后固定到铝合金三脚架上，然后将三脚架放置于塑料地板革上，大气采样器距离地面高度（0.5～1.5m）通过三脚架上的旋钮可自由上下调节。

2. 取出带5ml刻度线的吸收瓶A，用塑料滴管加水至5ml刻度线处。将A气泡吸收管进气口磨口塞插入气泡吸收瓶A中，旋转气泡吸收瓶，使气泡吸收管进气口磨口塞与气泡吸收瓶充分接触，防止漏气，然后将气泡吸收瓶插入气泡吸收管支撑架上。将硅胶管A一端与气泡吸收管A的出气口连接，硅胶管A的另一端直接插入大气采样器进气孔中（大气采样器后排进气口），使连接口不漏气。取出带5ml刻度线的吸收瓶B，用塑料吸管滴加苯系物试剂（一）（强酸性试剂）至5.0ml刻度线处，然后滴入苯系物试剂（二）1滴。用硅胶管连接好气泡吸收管的出气口，将气泡吸收管进气口磨口塞插入气泡吸收瓶B中，旋转气泡吸收瓶，使气泡吸收管进气口磨口塞与气泡吸收瓶充分接触，防止漏气，然后将气泡吸收瓶插入气泡吸收管支撑架上。将硅胶管与硅胶连接好，使连接口不漏气。打开大气采样器左侧的电源开关，流量指示灯亮，液晶显示采样体积为5L，调节采样量为20L。按运行键开始采样，此时显示屏开始显示采样量，调节采样器右下方流量旋钮使指示灯窗内的浮子位于上下两条刻线之内。采样结束时，大气采样器发出鸣叫声，并且自动停止采样。

3. 采样停机前，打开比色瓶盖，用塑料吸管滴加苯系物试剂（一）（强酸性试剂）至5.0ml刻度线处，然后滴加苯系物试剂（二）1滴，旋紧比色瓶盖，上下摇动5次，室温放置3min。并将溶液全部倒入5cm比色瓶中，然后分别将吸收瓶和比色瓶放到比色瓶架上。

4. 采样停机后，室温放置5min，断开气泡吸收管出气口与大气采样器进气口端的硅胶管，从气泡吸收管支撑架上取下气泡吸收管。若气泡吸收管磨口处内侧存有液体时，用带3ml刻度线的吸收瓶端口与磨口接触，将液体引流到吸收瓶中，并将溶液完全倒入3cm比色瓶中，然后分别将吸收瓶和比色瓶放到比色瓶架上。将气泡吸管下端出气口的吸收液用比色瓶纸吸干后，气泡吸收管可反复使用，用过的比色瓶纸扔入废液瓶中。

5. 用比色瓶纸擦净样品比色瓶与空白比色瓶外壁。将空白比色瓶放入苯系物速测仪比色槽中，使比色瓶尽量靠近比色槽左端，盖上比色槽盖。按开关键，液晶屏上出现0.00时，表示空白调零已完成。取下空白比色瓶，将样品比色瓶放入比色槽中，按浓度键，当液晶屏上出现测量值时，表示仪器已测量完毕。液晶屏上显示的数值即为空气中苯系物浓度（mg/m^3）。

［注意事项］

本仪器和方法主要是对样品的初筛和限量检测，更精确的检测需要用气相色谱法或质谱法进一步确定。

二、空气中铅含量的测定

参考《工作场所空气中铅及其化合物的测定方法》（GBZ/T160.10－2004）方法二：双硫腙分光光度法。

［原理］

空气中铅尘、铅烟用微孔滤膜采集，硝酸溶液溶解后，铅离子在pH＝8.5～11.0溶液中与双硫腙反应生成的双硫腙铅红色络合物，可被氯仿提取，在520nm波长下测量提取液的吸光度，进行定量。根据分析步骤不同，可分为：

1. 混色法：用双硫腙氯仿溶液提取后，在绿色双硫腙与红色双硫腙铅共存下比色定量。

2. 单色法：在双硫腙氯仿溶液提取后，用洗除液洗去剩余的双硫腙后，比色定量。

［仪器］

1. 微孔滤膜，孔径0.8μm。

2. 采样夹，滤料直径40mm。

3. 小型塑料采样夹，滤料直径25mm。

4. 空气采样器，流量0～3L/min和0～10L/min。

5. 烧杯，50ml。

6. 电热板。

7. 具塞比色管，25ml。

8. 分光光度计。

［试剂］

实验用水为去离子水，试剂和酸用优级纯或高纯。

1. 硝酸，$\rho 20$＝1.42g/ml。

2. 硝酸溶液，30ml硝酸加入到970ml水中。

3. 氨水，$\rho 25$＝0.9g/ml。

4. 氯仿。

5. 双硫腙氯仿溶液，透光度为60%：用氯仿溶解双硫腙，配成于500nm波长下测量透光度为60%的溶液，溶液应为翠绿色。储存在棕色瓶中，置于冰箱内保存。

6. 酚红溶液，0.4g/L：称取0.1g酚红，放在小乳钵中，加少量水研磨溶解后，转移入250ml容量瓶中，加水至刻度。

7. 枸橼铵溶液，500g/L：称取50g枸橼酸铵，溶于适量水中，倒入250ml分液漏斗中，加几滴酚红溶液，用氨水调节溶液为红色，再多加几滴氨水，使pH为8.5～11.0；用适量双硫腙氯仿溶液提取铅，直至双硫腙氯仿溶液绿色不变为止；再用氯仿提取溶液中残留的双硫腙，直至氯仿层无色为止；水层用水稀释至100ml。

8. 盐酸羟胺溶液，200g/L。

9. 氰化钾溶液，100g/L。

10. 洗除液：取5ml氰化钾溶液和15ml氨水混合后，用水稀释至500ml。

11. 标准溶液：称取0.1598g硝酸铅（优级纯，在105℃下干燥2h），用少量水溶解，并定量转移入100ml容量瓶中，加入1ml硝酸，加水至刻度。此溶液为1.0mg/ml铅标准贮备液。临用前，用1+99硝酸溶液稀释成10.0μg/ml铅标准溶液；或用国家认可的标准溶液配制。

［样品的采集、运输和保存］

1. 短时间采样：在采样点，将装好微孔滤膜的采样夹，以5L/min流量采集15min空气样品。

2. 长时间采样：在采样点，将装好微孔滤膜的小型塑料采样夹，以1L/min流量采集2～8h空气样品。

3. 个体采样：将装好微孔滤膜的小型塑料采样夹佩戴在监测对象的前胸上部，进气口尽量接近呼吸带，以1L/min流量采集2～8h空气样品。

采样后，将滤膜的接尘面朝里对折2次，放入清洁的容器内运输和保存。室温下，样品可长期保存。

［步骤］

1. 对照试验：将装好微孔滤膜的采样夹带至采样点，除不连接空气采样器采集空气样品外，其余操作同样品，作为样品的空白对照。

2. 样品处理：将采过样的滤膜放入烧杯中，加入20ml硝酸溶液，在电炉上缓缓煮沸约30min。将溶液定量转移入具塞比色管中；滤膜留在烧杯内。待溶液冷却后，再用硝酸溶液稀释至25.0ml。摇匀后，取10.0ml样品溶液于另一具塞比色管中，供测定。若样品液中铅浓度超过测定范围，用硝酸溶液稀释后测定，计算时乘以稀释倍数。

3. 标准曲线的绘制：在7只具塞比色管中，分别加入0.00、0.050、0.10、0.20、0.40、0.60、0.80ml铅标准溶液，各加硝酸溶液至10.0ml，配成0.0、0.50、1.0、2.0、4.0、6.0、8.0g铅含量标准系列。见表11-5。

表11-5　铅标准管的配制

管号	0	1	2	3	4	5	6
标准溶液，ml	0	0.05	0.10	0.20	0.40	0.60	0.80
硝酸溶液，ml	10.00	9.95	9.90	9.80	9.60	9.40	9.20
铅含量，μg	0	0.5	1.0	2.0	4.0	6.0	8.0

（1）混色法：向各标准管中加入0.5ml枸橼酸铵溶液2滴盐酸羟胺溶液和1滴酚红溶液，摇匀；用氨水调溶液呈红色，再多加2～3滴，使溶液pH值为9～10；加入0.5ml氰化钾溶液，摇匀；准确加入5.0ml双硫腙氯仿溶液，塞紧具塞比色管，振摇100次；放置10min，弃去水层，取氯仿层，于520nm波长下测量吸光度，每个浓度重复测定3次，以吸光度均值对铅含量（μg）绘制标准曲线。

（2）单色法：向混色法所得的氯仿层中加入15ml洗除液，塞紧具塞比色管，振摇50次；放置10min，弃去水层，必要时可再洗一次；取氯仿层，以下操作同混色法。

4. 样品测定：用测定标准系列的操作条件测定样品和空白对照溶液。测得的样品吸光度值减去空白对照吸光度值后，由标准曲线得铅的含量（μg）。若浓度超过测定范围，用氯仿稀释后测定，计算时乘以稀释倍数。

［计算］

1. 将采样体积换算成标准采样体积。

2. 按下式计算空气中铅的浓度：

$$C=\frac{2.5m}{V_o}$$

式中：

C：空气中铅的浓度，mg/ m^3；

m：测得10ml样品溶液中铅的含量，μg；

V_o：标准采样体积，L。

［说明］

1. 本法的检出限为0.05μg/ml；最低检出浓度为0.02mg/m^3（以采集75L空气样品计）。测定范围为0.05～0.80μg/ml，相对标准偏差为0.9%～6.7%。

2. 本法的平均采样效率为98.5%。铅尘、铅烟不能分别采集测定。

3. 本法最适宜的pH值为8.5～11.0，必须调节溶液pH值在此范围内。否则影响测定结果的准确性。

4. 本法所用的试剂空白应低，否则必须提纯。特别是双硫腙，易被氧化。若不纯，按下法提纯：称取0.1g双硫腙，溶于50ml氯仿中，置于250ml分液漏斗中，每次用30ml 1+100氨水溶液提取2～3次，合并氨水溶液；经过滤，用盐酸酸化，析出双硫腙；用氯仿提取，得双硫腙氯仿溶液，储存在棕色瓶中，置于冰箱内保存。使用时用氯仿稀释成所需溶液。

5. 在本法的pH值条件下，加入氰化钾后，除Bi、Sn、Tl外，大多数金属离子不干扰测定；在pH= 2～3时，用双硫腙溶液预提取，可消除Bi和Sn的干扰；用强碱性溶液对双硫腙溶液进行反提取，可使Pb进入水层而与Tl分离。

（鲁　彦）

实习十二　室内空气质量评价

【实习目的】

1. 掌握室内空气污染的主要来源、种类及危害。

2. 掌握室内空气污染调查的设计、现场空气指标测定与环境调查、人群健康效应调查方法，会分析环境污染对人群健康的影响。

3. 熟悉各种常见室内污染物的检测方法。

【实习知识点】

1. 室内污染物的来源：室外空气，建筑物自身，人为带入室内，相邻住宅污染，生活用水污染等室外空气污染源；还可以来自室内燃烧或加热，室内活动，室内装饰材料及家具，室内生物性污染，家用电器等室内空气来源。

2. 常见的室内污染物：二氧化碳、一氧化碳、二氧化氮、二氧化硫、PM_{10}、甲醛、TVOCs、微生物、氡。

3. 室内空气污染对健康影响的研究包括污染物暴露水平和人群健康危害两个方面。在已知室内暴露因素的情况下，研究其对健康的危害；在未知室内暴露因素，但人群呈现健康危害的情况下，探讨引起健康危害的暴露因素，即病因研究。

4. 室内空气污染的调查设计包括室内空气污染来源调查、室内空气污染状况调查、人群健康调查。

5. 对于不同室内环境，住宅、办公场所、室内公共场所主要的污染物来源有所不同。

案例讨论

【案例】室内空气装修甲醛污染案例

2006 年王先生购买了某别墅小区的一套住宅，随后以 100 000 元的总价请某装饰公司进行装修。工程竣工入住后，王先生感觉室内气味刺鼻，致人咽痛咳嗽、辣眼流泪。王先生由于喉头不适，去医院检查，结果查出是“喉乳头状瘤”，并进行了手术。

思考题

1. 王先生出现的症状和他家的装修有关吗?

2. 室内空气污染的主要来源、种类有哪些?

3. 室内空气污染对人体健康有哪些影响?

由于王先生怀疑是不久前的室内装修造成的，所以委托室内环境检测部门进行了实地检测，发现居室内的刺鼻气味乃装修材料所挥发出的游离甲醛所致，室内空气中甲醛浓度平均超过当时的国家卫生标准 25 倍。王先生在多次请求装饰公司“停止侵害、恢复原状、赔偿损失”始终未得到答复的情况下，将装饰公司告上了法庭。

思考题

4. 室内甲醛污染的来源和危害有哪些?

5. 如何检测室内甲醛浓度？结果如何评价？

6. 王先生家室内空气甲醛污染的责任应该由谁承担？

2007年12月，该市第一中级人民法院对王先生室内环境甲醛污染案做出终审判决，判被告某装饰公司赔偿原告拆除损失费、检测费、医疗补偿费、房租费共计90 000元，并在10日内清除污染的装饰材料。

思考题

7. 王先生虽然得到了赔偿，但身体和精神上受到的损害却是无法抹去的。为了减少或避免类似情况的发生，我们应该怎么做？政府相关部门应该怎么做？

设计性实验

【实验】室内空气污染调查与评价

［目的］

通过学习采用环境流行病学、卫生统计学手段对室内（住宅、办公场所，室内公共场所）空气污染因素与健康效应进行调查，掌握室内空气污染调查的设计、现场空气指标测定与环境调查、居住人群健康效应调查方法，分析环境污染对人群健康的影响，提出预防控制室内空气污染的对策与措施。

［调查设计要点］

1. 室内空气污染来源调查

根据住宅、办公场所、室内公共场所室内空气污染来源不同，将其分为室外污染来源和室内污染来源。

（1）室外污染来源调查：在对以室外污染源污染为主的室内污染来源调查时，应按照大气污染调查的方法进行。

（2）室内污染来源调查：主要调查内容包括：生活燃料，室内建筑装饰材料，家用化学品，室内吸烟，办公与家用电器，室内人的活动等。

2. 室内空气污染状况调查

（1）采样点：采样前，关闭门窗12小时。采样时关闭门窗。根据住户居室面积、装修情况并结合户型选取采样点和采样时间。

1）采样点的数量：采样点的数量根据检测对象的面积大小决定。居室面积小于20m^{2}的设一个采样点；20～50m^{2}设1～3个点；50～100m^{2}设3～5个点；100m^{2}以上至少设5个点；在对角线或梅花式均匀分布。

2）采样点应避开通风口，采样点离墙不得小于0.5m。同时应在室外设置一个对照点。

3）采样高度：原则上与人的呼吸带高度相一致。相对高度0.5～1.5m。

4）采样时间和频率：采用短时间的采样方法，采样时间为3h。从早上9时开始，按照各测定指标的要求进行采样。如为室内公共场所（剧院），采样还需检测被检测对象开放前1h、开放中、开放清场后1h分别采样，以资对照；采用1h平均浓度指标，至少采样45min，采样时间应涵盖通风最差的时间段。

5）采样方法和采样仪器：根据污染物在室内空气中的存在状态，选择合适的采样方法和仪器。具体采样方法应按各个污染物检验方法中规定的方法和操作步骤进行。如为现场调查，可选用直读仪器；如为监测，最好选择国家标准检测方法。

（2）检测指标与检测方法

1）检测指标：根据住宅、办公场所的地理位置、建筑与装饰装修的材料，以及生活习惯等因素，确定检测指标。常用的检测指标：

①物理指标：温度、相对湿度、空气流速、新风量等；

②污染指标：二氧化硫、二氧化氮、一氧化碳、二氧化碳、甲醛、苯、TVOCs、菌落总数等；

③特殊污染指标：在燃煤污染型砷、氟中毒病区，应检测空气中的砷、氟含量。

2）检验方法：室内空气中各种参数的检验方法。如气象因素测定：空气温度、湿度、气流采用常规气象因素测定仪器（干湿球温度计、热球风速仪），随其他调查指标同步进行测定。空气中甲醛的测定：乙酰丙酮光度法或便携式甲醛测定仪测量空气甲醛。

（3）采样方法和采样仪器

1）采样方法的要求：根据污染物在室内空气中存在的状态和特点，选用合适的采样方法。

2）采样仪器的要求：用于室内的采样器噪声应小于 50dB（A）。

（4）质量控制

采样前应一起进行气密性检查，流量校正；同时，在同一批现场采样时，应留有两个空白管，作为空白检验；采样仪器在使用前，应按仪器说明书对仪器进行检验和标定；采样体积在计算时应换算成标准状态下的采样体积；还要注意每次检验平行样品的测定之差与平均值比较的相对偏差不超过 20%。

（5）检验结果的分析

将各监测点的各项监测数据整理后，计算如下指标，指标依据调查内容设定，以下仅为参考。见表 12－1。

表 12－1　室内空气质量监测结果

指标	样本数	均　数	标准差	超标数	超标率（%）	超标倍数
甲醛（mg/m^3）						
氨（mg/m^3）						
二氧化碳（%）						
氮氧化物（mg/m^3）						
PM 10（mg/m^3）						
细菌总数（mg/m^3）						

根据国家推荐标准 GB/T18883－2002《室内空气质量标准》，判定监测结果的超标与否，据此评价该场所空气污染状况。分析不同污染物指标的浓度是否存在相关性。

3. 住宅、办公场所、室内公共场所人群健康效应调查

（1）确定调查范围：不同住宅、办公场所、室内公共场所内存在不同类型的污染物，对人群健康危害呈现不同的形式。应根据造成人群健康不良影响、危害的住宅、办公场所环境等，确定住宅、办公场所调查范围。同时，应设置对照组。

（2）确定调查对象：调查对象必须是来自对健康产生不良影响、危害的住宅、办公场所内的人群。另外，在进行调查时，应向被调查对象说明调查的目的、意义，以及调查的内容

和方法，并征得被调查对象的同意（填写知情同意书）。

（3）确定观察指标

1）污染物暴露检测：可根据要检测的污染物选择个体采样（如甲醛、一氧化碳、二氧化硫）法或生物材料（血铅、尿汞、甲苯等）检测法。

2）健康效应测定：常用的有疾病治疗，儿童生长发育资料，生化指标，生理功能指标，免疫指标等。

3）健康状况问卷调查：编制健康状况问卷调查表，如对于新装修住宅可参考中国疾病预防中心制定的《环境装修人群流行病学调查方案》要求和指标进行编写，如装修情况、人均居住面积、居住时间、健康状况、相关病史、对上呼吸道刺激、皮肤刺激、眼睛刺激、神经衰弱等项目。

（4）资料统计分析

同一实验室所有同学共享全部实验所获数据。

1）比较室内空气污染组与对照组之间有无显著性差异。

2）分析不同污染物暴露量的人群出现不良反应情况的阳性率。

3）分析室内空气污染程度与居民健康调查结果的相关性。

4）甄别室内空气污染对居民健康影响的主因和辅因。

5）初步评价室内空气污染对健康危害的可能性，并提出防治措施。

4. 记录

采样时要对现场情况、各种污染源、采样日期、时间、地点、数量、布点方式、大气压力、气温、相对湿度、空气流速以及采样者签字等做出详细记录，随样品一同报到实验室。

检验时应对检验日期、实验室、仪器和编号、分析方法、检验依据、实验条件、原始数据、测试人、校核人等做详细记录。

5. 调查注意事项

1）现场调查：根据人数分组，每组5人，每个实验小组，每人分工明确。

2）空气采样：采样点的选择和布点上应注意代表性、可行性、可比性，采样点的数量、分布、高度和对照点设置既符合卫生要求，又要量力而行。采样时间、频率和采样量要根据室内空气污染水平、待测物浓度和通风状况确定。尤其要注意不同指标对采样环境的特殊要求。

3）在采样同时要注意记录采样点的风速、温度、湿度和气压，每项测定结果都应换算成标准状态的浓度。

4）人群调查：在选择调查对象和分组时要注意均衡、对照、随机的原则；在人群健康效应调查上，选择指标要注意指标的关联性、客观性、灵敏性、稳定性和精确性。

5）分析环境健康效应时，应注意相关关系与因果关系的区别；环境有害因子与疾病或症状、体征在暴露时间和强度上是否符合；尤其要注意有无暴露效应的特异性指标出现。

[作业]

1. 请根据上述王先生的案例设计一份室内空气质量调查方案？

2. 请评价一下你周围的某个室内环境？

验证性实验

【实验】空气中甲醛浓度测定

[目的]

1. 掌握空气中甲醛测定的原理和方法；

2. 熟悉空气采样方法。

一、现场快速检测

（一）比色法

［原理］

用活化硅胶和显色剂 A 4-氨基-3-肼基-5-巯基-1,2,4,-三唑（AHMT）的混合物，在碱性条件下利用预动力装置富集空气中的甲醛，然后加入显色剂 B 高碘酸钾（KIO_4）形成紫红色化合物，其色泽深浅与甲醛含量成正比，与甲醛含量比色板比较，确定甲醛在空气中的浓度。

［器材］

可见光分光光度计，预动力采样装置（采气量约 200ml）。

［试剂］

1. 甲醛溶液（36％～38％）。

2. 显色剂 A：在每克活化硅胶中加入 0.1g 显色剂 AHMT 和 0.3ml 5.0mol/L 氢氧化钠混匀，在 80℃下减压烘干，均匀混合装管，边装边敲打玻璃管至墩实，用少量无纺布塞住两端后密封备用。

3. 显色剂 B：称取 1.5g 高碘酸钾溶于 0.2mol/L 氢氧化钾溶液中，并稀释至 100ml，于水浴上加热至高碘酸钾溶解，制成 1.5×10^{-2}g/ml 高碘酸钾溶液备用。

4. 甲醛标准曲线的绘制及甲醛含量比色板制备：选择 0.1～2mg/5L 的 6 种甲醛浓度（含 0.5％显色剂 A 和 1.5％的显色剂 B）的标准系列，用 10mm 比色皿，在 550nm 处，以水做参比，测吸光度 A。以 A 为纵坐标，以甲醛含量为横坐标绘制甲醛标准曲线或分别标定出甲醛含量为 1.0、0.8、0.4、0.2、0.1mg/m^3 的状态，然后用预动力采样装置取样显色，用数码相机拍照，在计算机上调色，制备甲醛含量比色板。

［步骤］

打开微量甲醛的玻璃管两端密封，一端接预动力采样装置，另一端接被检测空间，然后打开预动力采样装置取气样 5min（或采样速率 0.04L/min，采样量 0.2L），再加入少量显色剂 B 显色 10min，将玻璃管中显色部分与甲醛含量比色板对照，确定甲醛的含量。

（二）电化学传感器式的便携式仪器检测法

［原理］

采用电化学传感器技术来确定大气中甲醛的浓度，分析仪包括一个电化学甲醛传感器，传感器由两个贵金属电极和一个电解池组成。当空气被内部的采样系统吸收后，将产生一个与甲醛浓度成正比的电压，该电压经过放大器放大后在显示器上显示出甲醛的浓度（ppm）。

［器材］

电化学传感器式便携式甲醛分析仪。

［步骤］

参考所选甲醛分析仪仪器说明书。

［注意事项］

此方法具有操作简单，直读数据，并可连续测定等优点。适用于大气中甲醛的快速测定。

二、实验室检测

（一）酚试剂分光光度法

［原理］

甲醛与酚试剂反应生成嗪，嗪在酸性溶液中被高价铁离子氧化形成蓝绿色化合物。根据颜色深浅，比色定量。本法检出限为 0.1μg/5ml，当采样体积为 10L 时，最低检出浓度为 $0.01mg/m^3$。

［器材］

10ml 大型气泡吸收管；空气采样器（流量范围 0～2L/min）；10ml 具塞比色管；分光光度计。

［试剂］

本法中所用水均为重蒸馏水或去离子交换水：所用的试剂纯度一般为分析纯。

1. 吸收液原液：称量 0.10g 酚试剂[3-甲基-苯并噻唑腙，$C_6H_4SN(CH_3)C=NNH_2 \cdot HCl$，简称 NBTH]，加水溶解，倾于 100ml 具塞量筒中，加水到刻度，储存于棕色瓶中。放冰箱中保存，可稳定三天。

2. 吸收液：量取吸收原液 5ml，加 95ml 水，即为吸收液。采样时，临用现配。

3. 1%硫酸铁铵溶液：称量 1.0g 硫酸铁铵［$NH_4Fe(SO_4)_2 \cdot 12H_2O$］用 0.1mol/L 盐酸溶解，并稀释至 100ml。

4. 碘溶液［0.05mol/L］：称量 20g 碘化钾，溶于 25ml 水中，加入 6.35g 碘。待碘完全溶解后，用水定容至 1000ml。移入棕色瓶中，暗处贮存。

5. 甲醛标准储备溶液：取 2.8ml 含量为 36%～38%甲醛溶液，放入 1L 容量瓶中，加水稀释至刻度。此溶液 1ml 约相当于 1mg 甲醛。其准确浓度用下述碘量法标定。

甲醛标准储备溶液的标定：精确量取 20.00ml 待标定的甲醛标准储备溶液，置于 250ml 碘量瓶中。加入 20.00ml 0.05mol/L 碘溶液和 15ml 1mol/L 氢氧化钠溶液，放置 15min，加入 20ml 0.5mol/L 硫酸溶液，再放置 15min，用 0.10mol/L 硫代硫酸钠溶液滴定，至溶液呈现淡黄色时，加入 1ml 5%淀粉溶液继续滴定至恰使蓝色褪去为止，记录所用硫代硫酸钠溶液体积（V_2）ml。同时用水作试剂空白滴定，记录空白滴定所用硫代硫酸钠标准溶液的体积（V_1）ml。甲醛溶液的浓度用公式计算：

甲醛溶液浓度（mg/ml）$=[(V_1-V_2)\times c\times 15]/20$

V_1：试剂空白消耗［$c(Na_2S_2O_3)=0.10mol/L$］硫代硫酸钠溶液的体积（ml）；

V_2：甲醛标准储备溶液消耗［$c(Na_2S_2O_3)=0.10mol/L$］硫代硫酸钠溶液的体积（ml）；

c：硫代硫酸钠溶液的准确当量浓度；

15：甲醛的当量；

20：所取甲醛标准储备溶液的体积（ml）。

二次平行滴定，误差应小于 0.05ml，否则重新标定。

6. 甲醛标准溶液：临用时，将甲醛标准储备溶液用水稀释成 1.00ml 含 10μg 甲醛溶液，然后立即吸取此溶液 10.00ml 于 100ml 容量瓶中，加入 5.0ml 吸收原液，用水定容至 100ml，此液 1.00ml 含 1.00μg 甲醛，放置 30min 后，用于配制标准色列管。此标准溶液可稳定 24h。

［步骤］

1. 采样：用一个内装 5ml 吸收液的 10ml 大型气泡吸收管，以 0.5L/min 流量，采气 10L。并记录采样点的温度和大气压力。采样后样品在室温下应在 24h 内分析。

2. 标准曲线的绘制：取 10ml 具塞比色管，用甲醛标准溶液按下表制备标准系列。

表 12-2　甲醛标准系列

管号	0	1	2	3	4	5	6	7	8
标准溶液，ml	0	0.10	0.2	0.4	0.60	0.80	1.00	1.50	2.00
吸收液，ml	5.0	4.9	4.8	4.6	4.4	4.2	4.0	3.5	3.0
甲醛含量，μg	0	0.1	0.2	0.4	0.60	0.80	1.00	1.50	2.00

各管中，加入 0.4ml 1%硫酸铁铵溶液，摇匀，室温下显色 20min。

3. 样品测定：采样后，将样品溶液全部转入比色管中，用少量吸收液洗吸收管，合并使总体积为 5ml，室温下放置 80min。

4. 比色：波长 630nm 处，用 1cm 比色皿，以纯水为参比，测定标准系列和样品的吸光度。以甲醛含量为横坐标，吸光度为纵坐标，绘制曲线。

[结果]

甲醛（mg/m^3）$=W/V_n$

W：样品中甲醛含量（μg）；

V_n：换算成标准状态下采样体积（L）。

[注意事项]

1. 配制甲醛标准溶液时，在摇动下逐滴加入氢氧化钠溶液，至颜色明显减退，再摇片刻，放置后应褪至无色。

2. 二氧化硫共存时，会使结果偏低。二氧化硫产生的干扰，可以在采样时，使气体先通过装有硫酸锰滤纸的过滤器，即可排除干扰。

3. 与酚试剂缩合生成嗪，适宜 pH 值范围 3～7，当 pH＝4～5 最好。

4. 室温低于 15℃时反应慢，显色不完全。25～35℃时 15min 显色达最完全，放置时间 4h 稳定不变。

（二）气相色谱法

[原理]

空气中甲醛在酸性条件下吸附在涂有 2,4-二硝基苯腙（2,4-DNPH）6201 担体上，生成稳定的甲醛腙。用二硫化碳洗脱后，经 0V-色谱柱分离，用氢焰离子化检测器测定，以保留时间定性，峰高定量。

[器材]

1. 采样管：内径 5mm，长 100mm 玻璃管，内装 150mg 吸附剂，两端用玻璃棉堵塞，用胶帽密封备用；

2. 空气采样器：流量范围为 0.2～10L/min；

3. 具塞比色管，5ml；

4. 微量注射器，10μl；

5. 气相色谱仪，带氢火焰离子化检测器，色谱柱，长 2m，内径 3mm 的玻璃柱，内装固定相（0V～1），色谱单体 Shimatew（80～100 目）。

[气相色谱测试条件]

分析时，应根据气相色谱仪的型号和性能，制定能分析甲醛的最佳测试条件。下面所列举的测试条件为参考。色谱柱：柱长 2m，内径 3mm 的玻璃管，内装 0V-1＋Shimalitew 担体；柱温：230℃；检测室温度：260℃；汽化室温度：260℃；载气（N_2）流量：70ml/min；氢气流量：40ml/min；空气流量：450ml/min。

［试剂］

本法所用试剂纯度为分析纯；水为二次蒸馏水。

1. 二硫化碳：需重新蒸馏进行纯化。

2. 2,4－DNPH溶液：称取0.5mg 2,4－DNPH于250ml容量瓶中，用二氯甲烷稀释到刻度。

3. 2mol/L盐酸溶液。

4. 吸附剂：10g 6201担体（60～80目），用40ml 2,4－DMPH二氯甲烷饱和溶液分2次涂敷，减压，干燥，备用。

5. 甲醛标准溶液：配制和标定方法见酚试剂分光光度法。

［步骤］

1. 采样　取一支采样管，用前取下胶帽，拿掉一端的玻璃棉，加一滴（约50μl）2mol/L盐酸溶液后，再用玻璃棉堵好。将加入盐酸溶液的一端垂直朝下，另一端与采样进气口相连，以0.5L/min的速度，抽气50L。采样后，用胶帽套好，并记录采样点的温度和大气压力。

2. 绘制标准曲线和测定校正因子。

（1）标准曲线的绘制：取5支采样管，各管取下一端玻璃棉，直接向吸附剂表面滴加一滴约（50μl）20mol/L盐酸溶液。然后，用微量注射器分别准确加入甲醛标准溶液（1.00ml含1mg甲醛），制成在采样管中的吸附剂上，甲醛含量在0～20μg范围内有五个浓度点的标准管，再填上玻璃棉，反应10min，再将各标准管内吸附剂分别移入5个具塞比色管中，各加入1.0ml二硫化碳，稍加振摇，浸泡30min，即为甲醛洗脱溶液标准系列管。然后，取5.0μl各个浓度点的标准洗脱液，进色谱柱，得色谱峰和保留时间。每个浓度点重复做三次，测量峰高的平均值。以甲醛的浓度（μg/ml）为横坐标，平均峰高（mm）为纵坐标，绘制标准曲线，并计算回归线的斜率。以斜率的数作为样品测定的计算因子B_s［μg/（ml·mm)］。

（2）测定校正因子：在测定范围内，可用单点校正法求校正因子。在样品测定同时，分别取试剂空白溶液与样品浓度相接近的标准管洗脱溶液，按气相色谱最佳测试条件进行测定，重复做三次，得峰高的平均值和保留时间。按下式计算校正因子：$f = C_0/(h-h_0)$

f：校正因子，μg/（ml·mm）；

C_0：标准溶液浓度，μg/ml；

h：标准溶液平均峰高，mm；

h_0：试剂空白溶液平均峰高，mm。

3. 样品测定：采样后，将采样管内吸附剂全部移入5ml具塞比色管中，加入1.0ml二硫化碳，稍加振摇，浸泡30min。取5.0μl洗脱液，按绘制标准曲线或测定校正因子的操作步骤进样测定。每个样品重复做三次，用保留时间确认甲醛的色谱峰，测量其峰高，得峰高的平均值（mm）。

在每批样品测定的同时，取未采样的采样管，按相同操作步骤作试剂空白的测定。

［结果］

1. 用标准曲线法按下式计算空气中甲醛的浓度：

甲醛浓度（mg/m^3）$=[(h-h_0)\times B_s/(V_0\times E_s)]\times V_1$

h：样品溶液峰高的平均值，mm；

h_0：试剂空白溶液峰高的平均值，mm；

B_s：用标准溶液制备标准曲线得到的计算因子，μg/（ml·mm）；

V_1：样品洗脱溶液总体积，ml；

E_s：由实验确定的平均洗脱效率；

V_0：换算成标准状况下的采样体积，L。

2. 用单点校正法按下式计算空气中甲醛的浓度：

甲醛浓度（mg/m³）$=[(h-h_0)\times f/(V_0\times E_s)]\times V_1$

f：用单点校正法得到的校正因子，μg/（ml·mm）；其他符号同上式。

［注意事项］

1. 检出下限浓度和测定范围：若以 0.2L/min 流量，采气 20L 时，检出下限浓度为 0.01mg/m³；其测定范围为 0.02～1mg/m³。

2. 干扰和排除：使用本法所列举的气相色谱条件，空气中的醛酮类化合物可以分离，二氧化硫及氮氧化物无干扰。

（三）乙酰丙酮分光光度法

［原理］

在过量铵盐存在的情况下，甲醛与乙酰丙酮作用，生成黄色 3,5-二乙酰基-1,4-二氢卢剔啶，根据染色深浅，采用分光光度法，比色定量。检出限 0.25μg/5ml，当采样体积为 30L 时，最低检出浓度 0.008mg/m³。

［器材］

10ml 大型气泡吸收管；大气采样器（流量范围 0～1L/min）；10ml 具塞比色管；分光光度计。

［试剂］

除非另有说明，分析时均使用符合国家标准的分析纯试剂和按“不含有机物的蒸馏水”制备的水。

1. 不含有机物的蒸馏水：加少量高锰酸钾的碱性溶液于水中再行蒸馏即得（在整个蒸馏过程中水应始终保持红色，否则应随时补加高锰酸钾）。

2. 吸收液：不含有机物的重蒸馏水。

3. 1mol/L 氢氧化钠溶液（4%）：称量 40g 氢氧化钠，溶于水中，并稀释至 1000ml。

4. 重铬酸钾标准溶液（0.05mol/L）：准确称取在 105～110℃烘 2h，并冷至室温的重铬酸钾 2.4516g，用水溶解后移入 1000ml 容量瓶中，用水稀释至标线，摇匀。

5. （1+5）硫酸溶液，（3+97）硫酸溶液。

6. 1%（m/V）淀粉指示剂。

7. 硫代硫酸钠标准滴定溶液（0.050mol/L）：首先配置 0.10mol/L 硫代硫酸钠标准溶液，即称取 26g 硫代硫酸钠（$Na_2S_2O_3\cdot 5H_2O$）及 0.2g 无水碳酸钠，溶于新煮沸放冷的纯水中，并稀释至 1000ml，摇匀。放置 1 周后过滤并标定浓度。标定：准确称取 3 份0.11～0.14g 于 120℃干燥至恒重的基准级重铬酸钾置于 250ml 碘量瓶中。于每瓶中加入 25ml 纯水，溶解后加 2g 碘化钾及 20ml 硫酸溶液（1+8），混匀，于暗处放置 10min。加 150ml 纯水，用硫代硫酸钠标准溶液滴定，至溶液呈淡黄色时，加 3ml 淀粉（5g/L）。继续滴定至溶液由蓝色变为亮绿色，记录用量为 V_1。同时做空白试验，记录用量 V_0，按下式计算硫代硫酸钠标准溶液的浓度：

$$c(Na_2S_2O_3) = \frac{m}{(V_1 - V_0) \times 0.04903}$$

$c(Na_2S_2O_3)$：硫代硫酸钠标准溶液的浓度，ml；

m：重铬酸钾的质量，(g)；

V_1：滴定重铬酸钾的硫代硫酸钠标准溶液的体积，ml；

V_0：滴定空白的硫代硫酸钠标准溶液的体积，ml；

0.04903：与1.00 ml硫代硫酸钠标准溶液［$C(Na_2S_2O_3)=1.000mol/L$］相当的以克表示的重铬酸钾的质量。

将已标定的0.10mol/L硫代硫酸钠标准溶液用煮沸放冷的蒸馏水稀释5倍，即为0.05mol/L硫代硫酸钠标准滴定溶液。

(8) 0.25%乙酰丙酮溶液：称25g乙酸铵，加少量水溶解，加3ml冰乙酸及0.25ml新蒸馏的乙酰丙酮，混匀再加水至100ml，调整pH=6.0，此溶液于2～5℃贮存，可稳定一个月。

(9) 甲醛标准储备溶液：见酚试剂比色法。

(10) 甲醛标准使用溶液：见酚试剂比色法。

［步骤］

1. 空气样品的采集：取一支大型气泡吸收管装5ml吸收液及1.0ml乙酰丙酮溶液，连接大气采样器，以0.5～1.0L/min的流量，采气5～30L。采集好的样品于室温避光储存2h后测定，2d内分析完。

2. 标准曲线的绘制：取7支10ml具塞比色管，按下表用甲醛标准使用液（表12-3）配制标准色列：

表12-3　甲醛标准曲线配制方案

管号	0	1	2	3	4	5	6
甲醛标准使用液，ml	0.00	0.10	0.40	0.80	1.20	1.60	2.00
蒸馏水，ml	5.00	4.90	4.60	4.20	3.80	3.40	3.00
甲醛，μg	0.0	0.5	2	4	6	8	10

于上述标准系列中，用水稀释定容至5.0ml刻线，加乙酰丙酮溶液1.0ml，混匀，置于沸水浴中加热10min，取出冷却至室温，用1cm吸收池（比色皿），以水为参比，于波长414nm处测定标准系列和样品的吸光度。以吸光度与甲醛含量（μg）绘制标准曲线。

3. 样品测定：采样后，将吸收液全部倒入比色管。沸水浴加热10min后，取出冷却，进行比色。

［计算］

空气中甲醛浓度（mg/m^3）$=W/V_n$

W：样品中甲醛含量，μg；

V_n：所采气样在标准状态下的体积，L。

［注意事项］

1. 微量甲醛的水溶液极不稳定。标准溶液配制后，应立即做标准曲线，采样后在4h内尽快分析。

2. 沸水浴加热 3min 才能完全显色。并可稳定 12h 以上。如果在室温下，反应缓慢，显色随时间逐渐加深，2h 后才趋于稳定。

3. 采样效率：串联两个大型气泡吸收管，前管吸收效率达 100%；用小型气泡吸收管，前管吸收效率平均为 95%。

4. 本反应保持溶液 pH 值为 6 时，显色稳定，因此溶液中需加入醛酸铵-乙酸缓冲溶液。

5. 乙酰丙酮溶液配置前，需新蒸馏。因为试剂的纯度对空白吸光度影响较大。

6. 甲醛易聚合，制备标准储备液时，应取加硫酸蒸馏后的甲醛溶液稀释，再标定其含量。

7. 干扰物：当甲醛浓度为 20μg/10ml 时，共存 8mg 苯酚（400 倍），10mg 乙醛（500 倍），600mg 铵离子（30000 倍）无干扰影响；共存 SO_2 小于 20μg，NOx 小于 50μg，甲醛回收率不低于 95%。

（四）变色酸光度法

[原理]

在酸性条件下，甲醛与变色酸生成紫红色化合物。

[器材]

大型气泡吸收管，大气采样器（流量范围为 0～1L/min），25ml 具塞比色管，分光光度计。

[试剂]

1. 硫酸（ρ=1.84g/ml）。

2. 2%变色酸溶液：称取 2g 变色酸溶于水，稀释至 100ml，临用前现配。该溶液的透光率应在 90%以上，当不能达到要求时，应该进行纯化，取 10g 变色酸粉末溶于 90ml 水中，加入 2～3g 活性炭，过滤。于滤液中加入 10g 左右的氯化钠，于 4℃放置过夜，变色酸即析出。过滤后用乙醇或乙醚洗沉淀 3～5 次，并于 60℃以下烘干，备用。

3. 甲醛标准溶液及其他试剂，同乙酰丙酮光度法。

[步骤]

1. 环境空气样品的采集：在大型气泡吸收管内，注入 10.0ml 吸收液，连接大气采样器，以流量 0.5L/min 采集 5～30L 气体样品，采样后立即送实验室分析。

2. 校准曲线的绘制：取 7 支 25ml 比色管，分别加入甲醛标准使用液 0.00ml、0.20ml、0.40ml、0.80ml、1.20ml、1.60ml、2.00ml，加水至 3.00ml，加入 2%变色酸溶液 0.5ml，摇匀。沿壁缓缓加入硫酸 6.0ml，混匀。将比色管放入沸水浴加热 20min，取出冷却。用水稀释至刻度。于波长 570nm 处，2cm 比色皿，以水为对照，测定吸光度。

3. 样品测定：先用吸收管内的吸收液洗涤进气管内壁 3 次，移取 3.0ml 样品于 25ml 比色管内。然后加入 2%变色酸溶液 0.5ml，摇匀。以下按校准曲线的步骤进行显色和测定。

[结果]

甲醛质量浓度（mg/m^3）$=m\times10/(V_n\times3)$，

V_n：换算为标准状态下的采样体积，L；

m：为由校准曲线查得的甲醛质量，μg。

[注意事项]

1. 浓硫酸的质量和浓度对吸光度的影响，不同批号的浓硫酸有时也会引起吸光度的波动，因此，绘制校准曲线与测定样品应用同一瓶硫酸。

2. 在加热条件下显色，有利于显色反应的进行。

3. 本方法中所用的浓硫酸要注意不可被硝酸沾污。如果浓硫酸中含有硝酸，则显色后呈黄色，干扰测定。

4. 气体样品酚含量大于 2μg 以上时，使结果偏低。

（鲁　彦）

实习十三　尘肺 X 线标准片和病例片阅读

【实习目的】

1. 掌握国家尘肺诊断分级标准；
2. 熟悉小阴影分布范围及总体密集度判定；
3. 熟悉小阴影形态的判定及书写；
4. 了解胸片质量标准与质量分级。

【实习知识点】

1. 尘肺的概念、分类。
2. 尘肺的发病机制。
3. 尘肺诊断分级标准。
4. 尘肺的预防措施。

【实习内容】

一、尘肺基本知识

（一）尘肺的概念、分类

尘肺（pneumoconiosis）是指在职业活动中，长期吸入生产性粉尘而发生的以肺组织纤维化为主的全身性疾病。以肺内有粉尘阻留，胶原型纤维增生，肺泡结构永久性破坏为其特征。

按其病因不同分为 5 类：

1. 矽肺（silicosis）：在生产过程中长期吸入含有游离二氧化硅粉尘而引起的以肺纤维化为主的疾病。

2. 硅酸盐肺（silicatosis）：长期吸入含有结合状态的二氧化硅的粉尘所引起的尘肺，如石棉肺、滑石肺、云母肺等。

3. 炭尘肺（carbon pneumoconiosis）：长期吸入煤、石墨、炭黑、活性炭等粉尘引起的尘肺。

4. 混合性尘肺（mixed dust pneumoconiosis ）：长期吸入含有游离二氧化硅和其他物质的混合性粉尘（如煤矽肺、铁矽肺等）所致的尘肺。

5. 金属尘肺：长期吸入铝及其氧化物引起的铝尘肺，或长期吸入电焊烟尘所引起的电焊工尘肺等。

上述各类尘肺中，以矽肺、石棉肺、煤矽肺较常见，危害性则以矽肺最为严重。2002 年《职业病目录》法定的 12 种尘肺：矽肺、煤工业肺、石墨尘肺、碳墨尘肺、石棉肺、滑石尘肺、水泥尘肺、云母尘肺、陶工尘肺、铝尘肺、电焊工尘肺、铸工尘肺。

（二）尘肺的发病机制

1. 接触矽尘作业：通常接触含有 10％以上游离二氧化硅的粉尘作业，称为矽尘作业。接触矽尘作业在矿山有掘进、采矿、筛选、拌料等作业；修建水利工程、开山筑路；铸造车间的原料粉碎、配料、铸型、开箱、清砂、喷砂等作业。

2. 影响矽肺的发病因素

矽肺的发病与矽尘作业的工龄、防护措施、粉尘中游离二氧化硅的含量和类型、生产场所粉尘浓度和分散度密切相关。此外，个体因素如健康和营养状况等，在矽肺的发生和发展上也有一定的影响。呼吸道疾病，特别是呼吸系统结核患者，能加速矽肺的发生频率和加重病情。

矽肺发病一般较慢，多在持续吸入矽尘5～10年发病，有的长达15～20年以上。但持续吸入高浓度的矽尘，有的1～2年内即可发病，称之为“速发型矽肺（acute silicosis）”。有的矽尘作业工人吸入矽尘浓度高、时间短，接尘期间未见发病，但在脱离矽尘作业若干年后却发现矽肺，称之为“晚发型矽肺（delayed silicosis）”。

3. 发病机制

进入肺内的矽尘被巨噬细胞吞噬，吞噬了粉尘的巨噬细胞，称为尘细胞。大部分尘细胞随痰咳出，小部分经阿米巴样运动进入肺泡间隙。至于如何形成矽肺，机制不完全清楚。有机械刺激学说、硅酸聚合学说、化学中毒学说、表面活性学说、免疫学说等，但均不能圆满解释发病过程。

一般认为，矽尘在细胞内部分溶解并聚合成聚合硅酸，其表面的羟基活性基团与溶酶体膜结合，增加膜的通透性直至破裂，并向胞浆释放一系列水解酶，引起巨噬细胞自溶、崩解死亡。崩解释放的游离粉尘再次被另一个巨噬细胞吞噬、破裂、游离，如此反复上述过程，引起肺组织破坏、修复、循环往复。崩解产物中的非脂质部分（致纤维化因子）刺激导致成纤维细胞增生，还可刺激成纤维细胞产生胶原纤维。因此，巨噬细胞破坏越多，纤维组织增生越明显。崩解时释放的脂蛋白，则可成为自身抗原，能刺激网状内皮系统增生，产生抗体。抗原抗体的复合物沉积于胶原纤维上发生透明变性。相邻的结节可融合成大结节，逐步发展成大的纤维团块。

（三）基本病理变化

矽肺的基本病理变化是肺部进行性、结节性纤维化及弥漫性肺间质纤维化和矽结节形成，其中矽结节是矽肺的特征性病理变化。

1. 肉眼观察　肺呈深灰褐色，质地硬如橡皮，弹性降低，切面可见大小不等的结节，有砂粒感；晚期许多结节可融合成团块，切面可见米粒至绿豆大小的灰白带黑色结节轮廓，似花岗岩的大理石，若合并结核，则可于融合灶内或结节之间见到干酪样坏死及形成的大小不等的空洞。

2. 显微镜观察　显微镜下可见四种病理类型。

（1）结节型矽肺：一般由游离二氧化硅含量较高的粉尘所致。如矿山岩层掘进、隧道施工、石粉制造、建筑材料加工等行业。早期矽结节胶原纤维细且排列疏松，间有大量尘细胞和成纤维细胞。结节越成熟，胶原纤维越粗大密集，细胞越少，终至胶原纤维发生透明性变，中心管腔受压，成为典型矽结节。典型矽结节横断面为葱头状，外周是多层紧密排列呈同心圆状的胶原纤维，中心或偏侧为一闭塞的小血管或小支气管。在结节外围及纤维束之间，因胶原化不同可见数量不等的粉尘颗粒、尘细胞、成纤维细胞。结节越成熟，细胞成分越少，最终可发展为玻璃样变及钙盐沉着。

（2）弥漫性肺间质纤维化型矽肺：一般由游离二氧化硅含量较低的粉尘或游离二氧化硅含量较高，但吸入量较少的粉尘所致。如硅藻土的煅烧工、鳞石英尘接触者。其病理特点是肺泡和肺小叶间隔，以及小血管和呼吸性支气管周围纤维组织呈弥漫性增生。

（3）矽性蛋白沉积型矽肺：又称急性矽肺，多见于短期内接触高浓度、高分散度石英尘的青年工人。如隧道、玻璃拌料及石英喷砂、破碎、磨粉等工种。其病理特征为肺泡内脂蛋白沉着症，继而纤维化病变发展。病理特征为肺泡腔内有大量蛋白质分泌物，称之为矽性蛋白；随后可伴有纤维增生，形成小纤维灶乃至矽结节。多见于短期内接触高浓度、高分散度的游离二氧化硅粉尘的年轻工人。

（4）团块型矽肺：是上述类型矽肺进一步发展，病灶融合而成。矽结节增多、增大、融合，其间继发纤维化病变，融合扩展而形成团块状。多见于双上肺。

（四）矽肺的临床表现

1. 症状和体征　肺有很强的代偿功能，即使X线胸片已呈现典型矽肺影像，患者也可长时间无明显症状。早期患者多数无明显的阳性体征，少数患者可听到两肺有呼吸音粗糙、减弱或干啰音；支气管痉挛时可听及哮鸣音，合并感染时可有湿啰音等。出现气短、胸痛、咳嗽、心悸等症状，并逐渐加重和次数增多。但症状的多少和严重程度与X线胸片表现的严重程度可能并不平行。

2. X线胸片表现　矽肺患者可能长期无明显的临床表现，而X线胸片上则已呈现典型改变，它是矽肺病理改变在X线胸片上的反应。现已公认用小阴影（small opacity）、大阴影（large opacity）术语描述，而肺门改变、肺气肿、肺纹理和胸膜改变等有重要参考价值。

（1）小阴影：直径＜10mm的密度较高的阴影，在X线胸片上分为圆形和不规则形，以圆形表现为主。

①圆形小阴影：是典型矽肺最常见和最重要的一种X线表现，呈圆形，散在、孤立、边缘整齐或不整齐，可以看成是矽结节的影像学反映。其形态大小、致密度与粉尘的游离二氧化硅含量有关。按直径大小又可分为p（＜1.5mm）、q（1.5～3.0mm）、r（3.0～10mm）三种类型。p型主要是不太成熟的矽结节或非结节性纤维化灶，q、r型则是成熟或比较成熟的矽结节，或为若干小矽结节影像的重叠。圆形小阴影早期多分布于双肺中下肺区，随病情进展，数量增多，直径增大、密集度增加，可波及双肺上区。

②不规则形小阴影：是指粗细、长短、形态不一的致密阴影组成，可互不相连呈条索状，也可杂乱无章交织在一起，呈网状或蜂窝状。多为接触游离二氧化硅含量较低的混合型粉尘所致矽肺。其病理基础为肺间质纤维化。按宽度大小又可约略分为s（＜1.5mm）、t（1.5～3.0mm）、u（3.0～10mm）三种类型。多见于双肺中、下肺区，随病情进展，数量增多，宽度增大、密集度增加，波及双肺上区。

（2）大阴影：是指其长径超过20mm、宽径超过10mm的阴影。为晚期矽肺的重要X线表现。形状为长条形、椭圆形和圆形，可由圆形小阴影或不规则形小阴影增多、增粗、集结、重叠而成。病理基础是团块状纤维化。多出现在双肺中、上肺区，多对称呈八字形。大阴影周围一般伴有肺气肿带的X线表现。

（3）其他：还可参考胸膜、肺门、肺气肿、肺纹理变化。胸膜粘连增厚，以肋膈角变钝或消失最常见；肺门阴影可扩大，密度增高，边缘模糊不清，甚至有增大的淋巴结阴影；肺气肿为弥漫性、局灶性、边缘性及泡性肺气肿；肺纹理增多、增粗、延伸至肺野外带，甚至扭曲变性、紊乱断裂。晚期可因结节阴影的增多而减少。

3. 呼吸功能改变：早期矽肺，由于病变轻微，对呼吸功能影响不大，肺功能常无明显改变；随着病变进展，肺组织纤维增多，肺泡弹性下降，肺功能显示肺活量和肺总量减低，病变发展至弥漫性结节纤维化和并发肺气肿时，肺活量进一步降低，当肺泡大量损害和肺泡毛细血管壁因纤维化而增厚时，可引起肺弥散功能障碍。

4. 并发症：矽肺患者最常见的并发症是肺结核、肺及支气管感染、自发性气胸、肺心病等。其中以肺结核最常见。一旦出现并发症，则往往促进病情进展，使病情恶化，最终导致死亡。

（五）矽肺的诊断

1. 诊断原则必须以确切的接触游离二氧化硅粉尘职业史为前提，以生产场所粉尘浓度测定结果和技术质量合格的X线后前位胸片检查为依据，参考动态观察和流行病学调查资料，结合临床表现和实验室检查，排除其他肺部类似疾病后，按《尘肺病诊断标准》（GBZ70－2002）做出矽肺的诊断和分期。

2. X线胸片分期标准（GBZ70－2002）

（1）无尘肺（代号0）

①0：X射线胸片无尘肺表现。

②0＋：胸片表现尚不够诊断为“I”者。

（2）一期尘肺（代号I）

①I：有总密集度1级的小阴影，分布范围至少达到两个肺区。

②I＋：有总密集度1级的小阴影，其分布范围超过4个肺区；或有总密集度2级的小阴影，分布范围达到4个肺区。

（3）二级尘肺（代号Ⅱ）

①Ⅱ：有总密集度2级的小阴影。其分布范围超过4个肺区；或有总密集度3级的小阴影，其分布范围达到4个肺区。

②Ⅱ＋：有总密集度3级的小阴影，其分布范围超过4个肺区；或有小阴影聚集；或有大阴影，但尚不够为“Ⅲ”者。

（4）三级尘肺（代号Ⅲ）

①Ⅲ：有大阴影出现，其长径不小于20mm，短径不小于10mm。

②Ⅲ＋：单个大阴影的面积或多个大阴影面积的总和超过右上肺区面积者。

3. 鉴别诊断：尘肺病与其他肺部疾病的鉴别诊断

（1）肺结核：

①急性血行播散型肺结核：急性血行播散型肺结核多有高热、寒战等较为严重的全身中毒症状和头痛、昏睡、脑膜刺激等神经系统症状，实验室检查血沉增快，X线表现为粟粒大小的结节阴影在肺野均匀分布，结节阴影的大小和密度相似，直径多为2～3cm，肺内缺乏纤维化阴影和网状结构改变，系列动态胸片观察，X影像变化迅速。

②浸润型肺结核：浸润型肺结核的一般X线表现中，多数患者为斑片状阴影、小结节阴影、空洞及条索状阴影同时存在，并有结核病的临床表现。斑片状阴影边缘模糊，小结节阴影边缘比较清晰，而结核球的密度较高，边缘清楚，其中可见空洞和钙化，空洞往往有偏心溶解现象，空洞周围有结节及条索状阴影形成的卫星灶，空洞与肺门之间常可见到引流支气管。而单纯尘肺空洞极为少见，多数在合并结核的基础上出现，且其他肺野有圆形和不规则小阴影存在。系列动态观察胸片有助于鉴别。

（2）肺癌：在胸片上Ⅰ、Ⅱ期尘肺要与弥漫性肺癌鉴别，前者除有接尘史外，发病较缓慢，病程较长。小阴影的大小较为一致，肺内分布较均匀。Ⅲ期尘肺中的大阴影要与周围型肺癌鉴别，有尘肺大阴影的肺内大多有Ⅰ或Ⅱ期尘肺小阴影，大阴影多为两侧性，位于两上肺后部较多，阴影的密度一般较浓，边界清楚，内部常见有钙化，周边肺区可有不同程度的肺气肿。肺癌的肿块多为单个，常发生在肺的前部，呈类圆形，边界有分叶、毛刺，肿块内钙化少见。

（3）特发性肺间质纤维化：无生产性粉尘接触史是特发性肺间质纤维化与尘肺鉴别的关键点，X线胸片表现较难鉴别，但胸片上发现团块样改变和肺门淋巴结蛋壳样钙化有利于尘肺的诊断。病情进展快、查体两肺下野闻及爆破音、实验室血细胞抗核抗体阳性、类风湿因子阳性等有助于特发性肺间质纤维化的诊断。

（4）肺含铁血黄素沉着症：特发性肺含铁血黄素沉着症常见于幼儿，少见于成人，临床出现咯血、贫血和胸片上有弥漫性点状、网状及雾状阴影，即所谓的三联症时，若痰或胃液中检出含铁血黄素巨噬细胞即可确诊；继发性肺含铁血黄素沉着症发生的基础是风湿性心脏病病史和反复发生的心力衰竭病史，痰检含铁血黄素巨噬细胞有助于该病的诊断。根据既往病史、体格检查和实验室检查贫血、痰检有助于与尘肺病的鉴别。

（5）变态反应性肺泡炎：变态反应性肺泡炎是由于吸入各种有机粉尘引起的过敏性肺炎，急性期为发作性呼吸困难，伴有干咳、胸闷、发热、寒战和出现气急、发绀、胸部不适等表现，体检双肺底可闻及捻发音。典型病例急性期X线胸片中、下肺野可见弥漫性肺纹理增粗，或细小、边缘模糊的散在小结节影，脱离接触后数周阴影吸收。反复发作的慢性病例，X线胸片为广泛分布的网织结节状阴影，常有多发性小囊性透明区，呈蜂窝肺。血清沉淀抗体阳性。

（六）矽肺的处理

1．尘肺患者劳动能力鉴定

尘肺患者确诊后，就应根据“粉尘作业工人医疗预防措施办法”第五条的规定（报批稿），调离接尘作业，而后依据尘肺分期的X线诊断、肺功能损伤程度（正常、轻、中、重损伤）以及呼吸困难程度（1、2、3和4级或分为正常、轻、中、重度）等差异，将尘肺（矽肺）患者劳动能力分为：

（1）正常范围：诊断为Ⅰ期尘肺、肺功能正常，无呼吸困难。

（2）轻度减退：①诊断为Ⅰ期尘肺、肺功能轻度损伤，轻度呼吸困难；②诊断为Ⅱ期尘肺。

（3）显著减退：①诊断为Ⅰ期尘肺、肺功能中度损伤，轻度呼吸困难；②诊断为Ⅱ期尘肺，肺功能轻度损伤，轻度呼吸困难。

（4）丧失：①诊断为Ⅰ期尘肺、肺功能重度损伤，重度呼吸困难；②诊断为Ⅱ期尘肺，肺功能中度损伤，中度呼吸困难；③诊断为Ⅲ期尘肺；④尘肺（不分期别）合并活动性肺结核。石棉肺合并肺癌、胸膜间皮瘤。

2．尘肺（矽肺）患者的安置原则

（1）尘肺诊断一经确诊，不论期别，都应及时调离接尘作业。不能及时调离的，必须报告当地劳动、卫生行政主管部门及工会组织。

（2）劳动能力在正常范围或只有轻度减退者，在调离接尘作业后，可安排在非接尘作业区担任劳动强度不大的工作。

（3）劳动能力显著减退者，可安排在非接尘作业区做些力所能及的工作，或在医务人员指导下进行康复期活动。

（4）劳动能力丧失者，不担负任何工作，但可在医务人员指导下进行康复期活动。

（七）尘肺的预防措施

1. 组织措施　根据有关防尘条例和《职业病防治法》的规定，“用人单位应当为劳动者创造符合国家职业卫生标准和卫生要求的工作环境和条件，并采取措施保障劳动者获得职业卫生保护”。因此，地方政府应加强组织领导和防尘管理，建立健全防尘的规章制度，坚持卫生监督，定期监测车间空气中粉尘浓度。企事业单位负责人，也应对本单位尘肺病防治工作负有直接的责任，应采取措施，不仅要使本单位作业场所粉尘浓度达到国家卫生标准，而且要建立健全粉尘监测、安全检查、定期健康监护制度，加强尘肺患者处理、疗养管理和宣传教育等工作。

2. 技术措施　采用“革、水、密、风、护”等综合措施，做好防尘、降尘工作，是防治尘肺的最根本的预防措施。“革”即改革工艺过程，革新生产设备，是消除粉尘危害的根本途径。如用人造砂代替石英砂作为铸型材料；采用远距离操作、隔离室监控、计算机控制等措施避免粉尘接触；风力运输、负压吸砂减少粉尘外逸。湿式作业是用湿式辗磨石英，耐火原料；湿式凿岩；井下爆破后冲洗岩帮；高压注水采煤等。密闭尘源与局部抽风相结合，防止粉尘外逸，含尘空气在排出之前应先进行除尘处理。

3. 个人防护措施　粉尘作业的个人防护，比较常用的防护措施是戴防尘口罩或普通纱布口罩，必要时应用送风式防尘头盔。

4. 卫生保健措施　根据“粉尘作业工人医疗预防措施办法”的规定，从事粉尘作业工人必须进行就业前和定期健康检查。对上岗（含转岗准备接尘）的职工，必须进行就业前的体检。一方面可建立职工的基础健康资料，另一方面可排除活动性结核、慢性肺支气管疾病、严重的心血管病等职业禁忌证。对在岗和离岗的粉尘作业职工应视情况不同，每隔1～3年进行一次健康检查，重点是X线胸片检查，以早期发现尘肺损伤。

二、示教尘肺X光标准片

（一）尘肺病诊断标准GBZ70-2002

1.1　诊断原则

1.2　X线胸片表现及分级标准

1.3　正确使用本标准的说明

1.3.1　本标准的适用范围：本标准适用于1987年11月5日卫防字第60号《职业病范围和职业病患者处理办法的规定》中所列的12种尘肺，即矽肺、煤工尘肺、石墨尘肺、炭黑尘肺、石棉肺、滑石尘肺、水泥尘肺、云母尘肺、陶工尘肺、铝尘肺、电焊工尘肺、铸工尘肺。

1.3.2　诊断原则：尘肺诊断的前提条件是必须有确切的职业性粉尘接触史。尘肺患者虽可有不同的呼吸系统症状和体征及某些实验室检查的异常，但均不具有明确的特异性，因此只能作为尘肺诊断的参考。临床检查和实验室检查重点是排除其他肺部疾病，如肺结核、肺癌及其他各种弥漫性肺纤维化、结节病、含铁血红素沉着症等。

1.3.3　尘肺X线分期：根据X线胸片影像学改变的程度，将尘肺分为：一期尘肺（Ⅰ）、二期尘肺（Ⅱ）、三期尘肺（Ⅲ），“0”为无尘肺。各期内分别增加的0＋、Ⅰ＋、Ⅱ＋、Ⅲ＋只是为更好地进行动态观察和健康监护，不是独立的期别。

1.3.4　小阴影密集度的判定：本标准规定的尘肺X线分期中的小阴影的总体密集度，是在对小阴影密集度分肺区判定的基础上对全肺小阴影密集度的一个总体判定。判定方法是以最高肺区的密集度作为总体密集度，以4大级分级表示。

1.3.5　关于动态观察胸片：尘肺X线影象学改变是一个渐变的过程，有动态系列胸片可为诊断提供更为可靠的依据，因此规定只有一张胸片不宜作出确诊。但特殊情况下，如确有把握能够排除其他疾病，或有病理检查结果，也可考虑作出诊断。

1.4　尘肺诊断标准名词及判定方法

1.4.1　肺区划分办法：将肺尖至膈顶的垂直距离等分为三，用等分点的水平线将每侧肺野各分为上、中、下三区。

1.4.2　小阴影：小阴影指肺野内直径或宽度不超过10mm的阴影。

1.4.2.1　形态和大小：小阴影的形态可分为圆形和不规则形两类，按其大小各分为三种。小阴影的形态及大小以标准片所示为准。类圆形小阴影：形态呈圆形，或近乎圆形，其边缘整齐或不整齐。可按直径大小约略地分为三类：p，直径约1.5mm以下；q，直径约1.5～3mm；r，直径约3～10mm。不规则形小阴影：指一群粗细、长短、形态不一的致密阴影，它们可以互不相连，也可以杂乱无章地交织在一起，表现为网状，有时呈蜂窝状。可按其宽度约略地分为三类：s，宽度约为1.5mm以下；t，宽度约1.5～3mm；u，宽度约3～10mm。

1.4.2.2　记录方法：阅读胸片时应记录小阴影的形态和大小。胸片上的小阴影几乎全部为同一形态和大小时，将其字母符号分别写在斜线的上面和下面，例如：p/p、s/s等；胸片上出现两种以上形态和大小的小阴影时，将主要的小阴影的字母符号写在斜线上面，次要的且有相当数量的另一种写在斜线下面，例如，p/q、s/p、q/t等。

1.4.2.3　小阴影密集度：指一定范围内小阴影数量。密集度分为三级，其分级标准见标准片。读片时应首先判定各肺区的密集度，然后确定全肺的总体密集度。

①小阴影密集度判定：

类圆形小阴影密集度：1级：一定量的、肯定的类圆形小阴影。肺纹理清晰可见。（如为p，即直径2cm范围约有10个上下）；2级：多量的类圆形小阴影。肺纹理一般尚可辨认；3级：很多量的类圆形小阴影，肺纹理部分或全部消失。

不规则形小阴影密集度：1级：相当量的不规则形小阴影，肺纹理一般尚可辨认；2级：多量的不规则形小阴影，肺纹理通常部分消失；3级：很多量的不规则形小阴影，肺纹理通常全部消失。

②十二小级分级：小阴影密集度是一个连续的渐变的过程，为客观地反映这种改变，在四大级的基础上再把每级划分为三小级，即0/－，0/0，0/1；1/0，1/1，1/2；2/1，2/2，2/3；3/2，3/3，3/＋，目的在于提供更多的信息，更细致地反映病变情况，进行流行病学研究和医学监护。读片及记录方法如下：将胸片与标准片比较，先按规定的四大级判定分级，若其小阴影密集度与标准片基本相同，先记录为1/1，2/2，3/3。若其小阴影密集度和标准片比较，认为较高一级或较低一级也应认真考虑，则同时记录下来，例如2/1或2/3，前者含义是密集度属2级，但1级也要认真考虑；后者含义是密集度属2级，但3级也要认真考虑。

③密集度与范围判定方法：要对各个肺区内出现的全部小阴影的密集状况进行综合判定。

A 判定肺区密集度要求小阴影分布占该区面积的2/3。

B 小阴影分布范围是指出现1级密集度（含1级）以上的小阴影的肺区数。

C 以大多数肺区内密集度为主要判定依据。

D 以分布范围不少于两个肺区的较高级别密集度为主要判定依据。

1.4.3 大阴影：大阴影指肺野内直径或宽度大于10mm以上的阴影。

1.4.4 不够定为“Ⅲ”的大阴影：

A 小阴影聚集，尚未形成均匀致密的块状影。

B 大阴影尚未达到2cm×1cm。

C 出现“斑片条”或“发白区”。

1.4.5 胸膜斑：

长期接触石棉粉尘可引起胸膜改变，如弥漫性胸膜增厚、局限性胸膜斑。胸膜斑是指除肺尖部和肋膈角区以外的厚度大于5mm的局限性胸膜增厚，或局限性钙化胸膜斑块。

接触石棉粉尘，胸片表现为0＋者，如出现胸膜斑，可诊断为Ⅰ期；胸片表现为Ⅰ＋者，如胸膜斑已累及部分心缘或膈面，使之变得模糊，可诊断为Ⅱ期；胸片表现为Ⅱ＋者，如单个或两侧多个胸膜斑长度之和超过单侧胸壁长度的二分之一，或累及心缘，使其相当部分显示蓬乱，可诊断为Ⅲ期。

1.4.6 附加符号

A bu 肺大泡

B ca 肺癌和胸膜间皮瘤

C cn 小阴影钙化

D cp 肺心病

E cv 空洞

F ef 胸腔积液

G em 肺气肿

H es 淋巴结蛋壳样钙化

Iho 蜂窝肺

J pc 胸膜钙化

K pt 胸膜增厚

L px 气胸

M rp 类风湿性尘肺

N tb 活动性肺结核

（二）胸片质量与质量评定

2.1 胸片质量

2.1.1 基本要求：①必须包括全部胸廓、两侧肺尖及肋膈角、胸锁关节基本对称，肩胛骨阴影不与肺野重叠；②片号、日期及其他标志应分别置于两肩上方，排列整齐，清晰可见，不与肺野重叠；③照片无伪影、漏光、污染、划痕、水渍及体外物影像。

2.1.2 解剖标志显示：①两侧肺纹理清晰、边缘锐利，并延伸到肺野外带；②心缘及横膈面成像锐利；③两侧侧胸壁从肺尖至肋膈角显示良好；④气管、隆突及两侧主支气管轮廓可见，并可显示胸椎轮廓；⑤心后区肺纹理可以显示；⑥右侧膈顶一般位于第十后肋水平。

2.1.3 光密度：①上中肺野最高密度应在1.45～1.75；②膈下光密度小于0.28；③直接曝光区光密度大于2.50。

2.2 胸片质量分级

2.2.1　一级片（优片）：完全符合胸片质量要求。

2.2.2　二级片（良片）：不完全符合胸片质量要求，但尚未降到三级片。

2.2.3　三级片（差片）：有下列情况之一者为三级片，不能用于尘肺初诊。

①不完全符合胸片基本要求，其缺陷影响诊断区面积之和在半个肺区至一个肺区之间。

②两侧肺纹理不够清晰锐利，或局部肺纹理模糊，其影响诊断区面积之和在半个肺区至一个肺区之间。

③两侧肺尖至肋膈角的侧胸壁显示不佳，气管轮廓模糊，心后区肺纹理难以辨认。

④吸气不足，右侧膈顶位于第八后肋水平。

⑤照片偏黑，上中肺区最高光密度在1.85～1.90；或照片偏白，上中肺区最高光密度在1.30～1.40；或灰雾度偏高，膈下光密度在0.40～0.50；或直接曝光区光密度在2.20～2.30。

2.2.4　四级片（废片）胸片质量达不到三级片者为四级片，不能用于尘肺诊断。

3. 尘肺X线诊断标准片

3.1　标准片与标准条文的关系：标准片是尘肺诊断标准的组成部分，主要是表达难以用文字表达的X线影像学改变。故尘肺各种X线影像学改变的判定应以标准片为准，文字部分只是说明。

3.2　标准片的编制原则：小阴影密集度和形态表达准确，使用方便。

3.3　标准片的组成和内容：标准片由两部分组成，一是组合片共8张，主要表达不同形态、大小的小阴影的密集度，小阴影的密集度按各级密集度的中点编制，即0/0、1/1、2/2、3/3。二是全肺大片共15张，主要示范尘肺各期小阴影密集度和分布范围之间的关系。

3.4　标准片的应用：在阅读X线胸片进行尘肺诊断和分期时，尤其是在判定小阴影的形态和密集度时，必须和相应的组合标准片对照。各期尘肺全肺大片标准片是诊断分期的参照。

3.5　标准片的版权：标准片的版权归国家所有。

3.6　标准片的复制和发行：标准片的复制和发行委托全国劳动卫生职业病防治中心负责，经国家职业病诊断鉴定委员会尘肺诊断鉴定组审查、编号、加盖印章后和标准片说明一并发行。

4. 尘肺诊断读片要求

4.1　从事尘肺X线诊断人员必须通过国家对尘肺诊断读片人的考核并取得证书。

4.2　尘肺诊断实行集体诊断的原则。有关程序根据国家《职业病诊断管理办法》进行。

4.3　读片人矫正视力应在正常范围内。读片时应取坐位，观片灯的位置要适当，一般置于读片者眼前25cm（利于观察小阴影）至50cm（利于观察全胸片）处。

4.4　读片时应依胸片时间先后顺序观察比较影像学的动态变化，仅有一张胸片不宜作出确诊。

4.5　读片时应参考标准片，一般应将需诊断的胸片放在灯箱中央，两旁放常用的标准片。

4.6　观片灯至少要有3联灯箱，最好有5联。观片灯最低亮度不低于3000CD，亮度均匀度（亮度差）小于15%。

4.7　读片室内应安静，无直接的其他光线照射到观片灯上，读片速度根据个人习惯而定，但应在每1至1.5小时左右休息一次，以保持读片者视力和脑力有良好的分辨能力。

三、尘肺病例X线片阅读及讨论

附件：胸片读片记录表

单位　　　　　　　　姓名　　　　　　　　性别

读片日期					
累计工龄					
摄片日期					
片　号					
胸片质量					
小阴影	形态大小				
	总体密集度				
	范　围				
小阴影聚集					
大阴影	小于右上肺区				
	大于右上肺区				
胸膜病变	局部增厚				
	弥漫增厚				
	胸膜钙化				
	心缘蓬乱				
附加符号					
诊　断					
读片人签字					

思考题

1. 何谓矽肺？矽肺的发病机制是什么？
2. 何谓矽尘作业？影响矽肺的主要发病因素有哪些？
3. 尘肺主要的临床症状及其并发症。
4. 尘肺的X线胸片有何特征，大阴影与小阴影有何区别。
5. 生产性粉尘的防尘措施。

（张慧颖）

实习十四　食物中毒案例及调查处理程序

【实习目的】

通过案例讨论与分析，掌握食物中毒的发病原因、分类、临床表现、防治原则以及食物中毒调查处理工作的内容、方法和程序。

【实习知识点】

1. 食物中毒（food poisoning）概念：是指食用了被有毒有害物质污染的食品或者食用了含有有毒有害物质的食品后出现的非传染性的急性、亚急性疾病。

2. 食物中毒分类：细菌性食物中毒、真菌及其毒素食物中毒、动物性食物中毒、有毒植物中毒以及化学性食物中毒。

3. 食物中毒的发病特点：①发病潜伏期短；②发病与特定食物有关；③临床表现基本相似；④无传染性。

4. 食物中毒技术处理总则：①对患者采取紧急处理；②对中毒食品控制处理；③对中毒场所采取消毒处理。

案例讨论

【案例一】2013 年全国食物中毒类突发公共卫生事件

2013 年，国家卫生计生委通过突发公共卫生事件网络直报系统共收到全国食物中毒类突发公共卫生事件（以下简称食物中毒事件）报告 152 起，中毒 5 559 人，死亡 109 人。与 2012 年同期相比，报告起数减少 12.6%，中毒人数减少 16.8%，死亡人数减少 25.3%。2013 年，无重大及以上级别食物中毒事件报告；报告较大级别食物中毒事件 76 起，中毒 1 099 人，死亡 109 人；报告一般级别食物中毒事件 76 起，中毒 4 460 人。现将有关情况通报如下：

表 14-1　2013 年食物中毒发病情况

时间	报告例数	中毒人数	死亡人数
1 月	12	399	8
2 月	5	154	5
3 月	8	205	6
4 月	9	282	9
5 月	13	494	8
6 月	17	718	8
7 月	22	293	27
8 月	18	609	12
9 月	21	1 131	6
10 月	7	521	5
11 月	11	469	7
12 月	9	284	8
合计	152	5 559	109

一、2013年食物中毒事件报告情况

1. 按月报告情况

2013年食物中毒事件报告起数、中毒人数和死亡人数以第三季度（7～9月）最高，分别占全年总数的40.1%、36.6%和41.3%。食物中毒事件报告起数和死亡人数最多的月份是7月，分别占食物中毒事件总报告起数和总死亡人数的14.5%和24.8%；中毒人数最多的月份是9月，占食物中毒事件总中毒人数的20.3%。

2. 食物中毒原因分类情况

表14-2　2013年食物中毒原因

中毒原因	报告例数	中毒人数	死亡人数
微生物性	49	3 359	1
化学性	19	262	26
有毒动植物及毒蘑菇	61	718	79
不明原因或尚未查明原因	23	1 220	3
合计	152	5 559	109

2013年食物中毒事件报告中，有毒动植物及毒蘑菇引起的食物中毒事件报告起数和死亡人数最多，分别占食物中毒事件总报告起数和总死亡人数的40.1%和72.5%；中毒因素包括毒蘑菇、乌头碱、未煮熟四季豆和豆浆、钩吻、木薯、黄花菜、野生蜂蜜和蜂蛹、眼斑芫菁等，其中毒蘑菇引起的食物中毒事件占该类事件总起数的55.7%。微生物性食物中毒事件中毒人数最多，占食物中毒事件总中毒人数的60.4%，主要是由沙门菌、副溶血性弧菌、金黄色葡萄球菌及其肠毒素、大肠埃希菌、蜡样芽孢杆菌、志贺菌及变形杆菌等引起的细菌性食物中毒。化学性食物中毒事件的中毒因素包括亚硝酸盐、农药、甲醇及氰化物等，其中亚硝酸盐和农药引起的食物中毒事件占该类事件总起数的79%。

与2012年相比，微生物性食物中毒事件的报告起数、中毒人数和死亡人数分别减少12.5%、10.4%和93.8%；化学性食物中毒事件的报告起数和中毒人数分别减少9.5%和33.7%，死亡人数增加36.8%；有毒动植物及毒蘑菇引起的食物中毒事件的报告起数、中毒人数和死亡人数分别减少15.3%、27.5%和20.2%；不明原因或尚未查明原因的食物中毒事件的报告起数、中毒人数和死亡人数分别减少8.0%、21.3%和75.0%。

3. 食物中毒场所分类情况

表14-3　2013年食物中毒场所

就餐场所	报告例数	中毒人数	死亡人数
集体食堂	37	2 388	3
家庭	81	1 563	95
饮食服务单位	22	1 207	1
其他场所	12	401	10
合计	152	5 559	109

2013年食物中毒事件中，发生在家庭的食物中毒事件报告起数和死亡人数最多，分别

占食物中毒事件总报告起数和总死亡人数的53.3%和87.2%，其中导致死亡的主要原因是食用有毒动植物及毒蘑菇中毒和化学性食物中毒。发生在集体食堂的食物中毒事件中毒人数最多，占食物中毒事件总中毒人数的43.0%，中毒主要原因是由于食品加工、贮藏不当导致食品交叉污染或变质。

与2012年相比，发生在集体食堂的食物中毒事件的报告起数和中毒人数分别减少11.9%和22.9%，死亡人数持平；发生在家庭的食物中毒事件报告起数、中毒人数和死亡人数分别减少15.6%、3.2%和25.8%；发生在饮食服务单位的食物中毒事件报告起数和中毒人数分别增加83.3%和272.5%，死亡人数减少87.5%；发生在其他场所的食物中毒事件报告起数和中毒人数分别减少50%和75.7%，死亡人数增加42.9%。

4. 学生食物中毒事件情况

表14-4　2013年学生食物中毒原因

中毒原因	报告例数	中毒人数	死亡人数
微生物性	14	1 179	0
化学性	3	110	1
有毒动植物及毒蘑菇	5	228	1
不明原因或尚未查明原因	6	378	0
合计	28	1 895	2

2013年学生食物中毒事件的报告起数、中毒人数和死亡人数分别占全年食物中毒事件总报告起数、总中毒人数、总死亡人数的18.4%、34.1%和1.8%。28起学生食物中毒事件中有25起发生在学校集体食堂，中毒1843人，无死亡。与2012年相比，学生食物中毒事件的报告起数和中毒人数分别减少20.0%、31.2%，死亡人数减少2人。

思考题

1. 依据表14-1、表14-2、表14-3的数据，分析2013年我国食物中毒事件特征。

2. 依据表14-4的数据，分析我国发生学生食物中毒事件的原因。

【案例二】

某年8月15日晚，某市食品卫生监督所接到该市一区级医院值班医生电话报告，该医院今日已陆续收治该区20余名疑似食物中毒的患者，接到报告后，市卫生监督所立即组织有关人员赶赴现场。

卫生监督人员到达现场后，了解到该地段医院已收治患者25人，且因该医院床位已满，还将其他来院就诊36名患者送至另外两家医院就诊。对患者情况进行回顾性调查，发现患者虽然分散在各户进膳，但均在前一天晚餐时，吃过在某市场买回的“熟牛肉”，没吃过“熟牛肉”的未发病。有一家来了一位客人，客人吃过“熟牛肉”后也发病。患者临床表现以发热和急性胃肠炎症状为主，近期该地居民未发现肠道传染病流行。据此，食品卫生监督人员疑为食物中毒，且为感染型细菌性食物中毒，并建议各医院据此考虑治疗方案。

至16日晚，共有72人就诊，其中61人住院治疗，另有11人因症状较轻未住院。患者年龄最大者72岁，最小者3岁，男性39人，女性33人，一般经3～5d治疗出院，无死亡病例。80%的患者潜伏期为24h（12～28h），主要症状为发热、头痛、恶心、呕吐、腹痛、腹泻，体温多为38～39℃，黄绿色水样便或稀黏便，一般每日7～8次，个别达10多次，轻症者仅有稀黏便、腹痛等症状。

因为患者均分散在各自家庭用餐，唯一共同食物是“熟牛肉”，可疑食物“熟牛肉”都是居民从某农贸市场肉食摊贩处购回，一般未再加热即食用，只有少数几户蒸或炒后食用，且这几户的患者症状较轻，因所有吃过“熟牛肉”的人均发病，于是对“熟牛肉”进行了追踪调查。出售“熟牛肉”的摊贩张某是14日从另一屠宰户郑某处购进的“熟牛肉”，经卤制出售。郑某于13日宰杀了一头未经检疫的病牛，随即用大锅煮约1小时，用铝盆盛放过夜，第二天用塑料袋分装，以较低价格卖给张某，至食品卫生监督人员到时，张某处还有未售完的剩余“熟牛肉”。食品卫生监督人员现场将引起食物中毒的剩余生、熟牛肉销毁，并对肉食摊贩及屠宰户接触病牛肉的所有工具、容器等用1%～2%碱水消毒。同时根据食品卫生法规定，由肉食摊贩张某和屠宰户郑某承担食物中毒患者的全部医药费和误工工资，对个体摊贩和屠宰户均作出罚款和停业整顿处罚。

思考题

1. 当医生怀疑患者食物中毒时，除关注临床表现外，还应进一步询问哪些问题？
2. 食品卫生监督人员到达食物中毒现场应做哪些工作？如何确定是否为食物中毒？
3. 食物中毒现场处理是否得当？你还有其他建议吗？
4. 试述本次食物中毒的流行病学特点。
5. 作为一名消费者，如何从中吸取教训，防止类似食物中毒事件的发生。

【案例三】

2011年7月18日下午4时左右，东南沿海某市一纺织厂内陆续出现以腹痛、呕吐、腹泻及发热为主要症状的患者，夜间12时左右达到高峰，直至次日清晨8时才没有新的病例出现，发病人数共达110人。患者大部分先出现腹部绞痛，随后发生恶心、呕吐，呕吐次数多为1～3次，个别患者呕吐5次以上，继之发生频繁腹泻，腹泻多为1～8次，个别患者甚至一昼夜腹泻32次。大便为水样，伴有黏液和血液；半数患者发热，体温为37～39℃。

思考题

1. 假如你是一位厂医务室的医师，此时应做什么工作？
2. 如何判定这是一起职业中毒事件还是食物中毒事件呢？

由于厂医务室的医师怀疑上述事件与食物中毒有关，故当时就把情况向辖区内的疾病预防控制中心报告，并请求中心医师到厂内协助处理患者和进行现场调查。初步调查结果如下：

全部患者发病当日早、中、晚三餐均在厂内用餐，但在厂内仅进中餐或晚餐的工人无一人发病，因此调查者对当日早餐食物与发病关系进一步予以详细了解。该厂当日早餐提供稀饭、馒头、腌黄瓜和杂鱼汤。所有患者当日早餐均吃了腌黄瓜和（或）杂鱼汤，吃其中之一者也发病，但仅吃稀饭与馒头者未发病。对烹饪过程进行调查发现：该食堂在一个月前购买鲜黄瓜100斤，自来水冲洗后用10斤盐于缸内腌制，工厂厨师于发病前一天晚上取出黄瓜未经冲洗，就用当天处理过鱼的砧板，将黄瓜切成小块，放于盆内，盖上纱罩，置于室温25～30℃的厨房内过夜，次日早餐出售。进一步追问厨师得知，当时买来的黄瓜是在装过海虾的筐内冲洗的。

杂鱼汤为前一天晚餐所剩，盛放杂鱼汤的盆曾盛过生虾，临用时曾用自来水简单冲洗。夜晚厨房温度较高，30℃左右。杂鱼汤被放在厨房内的冰柜内，但冰柜已使用多年，制冷效果很一般。次日早餐厨师将杂鱼汤放入锅内加热不足10min，即取出售卖。

思考题

3. 此事件是否为一起食物中毒事件？若是，其属哪一类食物中毒？

4. 哪餐引起的食物中毒？导致中毒的食物可能是什么？

疾病预防控制中心对可疑食物、患者呕吐物、腹泻物及血液进行了取样化验，并将阳性细菌进行了血凝集试验和动物试验，其结果如下：

在可疑食物腌黄瓜、缸内剩余的腌黄瓜、杂鱼汤及在患者粪便中均未分离出沙门菌属、葡萄球菌及条件致病菌，但在含盐培养基中分离出大量副溶血性弧菌。

将分离的菌株与 6 名中毒患者病后第 2 日的血清做定量凝集反应，其滴定度最低为 40 倍，最高为 160 倍，而健康人血清滴定度仅为 10～20 倍，盐水对照完全不凝集。

将此培养菌株制成 1×108 个/ml 的生理盐水溶液，取 0.5ml 进行小白鼠腹腔内注射，24 小时内动物全部死亡。

思考题

5. 引起此次食物中毒的主要原因有哪些？主要致病菌是什么？

6. 对此类细菌性食物中毒患者，临床上应如何处理？

7. 为避免此类事件的发生，食堂应采取哪些防控措施？

【案例四】

某年 10 月 31 日晚 8：00 起，某区中心医院在短时间内接受 20 余名诉说恶心、呕吐、腹部疼痛和腹泻患者进行急诊治疗。作为门诊医师首先考虑可能是患了急性肠胃炎，采取让患者卧床休息，注意保暖，补充液体（如鲜果汁、米汤等流质食物，也可以多喝开水、淡盐水）。但是在短时间内，相继又有 20 余人前来就诊，门诊医师怀疑可能是食物中毒，采取的措施是催吐、导泻、及时补充电解质。

思考题

1. 你认为门诊医师处置方式是否正确？

2. 如果怀疑是食物中毒，门诊医师还应进一步开展哪些工作？

该中心医院门诊医生于当晚 11 时向所属区疾病预防控制中心报告，区疾病预防控制中心值班人员在 11 时接到本区内其他几个类似的电话，遂向市疾病预防控制中心值班汇报，并请各医院肠道门诊部仔细询问患者进餐情况和临床特征，并进一步调查证实是否是食物中毒。

据某医院门诊医师称，患者临床表现主要是上腹部阵发绞痛，继之腹泻。一般一天 10 余次，呈脓血水样便，有的甚至转为脓血便，里急后重不明显，除恶心、呕吐外，部分患者有畏寒，发热（37.5～40℃），乏力，脱水等表现，个别患者出现中毒性休克、酸中毒、肌痉挛等，且每个患者不约而同地说出当晚 6 时在该区内某大饭店参加亲友举行的喜庆酒席。该晚宴特别热闹，全饭店楼上楼下人山人海，几无空隙，宾客可能多达 100 余桌。

经各医院详细记录，各区疾病预防控制中心实地调查和市疾病预防控制中心资料汇总，发现从 10 月 31 日晚起，共有 2 家医院作出食物中毒的汇报，患者当晚均在该大饭店进餐，共约 1002 人，在医院因食物中毒就诊者共有 762 人，罹患率为 76%，其中大部分做门诊处理，但有 9 人留院观察。年龄最大者 80 岁，最小者 1 岁。根据对 52 例患者的调查，潜伏期平均 5h（2～27h），大多数患者病程 2～4d，重者持续 10d。

思考题

3. 如何鉴别各类食物中毒（细菌性与非细菌性食物中毒、细菌性食物中毒与爆发性肠道传染病）？

4. 该饭店发生的食物中毒是属于哪种类型？为什么？本次患病情况是否符合该型流行特点。

根据上述分析，考虑是细菌性食物中毒，且实验室检查结果表明：

（1）患者呕吐物：

样本内容	样本数	细菌检验	结果
患者粪便（包括肛试）	78	副溶血性弧菌	70 份（占 89.7%）
		变形杆菌	1 份（占 1.2%）
呕吐物	10	副溶血弧菌	1 份（占 10%）

（2）健康带菌检查：13 名熟食操作人员咽试，均为金黄色葡萄球菌，10 名肠道带菌检查均为阴性；但 3 名操作人员在加工当晚筵席食品时食用了一些食品，其肛试样本中检出副溶血性弧菌。

（3）水：采集该饭店水样 2 份，未检出致病菌。其他水质检查指标均符合国家卫生标准。

（4）剩余熟食：采集饭店和顾客家中的剩余食品 19 份，检出副溶血性弧菌 13 份，检出率 68.4%。同样检出蜡样芽胞样菌 5 份，变形杆菌 1 份。

（5）剩余生的河虾：感官检查肉质灰白，无异味，质量尚可，微生物检验出副溶血性弧菌；理化检验挥发性盐基氮 19.88mg/kg。

（6）熟食间工具、用具容器：采样 4 份，检出副溶血性弧菌 3 份，大肠杆菌类 2 份。

（7）血清凝集效价测定：7 例患者血清效价明显上升。最高可达 1∶1280，最低亦达 1∶160，而 5 例正常人血清对照及抗原对照均为阴性。

（8）动物试验：用男、女儿童患者呕吐物中分离出的副溶血性弧菌菌株制备含菌量相当于 8×10^{6} 个/ml 的菌液给小白鼠注射（雌雄各 2 组）。注射后 1 小时均发病，5～6 小时陆续死亡。雌性动物组重于雄性动物组，而另用生理盐水注射作对照组则安然无恙。

上述检品中检出的副溶血弧菌均属同一抗原型，菌体抗原 O_4，夹膜抗原 K_{11}。

思考题

5. 患者粪便中副溶血弧菌检出率高达 89.7%，为什么呕吐物中却只有 10%？

6. 患者粪便中同时检出变形杆菌 1 例，你如何解释？

7. 水样检验和食品操作人员的健康带菌检查有何卫生学意义？

8. 根据上述实验室检验结果，你是否可对这起食物中毒事故作出病因诊断？说明其根据。

当晚该饭店晚筵菜肴由苏、广两帮厨师掌勺。主要菜品有什锦大冷盘、六热炒、四大菜和二点心。什锦大冷盘和点心分别由熟食专间和点心间配置，热炒和大菜则由苏广两帮厨房间分别烹调，结果两帮筵席顾客均有发病，而未食用者则无病。除一名患者仅食用 5～6 块熟牛肉外，其余都食用过冷盘菜中的盐水虾，且摄入量多者，一般病情较为严重。有二名厨师因不相信盐水虾会引起食物中毒，结果亲口品尝后也发病。据说大多数顾客反映盐水虾质量较差，虾灰黑，有氨味，肉质“糊”，无弹性，壳肉粘连不易剥脱。

思考题

9. 该起食物中毒的中毒菜品是什么？并阐述其理由。

10. 你认为哪一种食品可能是最终带菌食品？又如何解释有一患者未食用盐水虾也发病这一现象？

经进一步现场卫生状况调查得知，厨师发现虾烧焦，即用冷水冲洗，再浸泡在盐水中，使之味、色改善。盐水虾在加工过程中，一次烹调30余斤且未翻动，造成锅底部烧焦有枯焦味，而上部又未烧熟煮透。熟食厨间任何人可随意进出，厨间内苍蝇乱飞，工具用具和容器生熟不分。此外，该饭店当天又将隔夜的10kg剩虾未经回锅加热烧透，也供应顾客。熟食间内用具、容器均未严格消毒，并随意乱放。经采样24件，检出带大肠埃希菌用具、容器22件，检出带副溶血弧菌3件。

31日当天外界环境中温度和湿度较高，而供应晚餐的100份什锦冷盘菜却已于下午1时全部配好，在熟食间内放置长达5h。

思考题

11. 你认为该饭店主要存在哪些卫生问题？

12. 针对该饭店如何预防细菌性食物中毒？

该饭店引起的重大食品中毒事故，其特点规模大，来势凶，病情严重，严重影响了顾客的身体健康。为此，区疾病预防控制中心根据中华人民共和国食品卫生法第三十七条第四、五款，责令该饭店部分品种停业改进和罚款3万元的行政处罚。

该饭店在这次食物中毒事故中，经济损失7万元。

【案例五】

盛夏9月，南方某小学416名学生在该校食堂进食早餐后约1小时，开始陆续有44名学生出现恶心、呕吐、腹痛症状，部分有发热、腹泻，但无死亡病例。经调查，该校早餐包括火腿汉堡包、绿豆粥、鸡蛋。这44名学生全部进食了火腿汉堡包，未食者未发病。发病学生被送往当地医院治疗，市食品卫生监督所亦在第一时间赶到现场进行调查采样。根据调查资料和现场卫生学调查，分析中毒发生的原因是近期气温较高，火腿汉堡包放置时间较长（超过10小时），且无任何防护措施，使食物中污染的金黄色葡萄球菌不断大量生长繁殖和产毒，火腿汉堡包是引起食物中毒的可疑食物。应及时将中毒学生的呕吐物、粪便、剩余火腿汉堡包送至食品卫生监督所进行病原微生物检验。检验结果：患者呕吐物13份、粪便2份、剩余火腿汉堡包、火腿肉及刀具中均检出致病性微生物金黄色葡萄球菌。

调查认为，本次中毒事件的原因是由于进食被金黄色葡萄球菌污染的火腿汉堡包而引起的食物中毒事件。

思考题

1. 这起案例属于什么性质？如何排查可疑食物和做出病原诊断？

2. 如何预防校园内食物中毒事件发生？

【案例六】

日本：毒大米事件

2008年9月5日，日本米粉加工销售企业三笠食品公司，被发现非法倒卖残留农药超标和霉变的“非食用”大米。农林水产省随之公布对“问题大米”的调查情况：这些大米中含有超标的黄曲霉毒素及杀虫剂甲胺磷，是作为工业原料从国外购入的。当初，农林水产省曾与该公司签订合同，规定这些大米仅限于工业用途。现在发现，大阪、京都等地的粮食店及酿酒企业购买了该大米。至此，“问题大米”事件曝光。

所谓“问题大米”，是根据WTO乌拉圭回合谈判的“最低进口义务”，日本每年必须从美国、中国、越南等国进口77万吨大米，而每年进口的大米中有约2000吨是经过检测不能食用的发霉或农药超标米，只能用于生产黏合剂等工业用途——这些米即被称为“问题大米”。日本政府每年将这些“问题大米”廉价卖给国内的17家企业，条件是只限于工业用途。据农林水产省透露，三笠公司从2003—2008年间从政府购入“问题大米”1779吨，其中测出有高度致癌性曲霉菌的9吨大米中的3吨被倒卖到鹿儿岛和熊本两县的4家烧酒公司。另外，测出含甲胺磷农药的800吨中国产糯米中的295吨被作为食用大米转卖，成为点心、面包等的生产原料。除直接从政府购买途径外，三笠公司2005年和2006年还从其他商社买入了743吨“问题大米”。

2008年9月24日上午，日本警方进入三笠食品总部搜查，因为有害大米事件影响扩大，日本大阪、福冈、熊本三地警方组成联合搜查小组，对三笠食品总部及相关的28个公司企业进行彻底搜查，这些企业涉嫌违反了日本《食品卫生法》和《不正当竞争防止法》。

根据调查，从2007年11月到今年1月，三笠食品和集团下属公司进口了110吨工业大米，再包装成食用米转卖给零售企业，经大阪府警方检测，这些大米含有高度致癌性曲霉菌和高于基准值的甲胺磷农药。“问题大米”的流通渠道覆盖面极广，有烧酒、冷冻食品、点心等食品饮料制造公司，还有保育园、学校、养老院以及医院的配餐等。虽然农林水产省要求相关企业公司尽快回收问题产品，但绝大多数的问题食品已被国民消费掉。日本毒大米事件，逼日本农林水产省大臣下台，涉案代理商自杀谢罪。

欧洲：马肉风波

2013年1月中旬，英国和爱尔兰发现部分超市出售的牛肉汉堡包中掺杂了马肉和其他肉类。在被检查的27种汉堡中，10种被发现含有马肉，23种含有猪肉。

此后，“挂牛头卖马肉”事件持续扩大，除汉堡外，其他牛肉类食品也被怀疑掺入马肉。英国最大的连锁超市Tesco宣布，因担心更多食品可能受到马肉“污染”，决定将包括两款意大利冷冻食品——博洛纳牛肉酱面条和拉萨尼亚肉饼在内的含牛肉馅的食品下架。

2013年2月13日，欧盟委员会在布鲁塞尔召开紧急部长会议，商讨“马肉风波”对策，与会成员包括英国、法国、德国、爱尔兰等受影响国家负责农业和消费者事务的主要官员。欧盟负责卫生与消费者事务的委员托尼奥·博格在会后说，欧盟委员会已经建议成员国增加对加工牛肉的DNA抽检。

根据初步方案，自3月起，欧盟成员国应该对各自国内的加工牛肉实施DNA抽检，为期3个月。抽检实施1个月后，成员国需汇总抽检结果。博格说，欧盟委员会将要求成员国同时抽检加工肉类中是否含有苯基丁氮酮（又译“保泰松”）成分。这一药物经常用于马类，有助止痛和退热，却有害人体。在英国新近屠宰的部分马肉中发现止痛药成分，这些马肉可能已进入食物链。

在欧盟国家，马肉的价格只是牛肉的1/3左右，有些供应商就以马肉充牛肉，来获得更高利润。而欧盟相对复杂的食品生产链条，又使不法分子有机可乘。比如英国超市的冷冻意大利千层面和牛肉汉堡，由同一家位于法国东北部的食品商提供。法国食品商从超市手中接过订单后，指派下辖的一家位于卢森堡的食品厂负责加工生产。这家食品厂随后向法国南部某肉食厂订购牛肉。法国肉食厂又把这批牛肉订单转而承包给一家塞浦路斯的分包商，塞浦路斯商家进而去找一家荷兰贸易公司进货，荷兰贸易公司到罗马尼亚的屠宰场采购牛肉。

至于在链条的哪一个环节出了问题，几乎所有的供货商和生产商都在撇清责任，称自己是“受害者”，将责任推给上游或下游的企业和供应商。一级一级指责下去，罗马尼亚便成为“罪魁祸首”。而罗马尼亚似乎又有“犯罪动机”：2007 年罗马尼亚颁令禁止马匹上路，这道禁令 2012 年得以实施。有专家推测，可能因为这道禁令，导致罗马尼亚大量马匹被送进了屠宰场，最终成了意大利千层面和汉堡的原料，上了欧洲人的餐桌。但罗马尼亚总理在新闻发布会上说，罗马尼亚从未将马肉当成牛肉出售，并不存在故意冒充和欺诈。

英国媒体调查显示，当前出现的“马肉风波”使得不少消费者改变了消费习惯。调查对象约为 2 000 人，其中三分之一受访者表示，不再购买便宜的肉类加工制品，今后会去高档超市买价格贵一些的产品；有五分之一的消费者购买习惯会因此发生较大改变，其中 58% 人表示今后将不再购买肉类加工品。谈到这次风波的责任人，49% 受访者认为肉类加工企业应该负责任，而五分之一消费者认为食品生产企业也有过错。他们对超市相对比较宽容，只有 10% 的人觉得超市该负一定责任。

思考题

1. 国外处理食品安全事件给你怎样的启示？

2. 马肉风波事件该由谁承担责任？

【案例七】

（一）背景介绍

某市食品卫生监督所于 2009 年 8 月 5 日晚 8 时接到某医院值班医生王某关于发生疑似食物中毒的电话报告。报告称：该医院收进了 30 余名疑似食物中毒患者，这些患者都是某高校同学。市监督所值班食品卫生监督人员立即携带平日准备好的调查用品，包括急救箱，现场检测采样用品，调查登记本，取证工具等，奔赴现场。

思考题

1. 监督所如何做到一旦发生食物中毒，能立即出动？

（二）现场工作步骤及内容

妥善安置患者：监督员到达现场后，了解到该医院已接收 36 名患者，床位已满，还有些患者急需入院，于是向市卫生局汇报，随后由卫生局进一步安排了 40 名患者到另两家医院住院，这样，所有患者都得到了安置。经了解，医院对患者的救治措施基本符合食物中毒急救常规，于是监督员转向其他工作。

思考题

2. 食品卫生监督员在中毒现场对患者负有什么责任，如何工作？

调查判定本次事件是否食物中毒：监督员询问患者中毒情况，并一一登记在调查表内。了解到本次中毒共 70 余人，都是大学同学，同学会中午在海鲜酒店吃了大量海鲜，患者均在 48 h 内发病，以腹部阵发性绞痛，腹泻为主，粪便为水样便，部分患者出现洗肉水样血水便。并伴有呕吐、发烧。初步诊断是一起细菌性食物中毒，同时提请各医院医生参考，进行诊断抢救治疗。

思考题

3. 在现场尽快判定是否食物中毒及得出诊断诊断有何重要性？

调查确定致病餐次和可疑食品：监督员经过调查询问，认定中毒患者都是参加同学聚会的同学，都在海鲜酒店吃过海鲜。进一步调查发现，发病者绝大多数是男同学，女同学很少。原因是一位女同学发现凉拌海蜇皮有异味。她一说，绝大多数女同学都不吃这个菜，而男同学则不以为然。所有吃过凉拌海蜇皮的人都发病，而未吃者无一发病。查询疫情资料证明，近期当地没有类似临床特征的传染病流行。由此认为，发病前中午是中毒餐次，首例发病潜伏期只有 6h，大部分患者均在食物后 10h 发病，“海蜇皮”是可疑中毒食物。

思考题

4. 如何确定可疑餐次、可疑食物？如何结合潜伏期与临床表现做出临床诊断？

中毒现场处理：为防止食物中毒再次发生，根据上述初步诊断，通知海鲜酒店，停止销售及食用“海蜇皮”，并就地封存；通过进货渠道，找到卖海蜇皮的摊点，并就地封存；凡接触过“海蜇皮”的工具，器皿一律消毒处理。

思考题

5. 此项现场处理及封存可疑中毒食品有何重要性？如何保证彻底执行该项处理措施？

（三）中毒患者临床症状

80％患者潜伏期为 6～10h，最短 1h，最长 48h。男同学多，女同学少。85％患者主要临床症状为上腹阵发性绞痛，继而腹泻，每日 5～6 次，多者达 20 次以上。粪便为水样或糊状，约有 15％的患者出现洗肉水样血水便，少数有黏液或黏血便，但没有里急后重症。多数患者在腹泻后出现恶心、呕吐，体温一般为 37.5～39.5℃。回盲肠部有明显压痛，病程 2～4d，因抢救及时，无一例出现脱水、休克及意识障碍。患者经 5～7d 均治愈出院，无一例死亡。

思考题

6. 根据临床表现，可诊断为哪种细菌引起的食物中毒？怎样与细菌性痢疾相区别？

（四）对中毒可疑食物的流行病学调查

经调查，该酒店是前一日（4 日）上午从某海鲜摊点购买的海蜇皮。该摊点因销售不畅，余下 20kg 海蜇皮一直放在水池内（无冷藏设备），该酒店买回 10kg 海蜇皮后，又在室温下存放了 24h。因同学聚会就餐人多，炊事人员只是简单用清水一泡，捞出后加点佐料就端上餐桌。调查时摊点还剩 10kg 海蜇皮，酒店还剩 5kg，已就地封存。

思考题

7. 海鲜销售摊点和酒店对这起食物中毒应负什么责任？

（五）采样与检验

食品卫生监督人员以无菌操作，采集了海鲜销售摊点、酒店剩下的海蜇皮及餐桌剩下的海蜇皮各一份，呕吐物 6 份，患者发病时血液及同一人 2d 后血液、粪便各 15 份。以上样品均经加注标签，编号，严密封袋，并附加采样时间、条件、重点怀疑病原（副溶血性弧菌），签字后专程送至实验室。实验室按肠道致病菌检验常规，经增菌、分离、培养、生化检验、血清学鉴定，从所有海蜇皮及患者吐、泻物中均检出了副溶血性弧菌。15 份患者血清对本菌凝集效价均比发病当时显著升高，均增至 1∶40～1∶320。

思考题

8. 在食物中毒调查处理过程中，应如何采样？对细菌性食物中毒，实验室要做哪些项目检验？

（六）确诊及结论

根据中毒发生经过，患者临床表现，可疑食品的现场调查，发病的流行病学调查以及实验室检验结果，确认本次事件是由污染副溶血性弧菌的海蜇皮引起的细菌性食物中毒，中毒的直接原因是某海鲜酒店和海鲜销售摊点违反不得出售腐败变质食品和食品经营部门必须有冷藏设备的规定；违反了食品卫生法第九条、第三款关于禁止生产经营含有致病性寄生虫、微生物的食品的规定。

思考题

9. 你认为本案例的确诊根据是否充分？对肇事者认定的责任是否符合实际？

（七）善后处理

对全部封存的海蜇皮一律在食品卫生监督员的监督下予以销毁；凡接触海蜇皮的工具，容器等均放在锅内用水煮沸 5min；对患者吐泻物及其污染场所，用 20%石灰乳混合处理。

经市卫生局裁定，当事者同意，按照食品卫生法第三十九条，个体摊主和该酒店各承担患者医药费 4 700 元的损害赔偿。市食品卫生监督检验所依据食品卫生法第三十七条，对该酒店罚款 10 000 元；对个体摊主罚款 3 000 元。市食监所将本案例的全部材料编号归档，并从中吸取必要教训。

思考题

10. 认为本案的善后处理是否正确？肇事者承担对受害人的损害赔偿，和监督所对他们的罚款，各是什么性质的处理？

（八）食物中毒调查处理程序

1. 报告登记

2009 年 8 月 5 日晚 8 时监督所值班员接到受害者家属报告后，除通知报告人保护现场、留存患者呕吐物及可疑中毒食物外，还填写了《案件受理记录》、《食物中毒事故报告登记表》，并立即向所里领导做了情况汇报。

2. 组织开展现场调查

（1）成立调查组

监督所在接到疑似食物中毒报告后，立即启动《食物中毒现场调查处理工作预案》并做好了人员和设备准备工作，组成调查处理小组赶赴现场，人员组成包括食品卫生监督员 4 名，检验人员 3 名和流行病学医师 3 名组成，分头对中毒患者及中毒场所进行调查。

（2）开展现场卫生学和流行病学调查

现场流行病学调查：对患者和同餐进食者的调查，填写《食物中毒事故个案调查登记表》6 份；

现场卫生学调查：对可疑食品的加工制作过程进行调查。对厨师长进行了询问调查并填写《询问笔录》，对海鲜酒店内卫生状况进行了现场监督检查，填写《现场检查笔录》，对食物中毒场所内的剩余食物及工具、用具进行控制，填写《卫生行政控制决定书》《卫生监督意见书》并加贴封条。中毒事件调查处理结束后，责令海鲜酒店进行全面的清洗消毒。填写《证据先行登记保存决定书》。

3. 样品采集检验

对剩余的海鲜、使用的刀板等工具进行了采样，共采集患者呕吐物 16 份各 200g，腹泻便拭子 13 份各 2ml，患者血样 20 份各 20ml，制作《产品样品采样记录》及《非产品样品采样记录》。

4. 撰写调查报告

填写《食品卫生事件报告卡》《立案报告》，将中毒事件报告同级人民政府及上级卫生行政部门，并于 6 小时内上报卫生部。待化验结果报出后，由监督所负责召集监督员根据临床资料、流行病学资料和实验室资料，依据《食物中毒诊断标准及技术处理总则》进行分析，讨论确定食物中毒，并撰写《食物中毒调查报告》。

5. 对肇事单位进行行政处罚

根据《中华人民共和国食品卫生法》相关规定，对个体摊主和该酒店各承担患者医药费4700元的损害赔偿。对该酒店罚款10 000元；对个体摊主罚款3 000元。

6. 根据《食品卫生监督量化分级标示管理规范》的规定，进行相应的处罚。

7. 根据《学校食物中毒事故行政责任追究暂行规定》追究海鲜酒店直接管理责任人的责任。

8. 对海鲜酒店食品卫生监督管理工作的建议：

（1）卫生行政部门应加强对海鲜酒店用餐的卫生监督，对食堂采购、储存、加工、销售中容易造成食物中毒或其他食源性疾患的重要环节应重点进行监督指导。

（2）卫生监督部门和海鲜酒店应加强对酒店用餐的检查督促职责，定期深入酒店内进行检查督促。

（3）酒店应建立健全董事长负责制，并配备专职或兼职的食品卫生管理人员。

（4）酒店建立健全食品卫生安全管理制度，应急食物中毒突发预案，卫生管理制度和岗位责任制度并认真落实。

（5）严格按照《学校与学生集体用餐卫生管理规定》要求，进行相应的管理。

（6）酒店严把食品原料进货关并严格执行索证制度。

（7）认真做好管理人员及从业人员卫生知识的培训，掌握食品卫生基本要求。

附件1：《食物中毒事故处理办法》

第一章　总则

第一条　为了及时处理和控制食物中毒事故，保障人民身体健康，根据《中华人民共和国食品卫生法》（以下称《食品卫生法》）的规定，制定本办法。

第二条　本办法所指的食物中毒，是指食用了被生物性、化学性有毒有害物质污染的食品或者食用了含有毒有害物质的食品后出现的急性、亚急性食源性疾患。

上款规定的食源性疾患已列入《中华人民共和国传染病防治法》管理的，按照该法执行。

第三条　县级以上地方人民政府卫生行政部门主管管辖范围内食物中毒事故的监督管理工作。

跨辖区的食物中毒事故由食物中毒发生地的人民政府卫生行政部门进行调查处理，由食物中毒肇事者所在地的人民政府卫生行政部门协助调查处理。对管辖有争议的，由共同上级人民政府卫生行政部门管辖或者指定管辖。

第四条　凡在中华人民共和国领域内从事食品生产经营活动的，以及涉及食物中毒事故调查与处理的单位和个人均应遵守本办法。

第二章　报告

第五条　发生食物中毒或者疑似食物中毒事故的单位和接收食物中毒或者疑似食物中毒

病人进行治疗的单位应当及时向所在地人民政府卫生行政部门报告发生食物中毒事故的单位、地址、时间、中毒人数、可疑食物等有关内容。

第六条　县级以上地方人民政府卫生行政部门接到食物中毒或者疑似食物中毒事故的报告，应当及时填写《食物中毒事故报告登记表》，并报告同级人民政府和上级卫生行政部门。

第七条　县级以上地方人民政府卫生行政部门对发生在管辖范围内的下列食物中毒或者疑似食物中毒事故，实施紧急报告制度：

（一）中毒人数超过 30 人的，应当于 6 小时内报告同级人民政府和上级人民政府卫生行政部门；

（二）中毒人数超过 100 人或者死亡 1 人以上的，应当于 6 小时内上报卫生部，并同时报告同级人民政府和上级人民政府卫生行政部门；

（三）中毒事故发生在学校、地区性或者全国性重要活动期间的应当于 6 小时内上报卫生部，并同时报告同级人民政府和上级人民政府卫生行政部门；

（四）其他需要实施紧急报告制度的食物中毒事故。

任何单位和个人不得干涉食物中毒或者疑似食物中毒事故的报告。

第八条　县级以上地方人民政府卫生行政部门接到跨辖区的食物中毒事故报告，应当通知有关辖区的卫生行政部门，并同时向共同的上级人民政府卫生行政部门报告。

第九条　县级以上地方人民政府卫生行政部门应当在每季度末，汇总和分析本地区食物中毒事故发生情况和处理结果，并及时向社会公布。

省级人民政府卫生行政部门负责汇总分析本地区全年度食物中毒事故发生情况，并于每年 11 月 10 日前上报卫生部及其指定的机构。

第十条　地方各级人民政府卫生行政部门应当定期向有关部门通报食物中毒事故发生的情况。

第三章　调查与控制

第十一条　县级以上地方人民政府卫生行政部门在接到食物中毒或者疑似食物中毒事故报告后，应当采取下列措施：

（一）组织卫生机构对中毒人员进行救治；

（二）对可疑中毒食物及其有关工具、设备和现场采取临时控制措施；

（三）组织调查小组进行现场卫生学和流行病学调查，填写《食物中毒事故个案调查登记表》和《食物中毒事故调查报告表》，撰写调查报告，并按规定报告有关部门。

第十二条　县级以上地方人民政府卫生行政部门对造成食物中毒事故的食品或者有证据证明可能导致食物中毒事故的食品可以采取下列临时控制措施：

（一）封存造成食物中毒或者可能导致食物中毒的食品及其原料；

（二）封存被污染的食品用工具及用具，并责令进行清洗消毒。

为控制食物中毒事故扩散，责令食品生产经营者收回已售出的造成食物中毒的食品或者有证据证明可能导致食物中毒的食品。

经检验，属于被污染的食品，予以销毁或监督销毁；未被污染的食品，予以解封。

第十三条　造成食物中毒或者有证据证明可能导致食物中毒的食品生产经营单位、发生食物中毒或者疑似食物中毒事故的单位应当采取下列相应措施：

（一）立即停止其生产经营活动，并向所在地人民政府卫生行政部门报告；

（二）协助卫生机构救治病人；

（三）保留造成食物中毒或者可能导致食物中毒的食品及其原料、工具、设备和现场；

（四）配合卫生行政部门进行调查，按卫生行政部门的要求如实提供有关材料和样品；

（五）落实卫生行政部门要求采取的其它措施。

第十四条　县级以上地方人民政府卫生行政部门应当按照《食品卫生监督程序》的有关规定对食物中毒事故进行调查处理。调查工作应当由卫生行政部门2名以上卫生监督员依法进行。

第十五条　食物中毒确认的内容、程序及有关技术要求，应当执行《食物中毒诊断标准及技术处理总则》（GB14938）的规定。

第四章　罚则

第十六条　对食物中毒或者疑似食物中毒事故隐瞒、谎报、拖延、阻挠报告的单位和个人，由县级以上人民政府卫生行政部门责令改正，并可以通报批评。对直接负责的主管人员和其他直接责任人员由卫生行政部门和其他有关部门依法给予行政处分。

第十七条　对造成食物中毒事故的单位和个人，由县级以上地方人民政府卫生行政部门按照《食品卫生法》和《食品卫生行政处罚办法》的有关规定，予以行政处罚。

第十八条　县级以上地方人民政府卫生行政部门在调查处理食物中毒事故时，对造成严重食物中毒事故构成犯罪的或者有投毒等犯罪嫌疑的，移送司法机关处理。

第五章　附则

第十九条《食物中毒事故报告登记表》、《食物中毒事故个案调查登记表》和《食物中毒事故调查报告表》由卫生部另行制定。

第二十条　铁道、交通行政主管部门设立的食品卫生监督机构，在其管辖范围内对食物中毒事故的监督管理，依照本办法执行。

第二十一条　本办法由卫生部解释。

第二十二条　本办法自2000年1月1日起施行。1981年12月1日发布的《食物中毒调查报告办法》同时废止。以往卫生部其他有关规定与本办法不一致的，以本办法为准。

附件 2：食物中毒事故报告登记表

食物中毒事故发生单位：　　　　　　　　　　　　　　地址：

发病时间：　日　时　分　　　　　　进食时间：　日　时　分

中毒人数：　　　　　　　进食人数：　　　　　　　死亡人数：

可疑中毒食品：

中毒表现：（在横线上打√或者填写具体描述）

1. 恶心______2. 呕吐______（次/天）3. 腹痛______4. 腹泻（______次）

5. 头痛______6. 头晕______7. 发热______（　℃）8. 脱水______

9. 抽搐______10. 青紫______11. 呼吸困难______12. 昏迷______

若有腹泻，腹泻物性状：1）洗肉水样____2）米泔水样____3）糊状____4）其他

其他症状：____

救治情况：

就诊或所处地点：	临床诊断：

主要治疗措施：

用药情况：

治疗效果：

其他事项：

报告人姓名：　　　　　　　　　　　　　　　　工作单位：

联系地址：　　　　　　　　　　　　　　　　　联系电话：

处理情况记录：

记录人签字：　　　　　　记录时间：　　　年　　月　　日

附件 3：食物中毒事故个案调查登记表

被调查人姓名：　　　　　　性别：　　　　　　年龄：

家庭住址：　　　　　　家庭电话：

工作单位：　　　　　　单位地址：　　　　　　单位电话：

调查地点：　　　　　　调查时间：　　年　　月　　日　　时

发病时间：　　月　　日　　时

主要体症：(在横线上打√或填写具体描述，空余项打×)

发热____（℃）恶心____呕吐____次/天　腹痛____腹泻____头痛____头晕____

持续时间____

若有腹痛，部位在：上腹部____脐周____下腹痛____其他____________________________

腹痛性质：绞痛____阵痛____隐痛____其他____________________________

若有腹泻，腹泻____次/天，腹泻伴随体征____________________________________

腹泻物性状：洗肉水样____米泔水样____糊状____其他____________________________

其他症状：脱水____抽搐____青紫____呼吸困难____昏迷________

治疗情况：1）治疗单位：

临床诊断：

用药情况（药物名称及剂量）：

2）自行服药（药物名称及剂量）

3）未治疗：

发病前 72 小时内摄入的食品调查（自发病时间向前推溯 72 小时）

进食情况	当天（　月　日）			昨天（　月　日）			前天（　月　日）		
	早餐	午餐	晚餐	早餐	午餐	晚餐	早餐	午餐	晚餐
食物名称及数量									
时间									
场所									

其他可疑的食品：　　　进食时间：　　　进食场所：　　　进食数量：

临床及实验室检验结果（没有进行临床或者实验室检查的可以不填）

样品名称及检验项目	检验结果	意义（有、无、可疑）

若实验室检验结果有意义，可疑致病因素为：____________________________

被调查人签字：　　　调查人（2 人）签名：　　　调查日期：　　年　　月　　日

附件4：食物中毒事故调查报告表

<table>
<tr><td>中毒发生情况</td><td colspan="4">食物中毒事故发生地点：____省____市____县（区）___________村（镇、街道）
进食场所：
该场所属于：(1) 集体食堂 (2) 饮食服务单位 (3) 食品摊贩 (4) 家庭 (5) 其他
同餐进食人数：______中毒人数：______入院就诊人数：______死亡人数______
进食时间：______年____月____日____时____分
发病时间：首例病人：____月__日__时__分 末例病人：__月__日__时__分
潜伏期（小时）：最短：______最长：______中位数：________
中毒症状（填写有该症状的人数）：恶心____呕吐____腹泻____腹痛____发热____
其他症状（详述症状和人数）：</td></tr>
<tr><td>中毒食物</td><td colspan="4">1. 动物性食品：肉与肉制品 □ 乳与乳制品 □ 蛋与蛋制品 □ 水产品 □
其他：
2. 植物性食品：谷类及制品 □ 豆类及制品 □ 植物油 □ 果蔬类 □
其他：
3. 其他食品：____________________________ 4. 不明 □
5. 该食物通过哪种方式确认？ 1. 流行病学调查确认 □ 2. 实验室化验确认 □</td></tr>
<tr><td>责任单位</td><td colspan="4">1. 集体食堂 □ 3. 食品摊贩 □ 5. 食品加工厂 □ 7. 其他 □
2. 饮食服务单位□ 4. 家庭 □ 6. 批发零售单位 □ 8. 不明______</td></tr>
<tr><td>中毒发生原因</td><td colspan="4">1. 原料污染或变质 □ 5. 误用有毒品种 □ 9. 其他________________
2. 加工不当 □ 6. 加工人员污染 □ 10. 不明 □
3. 生熟交叉污染 □ 7. 食用方法不当 □
4. 熟食储存不当 □ 8. 用具容器不洁 □</td></tr>
<tr><td rowspan="5">有意义的采样和检验结果</td><td>样本来源及名称</td><td>检验份数</td><td>阳性份数</td><td>（结果和均值）</td></tr>
<tr><td>----------</td><td>----------</td><td>----------</td><td>----------</td></tr>
<tr><td>----------</td><td>----------</td><td>----------</td><td>----------</td></tr>
<tr><td>----------</td><td>----------</td><td>----------</td><td>----------</td></tr>
<tr><td>----------</td><td>----------</td><td>----------</td><td>----------</td></tr>
<tr><td>致病因素</td><td colspan="4">微生物：1. 沙门氏菌属 □ 5. 肉毒梭菌 □ 9. 链球菌 □
2. 变形杆菌 □ 6. 葡萄球菌肠毒素 □ 10. 真菌毒素 □
3. 致病性大肠埃希菌 □ 7. 腊样芽胞杆菌 □ 11. __________
4. 副溶血性弧菌 □ 8. 椰毒假单胞菌酵米面亚种菌 □

农药及化学物：1. 有机磷 □ 4. 砷化物 □ 7. 重金属 □
2. 有机汞 □ 5. 亚硝酸盐 □ 8. 甲醇 □
3. 有机氯 □ 6. 棉酚 □ 9. __________

动植物：1. 河豚鱼 □ 4. 有毒贝类 □ 7. 动物内脏 □
2. 高组胺鱼类 □ 5. 毒蘑菇 □ 8. 发芽马铃薯 □
3. 其他有毒鱼类 □ 6. 四季豆 □ 9. __________
原因不明： □</td></tr>
</table>

报告单位：（章）＿＿＿＿＿＿＿＿地址：＿＿＿＿＿＿＿＿邮编：＿＿＿＿＿＿＿＿

报告人：＿＿＿＿＿＿＿＿电话：＿＿＿＿＿＿＿＿报告时间：　　年　　月　　日

注：1. 每起食物中毒事故都应填报本表。

2. 在有“□”的项目内划“√”或在划横线的项目上填写具体说明。

3. 本调查表由食物中毒发生地负责调查的卫生行政单位负责填报，并在接到食物中毒报告后的一个月内分别上报上级卫生行政部门和中国预防医学科学院信息中心。调查尚未结束的也应先按期进行初报。

（祝丽玲）

实习十五　糖尿病食谱编制与评价

【实习目的】

1. 了解人群营养干预的策略及实施计划；

2. 了解临床营养基本膳食及膳食要求；

3. 掌握糖尿病营养治疗原则及食谱的编制方法（营养成分计算法、食品交换份法）。

【实习知识点】

1. 临床营养

是研究人体处于各种病理状态下的营养需求和营养输注途径的科学，即在正常生理需要量的基础上，根据疾病的种类、病情、患者的营养状况等，合理安排饮食，以增强机体抵抗力，改善代谢，修补组织，积极地促进疾病的转归，从而使患者早日康复。

2. 基本膳食

(1) 普通膳食：简称普食，与健康人的膳食基本相同。要求各种营养素均匀供应，其供给标准不低于正常人的供给量。选择主、副食品做到多样化，注意食品色、香、味、型，选择合适的烹调方法。能量分配比例为早餐25%～30%、午餐40%、晚餐30%～35%。

(2) 软食：要求细软、易咀嚼和易消化；少用膳食纤维及粗纤维多的食物；注意补充无机盐和维生素；忌油炸、辛辣、坚硬的食物。

(3) 半流质膳食：要求食物必须呈半流体状态，每日总能量不宜过高，一般供给量为1500～1800kcal；注意补充无机盐和维生素；细软，易咀嚼、易消化，纤维含量少；少食多餐，每隔2～3h进餐一次，每日5～6餐；忌用不易消化、油炸、辛辣刺激的食物。

(4) 流质膳食：要求配制成含渣少、流体状态的食物，所供能量及各种营养素均较缺乏，不宜长期食用；它属于不平衡膳食，在食用期间应辅以肠外营养，以补充能量和营养素的不足；少食多餐，一日6～7餐，每餐200～250ml。不宜选用非流质的固体食物、膳食纤维含量多的食物及油腻的食物。流质膳食主要适用于高热、急性传染病、消化道出血、咀嚼困难、术后患者等。

3. 糖尿病

由于胰岛素分泌不足或（和）胰岛素的作用不足引起的以高血糖为主要特点的全身性代谢紊乱性疾病。临床上糖尿病以高血糖为主要特点，典型病例出现所谓“三多一少”症状，即多尿、多饮、多食、消瘦。世界卫生组织将糖尿病分为四类，即：Ⅰ型糖尿病（胰岛素依赖性）、Ⅱ型糖尿病（非胰岛素依赖型）、妊娠糖尿病和其他类型糖尿病。

4. 糖尿病的营养治疗原则

(1) 控制总能量是糖尿病饮食治疗的首要原则：摄入的能量能够保持正常体重或略低于理想体重；

(2) 供给适量的碳水化合物：目前主张不要过严地控制碳水化合物，每日进食量可在250～300g，碳水化合物供能占总能量60%左右，要选用血糖生成指数较低的碳水化合物；

(3) 供给充足的膳食纤维：流行病学调查结果显示膳食纤维能够降低空腹血糖、餐后血糖以及改善糖耐量；

（4）供给充足的蛋白质：糖尿病患者膳食中的蛋白质的供给应充足，目前主张占总能量10%～20%；

（5）控制脂肪摄入量：控制脂肪能够延缓和防止糖尿病并发症的发生与发展，目前主张膳食脂肪应减少至占总能量25%，还要适当控制胆固醇；

（6）多食蔬菜，供给充足的维生素和无机盐；

（7）糖尿病患者不宜饮酒；

（8）糖尿病患者应合理安排一日三餐，每餐都应含有碳水化合物、脂肪和蛋白质，以有利于减缓葡萄糖的吸收。

5. 糖尿病患者食谱编制方法营养成分计算法、食品交换份法。

6. 食谱编制的评价指标。

【实例一】营养成分计算法

1. 营养成分计算法简介　首先确定全日能量供给量；按照糖尿病患者营养治疗原则，分配三大产能营养素每日应提供的能量，计算三者每日需要量；按照合理的饮食习惯，分配三大营养素每餐需要量；根据食物成分表，结合患者饮食习惯，确定主食和副食的品种、数量，确定纯能量食物的用量，最后对食谱予以评价和调整。计算法比较准确，但相对繁琐，不适合患者亲自操作。

2. 实施步骤

（1）判断体重：①理想体重（标准体重）：主要用于成人。标准体重（kg）＝身高（cm）－105，或标准体重（kg）＝［身高（cm）－100］×0.9，判断标准为：（实际体重－标准体重）/标准体重×100%，此值±10%为正常，±10%～20%为消瘦或超重，≥20%为肥胖，≤20%为严重消瘦；②体质指数（BMI）：BMI＝体重（kg）/身高（m）^{2}。BMI在18.5～23.9为体重正常，24.0～27.9为超重，≥28为肥胖。

（2）计算全天总能量：根据体重和劳动强度参考表15－1确定全天总能量。

表15－1　成年人糖尿病能量供给量［kJ(kcal)/kg］

体型	极轻体力劳动	轻体力劳动	中等体力劳动	重体力劳动
正常	84～105（20～25）	126（30）	146（35）	167　（40）
消瘦	126　（30）	146（35）	167（40）	188～209（45～50）
超重	63～84（15～20）	84～105（20～25）	126（30）	146　（35）

注：50岁以上，每增加10岁，能量供应减少10%；活动量极少时，能量可按照20kcal/(kg·d）供给

（3）计算碳水化合物、脂肪、蛋白质供给量。

碳水化合物不宜控制太严，碳水化合物占全天总能量的50%～60%，以复合碳水化合物为主。极轻体力劳动包括卧床休息者主食控制在200～250g/d，轻体力劳动250～300g/d，中、重体力劳动300～400g/d，个别重体力劳动400～500g/d。脂肪占全天总能量的20%～25%，其中多不饱和脂肪酸、单不饱和脂肪酸、饱和脂肪酸比值为1∶1∶0.8。胆固醇应低于300mg/d，合并高胆固醇血症者应低于200mg/d。蛋白质占全天总能量的12%～20%，或按1.0～1.5g/（kg·d）计算，如有肾功能不全时，应限制蛋白质摄入，可根据肾功能损害的程度来确定，一般占全天总能量的10%以下或按0.5～0.8g/（kg·d）计算。增加膳食

纤维丰富的食物，膳食纤维摄入总量应该在20g以上。

（4）计算主食、副食、油脂用量。

（5）确定餐次分配比例和粗配食谱：通常根据糖尿病患者饮食习惯、血糖和尿糖波动情况、服降糖药或注射胰岛素时间及病情是否稳定等来确定其分配比例。应尽量少食多餐，定时定量。常用的一日能量分配比例为早餐25%、午餐40%、晚餐35%；或早餐20%、午餐40%、晚餐30%、睡前加餐10%；或早餐20%、上午加餐10%、午餐20%、下午加餐10%、晚餐30%、睡前加餐10%。以计算出来的主食、副食用量为基础，粗配食谱。

（6）调整食谱：根据粗配食谱中选用食物用量，计算该食谱营养成分，与食用者的营养素供给量进行比较，如果不在80%～100%之间，则应该进行调整，直至符合要求。

（7）编制一周食谱：一日食谱确定后，可根据饮食习惯、市场供应情况等因素在同一类食物中更换品种和烹调方法，编排一周食谱。各种食物所含营养素量的计算应参照食物成分表。

3. 实例　糖尿病患者李某，女性，48岁，身高165cm，体重58kg，轻体力劳动。血糖和尿糖均高，血脂正常，无临床期糖尿病肾病。

其某一日食谱为：

早餐：馒头，无糖牛奶，洋葱拌木耳——富强粉100g、牛奶250g、洋葱100g、木耳25g、芝麻酱3g。

午餐：米饭，肉片炒油菜——粳米100g、瘦肉75g、油菜200g、豆油10g、盐3g。

晚餐：米饭，烧豆腐，蘑菇菠菜汤——粳米100g、豆腐150g、蘑菇100g、菠菜100g、豆油15g、盐5g。

计算全日总热量和三大产热营养素：

（1）计算标准体重

标准体重(kg)＝165－105＝60(kg)（实际体重－标准体重)/标准体重×100%＝3.33%

或BMI＝体重（kg)/[身高（m)]^2＝58/(1.65)^2＝21.30，属于正常体重。

（2）计算全日能量和三大产热营养素供给量

全日能量供给量＝标准体重（kg)×成人糖尿病患者能量供给量［kcal/（kg·d)］（表15－1)，患者属于轻体力强度。

该患者全日能量供给量＝60×30＝1800(kcal/d)。

因该患者血糖和尿糖均高，本例中碳水化合物、蛋白质、脂肪供能比例按55%、18%、27%计算。

碳水化合物供给量＝1800×55%÷4＝247.5（g)。

蛋白质供给量＝1800×18%÷4＝81（g)。

脂肪供给量＝1800×27%÷9＝54（g)。

（3）营养成分计算法：以计算出来的主食、副食用量为基础，粗配食谱；调整食谱；编制一周食谱。

（4）根据该患者的实际情况，对其食谱进行评价。

表 15－2　一日营养摄取量计算表

餐次	食物名称	重量 g	蛋白质 g	脂肪 g	碳水化合物 g	能量 kcal	粗纤维 mg	钙 mg	铁 mg	磷 mg	维生素A mg	胡萝卜素 mg	硫胺素 mg	核黄素 mg	维生素PP mg	抗坏血酸 mg
早餐																
—																
午餐																
—																
晚餐																
—																

表 15－3　能量来源分配

营养素	摄入量（g）	能量（kcal）	百分比（%）
蛋白质			
脂肪			
碳水化合物			
合计			

表 15－4　三餐能量分配

餐别	摄入量（g）	能量（kcal）	百分比（%）
早餐			
午餐			
晚餐			
合计			

表 15-5　食物成分表

类别	名称	食部(%)	蛋白质(g)	脂肪(g)	碳水化合物(g)	能量(kcal)	粗纤维(mg)	钙(mg)	铁(mg)	磷(mg)	胡萝卜素(mg)	硫胺素(mg)	核黄素(mg)	维生素PP(mg)	抗坏血酸(mg)
粮食类	稻米	100	7.4	0.8	77.9	346	0.7	13	2.3	110	0.00	0.11	0.05	1.9	—
	粳米	100	8.0	0.6	77.7	347	0.4	3	0.4	99	0.00	0.22	0.05	2.6	—
	标准粉	100	11.2	1.5	73.6	344	2.1	31	3.5	188	0.00	0.28	0.08	2.0	—
	富强粉	100	10.3	1.1	75.2	350	0.6	27	2.7	114	0.00	0.17	0.06	2.0	—
	小米	100	9.0	3.1	75.1	358	1.6	41	5.1	229	0.10	0.33	0.10	1.5	—
	玉米面	100	8.1	3.3	75.2	341	5.6	22	3.2	196	0.04	0.26	0.09	2.3	—
	甜薯	90	1.1	0.2	24.7	99	1.6	23	0.5	39	0.75	0.04	0.04	0.6	26
豆及豆制品类	黄豆	100	35.0	16.0	34.2	359	15.5	191	8.2	465	0.22	0.41	0.20	2.1	—
	绿豆	100	21.6	0.8	62.0	316	6.4	81	6.5	337	0.13	0.25	0.11	2.0	—
	赤小豆	100	20.2	0.6	63.4	309	7.7	74	7.4	305	0.08	0.16	0.11	2.0	—
	黄豆芽	100	4.5	1.6	4.5	44	1.5	21	0.9	74	0.03	0.04	0.07	0.6	8
	绿豆芽	100	2.1	0.1	2.9	18	0.8	37	0.6	37	0.02	0.05	0.06	0.5	6
	豆浆	100	1.8	0.7	1.1	14	1.1	10	0.5	30	0.09	0.02	0.02	0.1	—
	豆腐	100	8.1	3.7	4.2	81	0.4	164	1.9	119	—	0.04	0.03	0.2	—
	豆腐干	100	16.2	3.6	11.5	140	0.8	308	4.9	273	—	0.03	0.07	0.3	—
	粉条	100	0.5	0.1	84.2	337	0.6	35	5.2	23	—	0.01	…	0.1	—
鲜豆类	毛豆	53	13.1	5.0	10.5	123	4.0	135	3.5	188	0.13	0.15	0.07	1.4	27
	蚕豆	31	8.8	0.4	19.5	104	3.1	16	3.5	200	0.31	0.37	0.10	1.5	16
	豆角	96	2.5	0.2	6.7	30	2.1	29	1.5	55	0.20	0.05	0.07	0.9	18
根茎类	马铃薯	94	2.0	0.2	17.2	76	0.7	8	0.8	40	0.03	0.08	0.04	1.1	27
	芋头	84	2.2	0.2	18.1	79	1.0	36	1.0	55	0.16	0.06	0.05	0.7	6
	白萝卜	95	0.9	0.1	5.0	21	1.0	36	0.5	26	0.02	0.02	0.03	0.3	21
	青萝卜	95	1.3	0.2	6.8	31	0.8	40	0.8	34	0.06	0.04	0.06	—	14
	胡萝卜	96	1	0.2	8.8	37	1.1	32	1	27	4.13	0.04	0.03	0.6	13
	洋葱	90	1.1	0.2	9	39	0.9	24	0.6	39	0.02	0.03	0.03	0.3	8
	藕	88	1.9	0.2	16.4	70	1.2	39	1.4	58	0.02	0.09	0.03	0.3	44
蔬菜类	大白菜	87	1.5	0.1	3.2	17	0.8	50	0.7	31	0.12	0.04	0.05	0.6	31
	油菜	87	1.8	0.5	3.8	23	1.1	108	1.2	39	0.62	0.04	0.11	0.7	36
	卷心菜	86	1.5	0.2	4.6	22	1	49	0.6	124	0.07	0.03	0.03	0.4	40
	菠菜	89	2.6	0.3	4.5	24	1.7	66	2.9	47	2.92	0.04	0.11	0.6	32
	韭菜	90	2.4	0.4	4.6	26	1.4	42	1.6	38	1.41	0.02	0.09	0.8	24
	芹菜	66	0.8	0.1	3.9	14	1.4	48	0.8	50	0.06	0.01	0.08	0.4	12
	菜花	82	2.1	0.2	4.6	24	1.2	23	1.1	47	0.03	0.03	0.03	0.6	61

续表

类别	名称	食部(%)	蛋白质(g)	脂肪(g)	碳水化合物(g)	能量(kcal)	粗纤维(mg)	钙(mg)	铁(mg)	磷(mg)	胡萝卜素(mg)	硫胺素(mg)	核黄素(mg)	维生素PP(mg)	抗坏血酸(mg)
瓜果类	西红柿	97	0.9	0.2	4	19	0.5	10	0.4	23	0.55	0.03	0.03	0.6	19
	茄子	93	1.1	0.2	4.9	21	1.3	24	0.5	23	0.05	0.02	0.04	0.6	5
	冬瓜	84	1.4	0.3	5.8	23	2.1	15	0.7	33	0.34	0.03	0.04	0.5	62
	青椒	80	0.4	0.2	2.6	11	0.7	19	0.2	12	0.08	0.01	0.01	0.3	18
	黄瓜	92	0.8	0.2	2.9	15	0.5	24	0.5	24	0.09	0.02	0.03	0.2	9
	南瓜	85	0.7	0.1	5.3	22	0.8	16	0.4	24	0.89	0.03	0.04	0.4	8
	西瓜	56	0.6	0.1	5.8	25	0.3	8	0.3	9	0.45	0.02	0.04	0.2	6
鲜果及干果类	柑橘	77	0.7	0.2	11.9	51	0.4	35	0.2	18	0.89	0.08	0.04	0.4	28
	苹果	76	0.2	0.2	13.5	52	1.2	4	0.6	12	0.02	0.06	0.02	0.2	4
	葡萄	86	0.5	0.2	10.3	43	0.4	5	0.4	13	0.05	0.04	0.02	0.2	25
	桃	86	0.9	0.1	12.2	48	1.3	6	0.8	20	0.02	0.01	0.03	0.7	7
	柿	87	0.4	0.1	18.5	71	1.4	9	0.2	23	0.12	0.02	0.02	0.3	30
	杏	91	0.9	0.1	9.3	36	1.3	14	0.6	15	0.45	0.02	0.03	0.6	4
	枣(鲜)	87	1.1	0.3	30.5	122	1.9	22	1.2	23	0.24	0.06	0.09	0.9	243
	香蕉	59	1.4	0.2	22	91	1.2	7	0.4	28	0.06	0.02	0.04	0.7	8
	菠萝	68	0.5	0.1	10.8	41	1.3	12	0.6	9	0.02	0.04	0.02	0.2	18
	红枣(干)	80	3.2	0.5	67.8	264	6.2	64	2.3	51	0.01	0.06	0.16	0.9	14
	西瓜子(炒)	43	32.7	44.8	14.2	573	4.5	28	8.2	765	—	0.04	0.08	3.4	—
菌藻类	葵花子(炒)	52	22.6	52.8	17.3	616	4.8	72	6.1	564	0.03	0.43	0.26	4.8	—
	蘑菇(鲜)	99	2.7	0.1	4.1	20	2.1	6	1.2	94	0.01	0.08	0.35	4	2
	香菇(干)	95	20	1.2	61.7	211	31.6	83	10.5	258	0.02	0.19	1.26	20.5	5
	海带	100	1.2	0.1	2.1	12	0.5	46	0.9	22	—	0.02	0.15	1.3	—
	紫菜	100	26.7	1.1	44.1	207	21.6	264	54.9	350	1.37	0.27	1.02	7.3	2
类别	名称	食部(%)	蛋白质(g)	脂肪(g)	碳水化合物(g)	能量(kcal)	粗纤维(mg)	钙(mg)	铁(mg)	磷(mg)	维生素A(μgRE)	硫胺素(mg)	核黄素(mg)	维生素PP(mg)	抗坏血酸(mg)
肉及禽类	肥瘦猪肉	100	13.2	37	2.4	395	—	6	1.6	162	—	0.22	0.22	3.5	—
	猪肝	99	19.3	3.5	5	129	—	6	22.6	310	4972	0.21	0.21	15	20
	猪肾	93	15.4	3.2	1.4	96	—	12	6.1	215	—	0.31	0.31	8	13
	猪血	100	12.2	0.3	0.9	55	—	4	8.7	—	—	0.03	0.03	0.3	—
	肥瘦牛肉	99	19.9	4.2	2	125	—	23	3.3	168	7	0.04	0.04	5.6	—
	肥瘦羊肉	90	19	14.1	0	203	—	6	2.3	146	22	0.05	0.05	4.5	—
	养肝	100	17.9	3.6	7.4	134	—	8	7.5	299	20 972	0.21	0.21	22.1	—
	鸡	66	19.3	9.4	1.3	167	—	9	1.4	156	48	0.05	0.05	5.6	—
	鸡肝	100	16.6	4.8	2.8	121	—	7	12	263	10 414	0.38	0.38	11.9	—
	鸭	68	15.5	19.7	0.2	240	—	6	2.2	122	52	0.08	0.08	4.2	—

续表

类别	名称	食部(%)	蛋白质(g)	脂肪(g)	碳水化合物(g)	能量(kcal)	粗纤维(mg)	钙(mg)	铁(mg)	磷(mg)	维生素A(μgRE)	硫胺素(mg)	核黄素(mg)	维生素PP(mg)	抗坏血酸(mg)
蛋类	鸡蛋	88	13.3	8.8	2.8	144	—	56	2	130	234	0.11	0.11	0.2	—
	鸭蛋	87	12.6	13	3.1	180	—	62	2.9	226	261	0.17	0.17	0.2	—
水产类	黄花鱼	66	17.7	2.5	0.8	97	—	53	0.7	174	—	0.03	0.03	1.9	—
	带鱼	76	17.7	4.9	3.1	127	—	28	1.2	191	29	0.02	0.02	2.8	—
	鲤鱼	54	17.6	4.1	0.5	109	—	50	1	204	25	0.03	0.03	2.7	—
	鲫鱼	54	17.1	2.7	3.8	108	—	79	0.3	193	17	0.04	0.04	2.5	—
	河虾	86	16.4	2.4	0	87	—	325	4	186	48	0.04	0.04	…	—
	对虾	61	18.6	0.8	2.8	93	—	62	1.5	228	15	0.01	0.01	1.7	—
乳	人乳	100	1.3	3.4	7.4	65	—	30	0.1	13	11	0.01	0.01	0.2	5
	牛乳	100	3	3.2	3.4	54	—	104	0.3	73	24	0.03	0.03	0.1	1
	羊乳	100	1.5	3.5	5.4	59	—	82	0.5	98	84	0.04	0.04	2.1	—
油脂及调味品类	猪油(炼)	100	…	99.6	0.2	897	—	—	—	—	27	0.02	0.02	…	—
	豆油	100	…	99.9	0	899	—	13	2	7	—	…	…	Tr	—
	芝麻酱	100	19.2	52.7	22.7	618	5.9	1 170	50.3	626	17	0.16	0.16	0.22	—
	白糖	100	…	…	99.9	400	…	20	0.6	8	—	…	…	…	…
	红糖	100	0.7	…	96.6	389	—	23	1.4	…	—	0.01	0.01	—	—
	芝麻油	100	…	99.7	0.2	898	—	9	2.2	4	—	…	…	Tr	—
	盐	100	—	—	—	—	0.0	62	1.6	0	—	—	—	—	—

注：1kcal×4.184＝1kJ；—表示未测定；…表示未检出；Tr 表示微量。

【实例二】食品交换份法

1. 食品交换份法简介　就是将食物按照来源、性质分成四大组八大类，同类食物在一定重量内所含的蛋白质、脂肪、碳水化合物和热量相似，不同类食物间提供的热量也是相同的（表 15－6）。每份食品交换份可产生 90kcal 热量。只要每日饮食中包括这四大组食物，即可构成平衡膳食。食品交换份法易于达到膳食平衡；便于了解和控制总热能；做到食品多样化；利于灵活掌握。常用于糖尿病患者的食谱设计。

2. 实例　李先生，司机，今年 42 岁，身高 170cm，体重 75kg，患糖尿病 1 年，病情较轻，病人拟采用单纯饮食治疗，试利用食品交换份法为其编制食谱。

利用食品交换份法制定食谱分为 6 步。

（1）计算标准体重　标准体重＝身高(cm)－105＝170－105＝65(kg)，患者目前体重 75kg，超重 15.4%；或体质指数（BMI）＝体重(kg)/[身高(m)]^2＝25.95，超重。

（2）计算每日所需总能量

总能量＝标准体重（kg）×成人糖尿病患者能量供给量［kcal/(kg · d)］（表 15－1），患者属于中等体力强度。

每日所需总能量＝65kg×30kcal/(kg · d)＝1950kcal/d。

（3）计算全天食物交换份数

交换份数＝每日所需总能量/90kcal＝22 份。

（4）查出各类食品的比例分配（表 15－7）

22 份食物其中谷薯类 15 份、蔬菜类 1 份、水果类 1 份、肉蛋类 3 份、奶类 1 份、油脂 1 份。

（5）对设计食谱进行评价和调整

根据上述计算所得的全日主食、副食交换食物份数，粗配食物。配餐时先配主食，后配蔬菜，再配荤菜及豆制品，最后计算烹调用油及调味品。对粗配食谱予以评价，发现不合理时借助食物交换表、食物成分表等工具及时予以调整，直至符合要求为止。

（6）根据最终确定的食物用量及交换单位份数，参考食物交换份表，并加入可供厨房烹调的方法，制定一日、一周或一月食谱。并可根据患者个人喜好和地域特点选择其交换食物。

下面为李先生某一日食谱，根据该患者的实际情况，对其食谱进行评价。

早餐：牛奶 200g，馒头 100g，拌菠菜 150g。

午餐：米饭 125g，炒豆芽 150g，芹菜炒肥瘦猪肉（芹菜 100g、肥瘦猪肉 25g），煎鸡蛋 50g，烹调油 5 g。

晚餐：米饭 100g，牛肉炖萝卜（牛肉 100g、萝卜 50g），豆腐干 25g，烹调油 5g。

表 15－6　食品交换四大组（八大类）内容和营养价值

组别	类别	每份重量（g）	能量（kcal）	蛋白质（g）	脂肪（g）	碳水化合物（g）
谷薯组	谷薯类	25	90	2.0	—	20.0
果蔬组	蔬菜类	500	90	5.0	-	17.0
	水果类	200	90	1.0	—	21.0
肉蛋组	大豆类	25	90	9.0	4.0	4.0
	奶类	160	90	5.0	5.0	6.0
	肉蛋类	50	90	9.0	6.0	—
油脂组	硬果类	15	90	4.0	7.0	2.0
	油脂类	10	90	—	10.0	—

表 15－7　一日食谱分配

食物种类	交换份数	食物数量（g）
蔬菜类	1	500
水果	1	200
奶类	1	160
谷薯类	15	375
肉蛋类	3	150
烹调油	1	10

表 15－8　等值谷薯类交换表

食品	重量（g）	食品	重量（g）
大米、小米、糯米、薏米	25	绿豆、红豆、芸豆、干豌豆	25
高粱米、玉米渣	25	干粉条、干莲子	25
面粉、米粉、玉米面	25	油条、油饼、苏打饼干	25
混合面	25	烧饼、烙饼、馒头	35
燕麦片、莜麦面	25	咸面包、窝头	35
荞麦面、苦荞面	25	生面条、魔芋生面条	35
各种挂面、龙须面	25	马铃薯	100
通心粉	25	湿粉条	150
鲜玉米	200		

注：每份谷薯类供蛋白质 2g，碳水化合物 20g，能量 90kcal。

表 15－9　等值蔬菜类交换表

食品	重量（g）	食品	重量（g）
大白菜、圆白菜、菠菜、油菜	500	白萝卜、青椒、茭白、冬笋	400
韭菜、茴香、圆蒿	500	倭瓜、南瓜、菜花	350
芹菜、苤蓝、莴苣笋、油菜苔	500	鲜豇豆、扁豆、洋葱、蒜苗	250
西葫芦、西红柿、冬瓜、苦瓜	500	胡萝卜	200
黄瓜、茄子、丝瓜	500	山药、荸荠、藕、凉薯	150
芥蓝菜、瓢儿菜、塌棵菜	500	慈姑、百合、芋头	100
蕹菜、苋菜、龙须菜	500	毛豆、鲜豌豆	70
绿豆芽、鲜蘑菇、水浸海带	500		

注：每份蔬菜供蛋白质 5g，碳水化合物 17g，能量 90kcal。

表 15－10　等值肉蛋类交换表

食品	重量（g）	食品	重量（g）
熟火腿、香肠	20	鸡蛋粉	15
肥瘦猪肉	25	鸡蛋（1 大个带壳）	60
熟叉烧肉、熟酱鸭、大肉肠	35	鸭、松花蛋（1 大个带壳）	60
熟酱牛肉、熟酱鸭、大肉肠	35	鹌鹑蛋（6 大个带壳）	60
瘦猪、牛、羊肉	50	鸡蛋清	150
带骨排骨	50	带鱼	80
鸭肉	50	草鱼、鲤鱼、甲鱼、比目鱼	80
鹅肉	50	大黄鱼、鳝鱼、黑鲢、鲫鱼	80
兔肉	100	对虾、青虾、鱼贝	80
蟹肉、水浸鱿鱼	100	水浸海参	350

注：每份肉蛋类供蛋白质 9g，脂肪 6g，能量 80kcal。

表 15-11　等值大豆类食品交换表

食品	重量（g）	食品	重量（g）
腐竹	20	北豆腐	100
大豆	25	南豆腐（嫩豆腐）	150
大豆粉	25	豆浆	400
豆腐丝、豆腐干	50		

注：每份大豆类供蛋白质 9g，脂肪 4g，能量 90kcal。

表 15-12　等值奶类食品交换表

食品	重量（g）	食品	重量（g）
奶粉	20	牛奶	160
脱脂奶粉	25	羊奶	160
乳酪（起司）	25	无糖酸奶	130

注：每份奶类供蛋白质 5g，脂肪 5g，碳水化合物 6g，能量 80kcal。

表 15-13　等值水果类交换表

食品	重量（g）	食品	重量（g）
柿、香蕉、芒果	150	李子、杏、葡萄	200
梨、桃、苹果	200	甜橙	350
橘子、橙子、柚子、猕猴桃	200	草莓、哈密瓜	300
鲜荔枝	225	西瓜	500

注：每份水果类供蛋白质 1g，碳水化合物 21g，能量 90kcal。

表 15-14　等值油脂类食品交换表

食品	重量（g）	食品	重量（g）
花生油、香油（1 汤匙）	10	猪油	10
玉米油、菜籽油（1 汤匙）	10	牛油	10
豆油	10	羊油	10
红花油（1 汤匙）	10	黄油	10

注：每份油脂类供脂肪 10g，能量 90kcal。

思考题

患者，王先生，男，59 岁，身高 168cm，体重 75kg，退休前为公务员，生活作息规律，每天早晨喝 200g 牛奶，晚餐吃一个梨（约 200g）。退休后业余生活丰富，散步、聊天、喝茶、打牌、看报纸听新闻。半年前，因身体不适，入院检查诊断为糖尿病，病情较轻，无并发症，医生建议单纯饮食控制（轻型糖尿病碳水化合物、蛋白质、脂肪的供能比例按 60%、16%、24%计算）。

1. 请确定患者全天能量及三大产能营养素需要量。

2. 根据上述资料，采用食物交换法为患者编制一日食谱。

（祝丽玲）

实习十六　大学生膳食调查与评价

【实习目的】

1. 掌握膳食调查的目的、内容和方法。

2. 熟悉膳食计算的主要步骤、评价的主要内容，并提出膳食改进意见。

3. 了解食谱计算的常用工具——食物成分表。

【实习知识点】

1. 膳食调查　是营养评价的基本组成部分，借助于掌握就餐人数、进食种类和数量，利用食物成分表计算每人每日从膳食中摄入的营养素和能量的量，并与中国居民每日膳食营养素参考摄入量比较，以评价个体或群体的膳食数量和质量。膳食调查方法主要有以下五种方法。

(1) 称重法：是对某一膳食单位所消耗的全部食物分别称重的方法。此法可应用于集体食堂、家庭和个人的膳食调查。方法是将被调查单位一日中每餐各种食物所消耗的数量在烹调前的生重、烹调后的熟重以及吃剩的重量，都加以称量记录。并统计用膳人数，算出每人每日所摄取的各种食物消耗量，然后按食物成分表算出每人每日各种营养素的数量。调查时间为 3～7d，结果比较准确。

(2) 记账法：对建有伙食账目的集体食堂，可查阅过去一定时期食堂的食品消费总量，并根据同一时期的就餐人数，粗略计算每人每日对各种食品的摄入量，再按照食物成分表计算出这些食物所提供营养素和能量的数量。

(3) 回顾法：此法由受试者尽可能准确地回顾调查前一段时间，如前一日至数日的食物消耗量。询问调查前一天的食物消耗情况，称为 24 小时回顾法。在实际工作中，一般选用 3 天连续调查方法。

(4) 化学分析法：是将调查对象一日内的全部熟食收集齐全，在实验室中进行化学分析，测定其中营养素含量和能量的方法，该法手续复杂，除需要精确测定外，一般不用此法。

(5) 食物频率法：是估计被调查者在指定的一段时期内食用某些食物频率的一种方法，该方法以问卷形式进行膳食调查。

2. 膳食计算　利用膳食调查重要计算工具——食物成分表来计算调查对象每天通过膳食实际获取的热量和营养素的数量和质量，并与中国营养学会制订的中国居民膳食营养素参考摄入量（DRIs）和膳食指南相比较。尽量查阅本地或相邻地区的《食物成分表》，一律按可食部分计算。

3. 膳食评价　根据膳食的优缺点，提出膳食改进意见。但膳食调查结果应结合人体测量、生化检查及临床体征来综合判断，有时还要结合当地经济、习俗，不能孤立来下结论。进行膳食评价应包括以下几个方面内容：

(1) 热量和营养素摄入情况的评价：膳食热量和营养素的实际摄人量与推荐摄入量（RNI）的比较并不是要求达到 100%。例如，热量与 RNI 比较时，≥90%即认为正常，＜80%才可认为不足；蛋白质则是＞80%为正常，＜70%为不足；其他营养素≥80%是正常，<60%才认为严重不足。

（2）三餐热量分配，一日热量来源分配情况评价：三餐热量分配最常见的比例是30%、40%、30%；蛋白质、脂肪、碳水化合物的热量来源分配分别是10%～15%、20%～30%、55%～65%。

（3）蛋白质、脂肪来源情况：一般要求动物性和大豆类蛋白质至少占蛋白质摄入总量的1/3，最好达到1/2；脂肪来源于动物性食物的比例不能太高。

（4）铁的食物来源、钙磷比例进行分析：铁的来源如果是植物性食物为主、钙磷比例如果不合适，铁和钙的摄入量即使足够，其吸收利用均不会太理想。

（5）最好结合烹调、饮食习惯等来评价该膳食并提出改进建议。

【实例】

根据人们的生理特点和劳动强度要求，计算每人每日一昼夜的热量和营养需要量，然后计算一日食谱并根据需要量进行评价。

1. 一昼夜热量计算　人体的能量消耗主要用于维持基础代谢、体力活动和食物热效应三方面的需要，以保持健康的体质和良好的工作效率。

（1）基础代谢：是指维持生命的最低能量消耗。基础代谢率通常以kcal/（m^2·h）来表示。根据机体的身高和体重，再按照年龄和性别（表16－1），查出该人每小时每平方米体表面积的耗热量，然后乘以该人的体表面积和24小时，最后，减去8小时睡眠时间所节省的热量（熟睡时的代谢率低于基础代谢率的8%～10%，此处以10%计）。体表面积算式如下：体表面积(m^2)＝0.00659×身高(cm)＋0.0126×体重(kg)－0.1603。

（2）各种活动及工作所消耗的热量：按照一昼夜各种活动内容，计算每千克体重每小时或每分钟消耗的热量，然后总计出全日活动消耗的热量（表16－2）。

（3）食物特殊动力作用的耗热量：食物特殊动力作用相当于基础代谢的10%～15%，此处用10%计。

2. 营养素需要量的计算

（1）蛋白质、脂肪和碳水化合物计算：计算出总热能后，再按照合理的热能分配分别计算出蛋白质、脂肪和碳水化合物的发热量，最后计算蛋白质、脂肪和碳水化合物的克数。一般情况下，我国居民膳食中蛋白质、脂肪和碳水化合物的热能分配为：蛋白质10%～15%（以14%计）、脂肪20%～30%（以21%计）、碳水化合物60%～70%（以65%计）。

（2）维生素和无机盐的计算：维生素和无机盐可按年龄、性别及劳动强度参照“每人每日营养素供给量”计算。

某大学男生20岁，65kg，身高172cm，一昼夜活动情况见表16－3。

1. 求该生所需总热量

（1）基础代谢需要量：我国学者1984年提出一个较适合中国人的体表面积计算公式：体表面积(m^2)＝0.00659×身高(cm)＋0.0126×体重(kg)－0.1603＝1.79(m^2)

查表16－1，计算每小时1.79m^2体表面积的需热量为1.79×41.43＝74.16kcal

24小时需热量为：74.16×24＝1780kcal

8小时睡眠节省的热量为：8×10%×74.16＝59kcal

基础代谢需热量为1780－59＝1721kcal

（2）食物特殊动力作用的耗热量：1721×10%＝172.1kcal

（3）求该男生一昼夜各种活动的热能消耗量：24小时每千克体重耗热量为10.79kcal

65kg 体重一昼夜各种活动共消耗热量：10.79×65=701kcal

将以上三项总计：1721+172+701=2594kcal。

2. 求蛋白质、脂肪、碳水化合物的需要量

蛋白质=2594×14%÷4=90g

脂肪=2594×21%÷9=61g

碳水化合物=2594×65%÷4=422g

3. 维生素和无机盐的需要量：参照中国居民膳食摄入量标准，维生素 B_1 1.4mg/d，维生素 B_2 1.4mg/d，维生素 A 800μg，维生素 C 100mg/d，钙 800mg/d，铁 15mg/d。

表 16-1 各年龄组每小时每平方米表面积所需热量

年龄	男子（kcal）	年龄	女子（kcal）
15	45.30	15	31～37.8
16	44.70	16	31～36.1
17	43.90	17	31～34.8
18	43.25	18～19	36.74
19	42.43	20～24	36.18
20～21	41.43	25～44	35.70
22～23	40.82	45～49	34.94
24～27	40.24	50～54	33.96
28～29	39.85	55～59	33.18
30～34	39.34	60～64	32.61
35～39	38.68	65～69	32.30
40～44	38.00		
45～49	37.37		
50～54	36.37		
55～59	36.10		
60～64	35.48		

表 16-2 各种工作每小时所需热量（基础代谢及食物特殊动力作用除外）

活　动	kcal/（kg·h）	kcal/（kg·min）	活　动	kcal/（kg·h）	kcal/（kg·min）
骑车（快）	7.6	0.1267	体操	3.1	0.0516
骑车（慢）	2.5	0.0417	游泳	7.9	0.1317
跳舞	3.8	0.0633	跑步	7.0	0.1167
打乒乓球	4.4	0.0733	走路（缓）	2.0	0.0333
骑马（慢）	1.4	0.0230	走路（快）	3.4	0.0567
骑马（快）	4.3	0.0717	走路（极快）	8.3	0.1383
骑马（奔）	6.7	0.1117	唱歌	0.8	0.0134
滑冰	3.5	0.0583	个人卫生	1.3	0.0217

续表

活　动	kcal/（kg·h）	kcal/（kg·min）	活　动	kcal/（kg·h）	kcal/（kg·min）
洗碗碟	1.0	0.0617	站立	0.6	0.1000
脱穿衣	0.7	0.0117	扫地（轻）	1.4	0.0234
吃饭	0.4	0.0067	扫地（重）	1.7	0.0283
睡醒静卧	0.1	0.0017	洗衣服	1.3	0.0217
缝衣	0.9	0.0150	洗地	1.2	0.2000
高声读书	0.4	0.0067	听课	0.4	0.0067
看书	0.32	0.0054	打字	1.0	0.0167
写字	0.4	0.0067	实验室工作	1.0	0.0167
闲谈	0.36	0.0060			

表 16-3　大学男生一昼夜各种活动能量消耗

活动内容	时间（h）	kcal/（kg·h）	各种活动消耗能量 kcal/kg
睡眠	8	0	0
穿衣脱衣	1/2	0.7	1/2×0.7=0.35
睡醒静卧	1/2	0.10	1/2×0.1=0.05
个人卫生	1/2	1.3	1/2×1.3=0.65
听课	4	0.4	4×0.4=1.6
实验室工作	2	1.0	2×1.0=2.0
看书	5/2	0.32	2.5×0.32=0.8
吃饭	3/2	0.4	1.5×0.4=0.6
打球	1/2	4.4	1/2×4.4=2.2
走路（慢）	1/2	2.0	1/2×2.0=1.0
打字	1	1.0	1×1.0=1.0
闲谈	3/2	0.36	3/2×0.36=0.54
合计			10.79

4. 食谱计算与评价

某一日食谱计算与评价（食物量均为可食部分）

早餐：大米粥——粳米50g；馒头——100g；炒千张——千张50g；盐2g；小葱2g；植物油20g。

午餐：大米饭——粳米200g；

猪肉炒芹菜——猪肉50g、芹菜250g、酱油10g、植物油18g、盐2g。

晚餐：大米饭：粳米150g；

菠菜豆腐汤：菠菜250g、豆腐100g、虾米皮10g、酱油5g、盐3g。

现将该日食谱中营养素供给量计算如下：

(1) 食谱评价

1) 热量摄入量：全日膳食摄入总热量（2436kcal）与所需热量（2594kcal）相比，摄入热量略低于所需量（表 16－4）。

表 16－4　某男大学生一日食谱中热能和各类营养摄入量情况

食物名称	摄入量 (g)	蛋白质 (g)	脂肪 (g)	碳水化合物 (g)	热量 (kcal)	VA (μgRE)	VB_2 (mg)	Ca (mg)	Fe (mg)
大米	50	3.85	0.30	38.40		—	0.04	5.5	0.55
馒头	100	7.8	1.10	48.30		—	0.07	18.0	1.90
千张	50	12.70	8.00	3.25		0.34	0.02	31.0	2.40
盐	2	—	—	—		—	—	—	—
小葱	2	0.02	—	0.18		14.00	—	0.5	0.01
植物油	20	—	19.90	—		0.8	—	—	—
早餐小计	224	24.37	29.30	90.13		14.42	0.13	55.0	4.86
大米	200	15.4	1.2	153.6		—	0.16	22.0	2.20
猪肉	50	10.15	3.10	0.75		22.00	0.05	1.50	1.50
芹菜	250	5.50	0.75	12.50		275.00	0.10	400	3.00
酱油	10	0.78	—	1.49		—	0.00	0.3	—
植物油	18	—	16.05	—		0.72	—	—	—
盐	2	—	—	—		—	—	—	—
午餐小计	530	35.62	21.72	168.34		297.72	0.31	423.8	6.70
大米	150	11.55	0.90	115.2		—	0.12	16.5	1.65
菠菜	250	5.30	1.75	6.50		1217	0.24	192.5	5.30
豆腐	100	8.50	4.80	6.5		0	0.05	140.0	2.00
虾米皮	10	3.40	0.23	0.27		0.14	—	138.0	0.60
酱油	5	0.39	—	0.75		0	—	0.15	0.10
盐	3	—	—	—		—	—	—	—
晚餐小计	518	29.14	7.68	129.22		1217.14	0.41	486.65	9.65
总计	1272	89.13	58.70	387.69	2436	1529.14	0.85	965.45	21.21
占 RNI(%)	—		—	—	90.2	191.1	61	121	141

注：由于篇幅限制，未列出所有营养素

2) 热量来源（表 16－5）：三大产能营养素的供能比均在推荐范围内，故认为合理。

表 16－5　某大学生一日膳食热量三大营养素来源分配情况

营养素	摄入量（g）	产热量（kcal）	占总热量（%）
蛋白质	89.13	356.52	14.6
脂肪	58.70	528.30	21.7
碳水化合物	387.69	1550.76	63.7
总计	—	2435.58	100.0

3）一日三餐热量分配（表16－6）可见，三餐热能分配，早餐、中餐、晚餐能量分配接近3：4：3，故认为合理。

表16－6　一日三餐热量分配情况

餐别	热量（kcal）	占总热量（%）
早餐	721.7	29.6
中餐	1011.3	41.5
晚餐	702.6	28.9
总计	2435.6	100.0

4）一日膳食蛋白质来源情况（表16－7）：蛋白质广泛存在于动物性和植物性食物中，动物性蛋白质质量好，植物性蛋白质中以大豆及其制品富含优质蛋白质，其余植物性蛋白质利用率较低。一般，优质蛋白质应占总蛋白质摄入量的1/3以上，表16－7表明，动物蛋白加大豆蛋白占总蛋白摄入量的39%，故基本符合要求。

表16－7　一日膳食蛋白质的食物来源情况

食物种类	摄入量（g）	占总摄入量（%）
动物性食物	13.55	15.2
大豆及其制品	21.20	23.8
其他植物性食物	54.38	61.0
总计	89.13	100.0

5）无机盐和维生素的摄人情况：仅从数据看，除核黄素外，均能满足需要（表16－4）。但Ca、Fe也要考虑食物来源。由表16－8可看出，动物性来源的铁只占9.91%，明显偏低。

表16－8　一日膳食铁的食物来源情况

食物来源	摄入量（g）	占总摄入量（%）
动物性食物	2.10	9.91
植物性食物	19.11	90.09
总计	21.21	100.00

（2）食谱改进建议：根据以上评价，该生总能量摄入充足，蛋白质、脂肪、碳水化合物三大产能营养素摄入比例适宜，三餐热量分配合理。但核黄素摄入量低于要求，铁的动物性来源比例偏低，故提出以下建议：在午餐加一份炒猪肝（表16－9）。

表16－9　食谱改进情况

餐次	食品	重量（g）	蛋白质（g）	脂肪（g）	碳水化合物（g）	热量（kcal）	Fe（mg）	$VitB_2$（mg）
午餐	猪肝	50	9.65	1.75	2.5	64.5	11.3	1.04
调整后总计		1142	98.78	60.45	390.19	2500	32.51	1.89
占RNI（%）		—	—	—	—	104%	217%	135%

食谱做了改进后，热能和营养摄入情况如下：总热量为2500kcal；蛋白质、脂肪和碳水化合物摄入量分别是99g、60g、390g；核黄素摄入量为1.89mg，动物性来源的铁所占比例为41%，经过食谱改进，其各营养素摄入量能够更好地满足该生的需要

【案例一】大学生膳食调查与评价

某女大学生，21岁，身高160cm，体重50kg，轻体力劳动，身体健康。

表16-10 大学女生一昼夜各种活动能量消耗

活动内容	时间（h）	kcal（kg·h）	各种活动消耗能量kcal/ kg
睡眠	8		
脱穿衣	1/2		
听课学习	4		
实验室工作	3		
看书	3		
写字	3/4		
吃饭	1		
个人卫生	1/2		
走路（快）	1/2		
闲谈	1/2		
跳舞	1		
唱歌	1/4		
洗衣	1		
合计	24		10.79

根据以上所给数据，请你计算其一日热能及各种营养素的需要量。

一日膳食调查：

早餐：馒头100g，酸奶220ml。

午餐：米饭——粳米150g；芹菜炒肉丝——猪（瘦）肉50g，芹菜200g，豆油10g，食盐2g。

晚餐：二米粥——粳米25g，小米25g；馒头100g；肉末白菜炖豆腐——猪（瘦）肉25g、豆腐100g、白菜200g、豆油5g、酱油4g、食盐4g。

根据该膳食各食物品种的数量，结合《食物成分表》，计算该生一日膳食中的热能和各种营养素的摄入量水平，完成表16-11至表16-15内容，并对该食谱进行科学的评价，给出相应食谱改进建议。

表 16－11　某女大学生一日膳食热能和营养素摄取量及其与 RNI/AI 的比较

食物名称	重量（g）	蛋白质（g）	脂肪（g）	碳水化合物（g）	热量（kcal）	粗纤维（g）	钙（mg）	铁（mg）	VA（μgRE）	VB_1（mg）	VB_2（mg）	VC（mg）
早餐					—							
					—							
小计												
午餐					—							
					—							
小计												
晚餐					—							
					—							
小计												
总计												
RNI%	—	—	—	—								

表 16－12　某女大学生一日三餐热量分配情况

餐别	热量（kcal）	占总热量（%）
早餐		
中餐		
晚餐		
总计		

表 16－13　某女大学生一日膳食热量三大营养素来源分配情况

营养素	摄入量（g）	产热量（kcal）	占总热量（%）
蛋白质			
脂肪			
碳水化合物			
总计	—		

表 16-14　某女大学生一日膳食蛋白质食物来源

食物种类	摄入量（g）	占总摄入量（%）
动物性食物		
大豆及其制品		
其他植物性食物		
总计		

表 16-15　食谱改进情况

餐次	食品	重量（g）
占 RNI（%）		

食谱改进评语：①各种营养素的摄入量有否达到供给量标准。②三大营养素的供热比是否合适。③蛋白质的来源比是否合理。④全天热能分配是否适宜。⑤建议。

附表 1　食物成分表（每 100g 食部含量）

食物名称	食部（%）	蛋白质（g）	脂肪（g）	碳水化合物（g）	热量（kcal）	粗纤维（g）	钙（mg）	铁（mg）	VA（μgRE）	VB_1（mg）	VB_2（mg）	VC（mg）
小麦粉	100	10.3	1.1	74.6	350	0.6	27	2.7	0	0.3	0.09	0
酸奶	100	2.5	2.7	9.3	72	—	118	0.4	26	0.03	0.15	0
粳米	100	7.7	0.6	76.8	343	0.6	11	1.1	—	0.16	0.08	—
猪肉(瘦)	100	20.3	6.2	1.5	143	0	6	3.0	44	0.54	0.1	—
水芹菜	60	1.4	0.2	1.3	13	0.9	38	6.9	63	0.01	0.19	0
豆油	100	—	99.8	—	899	—	13	2	—	—	—	—
食盐	100	—	—	—	—	—	22	1	—	—	—	—
小米	100	9	11.6	73.5	358	1.6	41	5.1	17	0.33	0.1	0
豆腐	100	8.1	3.7	3.8	81	0.4	164	1.9	—	0.04	0.03	0
大白菜	92	1.7	0.2	3.1	21	0.6	69	0.5	42	0.06	0.07	47
酱油	100	5.6	0.1	9.9	63	0.2	66	8.6	—	0.05	0.13	—

注：1. 数据取自《中国食物成分表（2012）》；

2. “食部%”该数据表示，从市场购买的食物原材料中实际上可以食用的比例；

3. 本表中数据，均为 100g 可食部分的营养成分含量。食谱配方中的食物重量全部可食部分的量。

【案例二】学校食堂膳食调查与评价

用记账法对某卫生学校食堂进行五天的膳食调查并作营养素计算。该食堂就餐学生 240 人，年龄 20～22 岁，女性，五天内共消耗籼米 600kg，青菜（小白菜）400kg，猪肉 46kg，毛豆 140kg，鸡蛋 6kg，南瓜 200kg，冬瓜 304kg，茄子 200kg，盐 20kg，酱油 5kg，植物油

7.5kg，试计算每人每日各种营养素的摄取量并作出初步评价。

一、计算步骤

1. 根据总共消耗各种生食品重量，算出每人每日平均消耗的各项生食品重量（g）。如小白菜：400kg÷240÷5×500=333.3g。

2. 按可食部分算出平均每人每日吃进的各项食品量（净重克数）。如小白菜的可食部分为81%，即333.3g×81%=270g。

3. 按食物成分表算出各项食物所含的各种营养素的量。如求270g小白菜中含蛋白质的量，查食物成分表中100g小白菜含蛋白质1.5g，故设270g中含蛋白质量为X g，则X=1.5×270÷100=4.1g，同理，计算270g小白菜中所含的其他营养素的量。计算结果填入表16-16。

4. 计算平均每人每日三大营养素供热比、蛋白质来源比，将结果填入表16-17、表16-18。

二、结果

表16-16 大学生平均每人每日膳食热能和营养素摄取量及其与RNI/AI的比较

食物名称	重量(g)	蛋白质(g)	脂肪(g)	碳水化合物(g)	热量(kcal)	粗纤维(g)	钙(mg)	铁(mg)	VA(μgRE)	VB_1(mg)	VB_2(mg)	VC(mg)
总计												
RNI%	—	—	—	—								

表16-17 大学生一日膳食热量三大营养素来源分配情况

营养素	摄入量（g）	产热量（kcal）	占总热量（%）
蛋白质			
脂肪			
碳水化合物			
总计			

表16-18 大学生一日膳食蛋白质食物来源

食物种类	摄入量（g）	占总摄入量（%）
动物性食物		
大豆及其制品		
其他植物性食物		
总计		

思考题

1. 通过膳食计算，该校学生膳食中哪些营养素摄入不足?

2. 三大营养素的供热比、蛋白质来源比是否合理?

3. 针对该食堂膳食特点，请你提出改进意见。

（张　强）

实习十七　突发公共卫生事件分析

【实习目的】

1. 掌握：突发公共卫生事件内涵、主要特征、突发公共卫生事件调查方法和应急反应机制。

2. 熟悉：熟悉突发公共卫生事件流行病学研究的意义。

【实习知识点】

1. 突发公共卫生事件的主要特征：突发性、时间分布各异、地点分布各异、群体性、社会危害严重、应急处理的综合性。

2. 突发公共卫生事件调查方法：①一般步骤；②暴发调查。

案例讨论

【案例一】

2009年8月11日，某医科大学附属医院小儿外科收治一名9岁女童A（左锁骨血管瘤术后复发），该患儿于8月7日起出现咳嗽、咳痰，体温不详。8月11日，随其父亲B和祖父C从外地乘火车入住该医院，当晚由其祖父C陪护。8月12—13日由B陪护，期间父女均有间歇性咳嗽，自觉有发热。陪护期间B有到病区灌肠室，冲调牛奶史。8月14日，同病房32床和35床2位陪护开始发热。因A发热不宜手术，于是出院。17日A、B经检测确诊，C也有流感样症状但未采样检测。病区护士L，8月11—15日值夜班。8月12日出现咽喉发痒，咳嗽症状，8月16日体温升高，其后数日内，连续出现相同症状病例，到8月17日共有病例35例。该病区患儿、陪护、医师及护士罹患率为46.2%、19.6%、26.3%和5.6%。8月16—17日，共检测25份标本，12例检出甲型H1N1流感病毒核酸阳性，甲型和乙型季节性流感阴性。

思考题

1. 试对本起疫情特点进行分析？

2. 如果你作为该医院一名医务工作人员，发现上述情况，应该如何处理？需要做哪些工作？

3. 针对该疫情应采取哪些措施进行控制处理？

【案例二】

2001年11月1日下午2时，洛阳市某公司的东风大货车从偃师市某化工厂往洛宁金矿送氰化钠，途径洛宁县兴华乡窑子屯村段时，发生交通事故，货车从路边翻入离涧河不远的沟壑中，车上装载的11吨氰化钠顺涧河径直流入洛河。受污染的水以每秒钟3000m^{2}流量顺流而下，严重威胁着洛河沿岸数百万人民群众的生命财产安全！

思考题

1. 急性污染事件发生后的应急处理应做哪些准备？

2. 本次污染发生后当地各部门应做哪些工作？作为临床工作人员，你所在医院可能收治受影响群众，在接到该事件发生通知后，应如何准备？

【案例三】

2005 年 8 月 29 日，气温高达 34℃以上。某镇卫生院连续数天就诊病例迅速上升，就诊患者多为某镇居民，临床表现为：突然出现高热、严重腹泻、腹痛、呕吐及脱水症状。男女老少均有发生，在短短几天内医院共收治患者上千例，事态还在进一步发展，情况较为严重。

思考题

1. 如果你是该卫生院医务人员，面对这种情况，首先应该做哪些工作？

2. 根据上述情况，可以初步怀疑这是一起怎样的疫情或事件？其主要特点有哪些？

3. 作为该卫生院医务人员，如何配合上级卫生行政部门或疾病预防控制机构的现场调查控制？

【案例四】

2006 年 4 月 18 日—7 月 5 日期间入住某市医院 ICU 的患者有 126 例，其中部分患者出现以下临床表现：①咳嗽、痰黏稠，肺部出现湿啰音，并有发热或白细胞总数和（或）嗜中性粒细胞比例增高或 X 线片显示肺部有炎性浸润性病变；②慢性气道疾患患者稳定期（慢性支气管炎伴或不伴阻塞性肺气肿、哮喘、支气管扩张症）继发急性感染，并有病原学改变，或 X 线胸片显示与入院时比较有明显改变或新病变。结合病原学检验，确诊为鲍曼不动杆菌感染 8 例，其中男性 7 例，女性 1 例；年龄 40～69 岁，平均 56 岁；原发病为脑外伤 5 例，高血压并发脑出血 3 例；使用呼吸机 5 例，气管切开 1 例；患者感染部位均为下呼吸道。患者的感染时间分布：4 月 18—21 日 4 例，5 月 1 例，6 月 2 例，7 月 1 例。首例患者为 4 月 17 日由其他科室转入该 ICU，次日痰培养结果为鲍曼不动杆菌，第 2 例为与首例患者隔床的患者，于首例感染后次日痰培养结果也为鲍曼不动杆菌，第 3、4 例发生于首例感染后第 3 天，痰培养结果为鲍曼不动杆菌。

思考题

1. 试对该起疫情特点进行分析？还需要进一步做哪些调查，请列出简单的调查计划、步骤。

2. 如果你是该医院防保科或院感控制相关科室工作人员，针对本起疫情应采取哪些应对措施？

3. 为防止类似事件的发生，在医院日常管理中应加强哪些方面工作？

【案例五】广东省非典型性肺炎的暴发调查

资料一：

2003 年 1 月 2 日，GD 省卫生厅领导接到 HY 市人民医院一份请求会诊的传真函：该医院内一科收治两例重症肺部感染患者（已转省会住院治疗）后，有 8 名医护人员感染发病。据说送省会城市救治的两位患者，诊断不明，一位已死亡，另一位病情危重，正在上呼吸机维持生命。8 名肺部感染的医护人员中有 3 人比较严重，采用抗菌、抗病毒治疗措施，效果不理想。目前，肺部感染病因不明，医院会诊初步考虑军团菌、病毒性或支原体感染的可能性大，但医院实验室没有条件检测，请求卫生厅派专家前来指导诊治。

思考题

1. 作为主管部门在接到这样的报告后，首先应采取什么措施？

2. 针对这种情况，需要派哪些专家到现场指导？

资料二：

2003年1月14日晚，省疾病预防控制中心接到ZS市疾病预防控制中心的报告称：近期，该市R医院、ZH医院、B医院收治了一批以发热、肺部感染症状为主的患者。病例大部分为ZH医院同科室医务人员，病因不明。ZS市基本情况：ZS市位于广东省南部，属于珠江三角洲地区。为亚热带气候，全年平均气温为23℃。经济发达，交通便利，与国际、国内交往频繁。全市有常住人口136万，流动人口100万。

考虑到近期本省HY市也发生类似病例，为了进一步查明病因，了解流行情况，以便采取更为有效的预防与控制措施，省疾病预防控制中心决定派人到现场进行调查处理。

思考题

3. 现在如果派你去参与调查，你要准备什么？

4. 到现场后，首先要开展什么工作？你准备对哪些人进行调查？主要收集哪些方面信息资料？

资料三：

初次调查结果表明，全部患者均发热，体温高达40℃。部分患者有咳嗽、气促等症状。大部分患者表现为干咳、无痰。胸片显示：X线有改变。血常规白细胞13例正常，3例升高，9例降低，1例不详。

思考题

5. 如何确定病例定义？确定病例定义的意义？

6. 如何收集信息，搜索病例？

资料四：

截至1月18日，ZS市共发现此类患者26例，无死亡病例。其中指征病例3例，指征病例的家人（共同居住者）3例，指征病例的同事1例；探视或陪伴指征病例的亲友3例，医务人员13例，病友的陪护3例。所以病例现分别住在ZH医院和R医院，其中除探视或陪伴过患者A的亲友4人住在R医院外，其余患者A家人3人，给患者A诊治过的医务人员13人，同病区病友的陪护3人均住在ZH医院。描述病例分布如下：

时间分布：首例患者发病时间为2002年12月26日。2003年1月7日发病人数最多，共6例，具体时间分布见图17－1。

职业分布：医护人员13例，干部4例，厨工4例，退休2例，个体、散居儿童、职员各1例。其中，医护人员病例全部为ZS市ZH医院职工。

地区分布：病例分布在SQ区（18例）、D区（5例）、GK（3例）。

病例1：A××，男，30岁，2002年11月17日到ZS市某酒店工作（该酒店专营蛇、果子狸等野生动物），蒸锅厨师（ZS疾控中心调查，患者当时否认直接接触过野生动物）。他大部分时间住该酒店员工宿舍，每隔2～3天回ZS城区的家中居住一次，发病前住员工宿舍。

2002年12月26日下午自觉不适，12月27—28日及29日上午休息，29日下午回酒店工作，向部长诉说剧烈头痛，30日以后休息，2003年1月2日入住市ZH医院。与其有接触史的医护人员或同一病区的其他患者的陪护人员等共有17人发病。后经多次调查，该酒

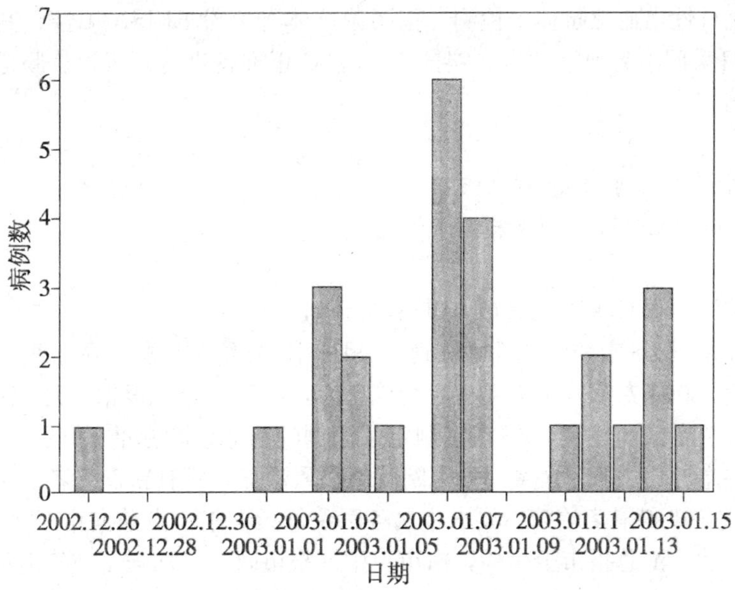

图 17－1　ZS 市不明原因疾病暴发的病例发病时间分布图

店经营果子狸、蛇、山猪等野味，患者在厨房干活，曾直接接触过果子狸等野味。

病例 2：ZH××，男，39 岁，ZS 市人。在市区某酒店中餐点心部粗加工，专门加工猪肉排骨，有制作、接触野生动物可能。1 月 1 日开始发热、咳嗽等不适，曾到 RM 医院急诊室就诊。1 月 5 日入住 ZH 医院。其后 ZH××的 2 名家人和 1 名亲戚（曾探病）也先后发病。

病例 3：CH××，女，37 岁，干部。1 月 1 日开始发热，1 月 5 日入住 ZS 市 B 医院。其公公 L××，男，65 岁，1 月 3 日发病，1 月 11 日入 B 医院；其同事 C××，女，30 岁，1 月 4 日发病，1 月 11 日入 B 医院。另外，B 医院门诊护士 W××，女，27 岁，曾经与 CH××有过接触（注射），也于 1 月 12 日发病。

思考题

7. 时间分布能否提示些什么？职业分布有无提示？如何表述人传人现象？

8. 怎样计算该病的潜伏期？计算潜伏期有什么意义？

资料五：

专业人员除调查病例外，还对病区环境进行了调查：ZS 市 ZH 医院内二科的病房是对开两排，中间是走廊，每一病房外是阳台。平时，一般医务人员对戴口罩等个人防护要求不是很严格（基本不戴口罩）。

1 月初，该市天气较冷（2～3℃），病房窗、阳台门均全部关闭，整个病区处于一个相对密闭状态。首例病例正是在 1 月 2 日入住 ZH 医院内二科。R 医院收治病房为感染科（传染科），为四合院式结构，通风条件较好，医务人员对个人防护观念较强。

实验室检查结果：ZS 市 R 医院对正在该院感染科住院治疗的相关病例，采集了咽拭子 8 份，痰 12 份，血 11 份，用血平板、EMB 平板、巧克力平板、BYCE 平板进行细菌分离培养，在 1 份痰中检出嗜麦窄食单胞菌，在血中检出 G^{+} 阳性菌，其他细菌培养正在进行中。ZH 医院采集相关患者的检材，未检出可疑致病菌。省 CDC1 月 15 日采回患者血液 17 份，进行了支原体、军团菌、流感、流行性出血热抗体检测和接种 MDCK、HEPE－2 细胞。支原体、流行性出血热抗体未检测，军团菌抗体有2份ELISA阳性，其他实验正在进行中。1月19日采回患者血液8份、咽拭子10份，正准备进行呼吸道、肠道、虫媒等相关疾病的项目检测。

思考题

9. 经过初步调查，可形成哪些假设？

10. 你认为针对上述情况，应采取什么措施？

资料六：

已采取的措施：省CDC与ZS市CDC开展调查。

市卫生局成立了ZS市防治急性呼吸道感染协调领导组和抢救协调小组，市成立专家小组（包括流行病、临床专家）每天巡视、会诊患者，医防结合。根据1月15日省CDC、广州市呼研所等有关专家的建议，ZS市已制定了病例的临床诊断标准；1月17日，还制定了治疗抢救方案。患者集中收治隔离，B医院就地隔离治疗，所有新发患者及ZH医院社区患者转移到R医院传染科隔离治疗。要求市属各医院每天下午4点前向市CDC报告当天诊治的类似患者数，然后汇总报市卫生局，由市卫生局报市政府。加强了空气消毒（包括市属各医院、患者家庭、患者所在的酒楼），严格控制院内感染。加强健康教育，与电视台联合制作宣传专辑，正确引导市民。

建议采取措施：省卫生厅尽快报请卫生部组织临床、流行病学、实验室等有关专家协助查找病因。ZS市密切监视所有相类似患者情况，及时掌握疫情发展的最新动态，每天将疫情报告省CDC。尽可能说服患者就地治疗，若确有患者要求转院的请及时通知省CDC及收治患者的医院所在地基本控制中心。省卫生厅发文要求各地市密切留意类似情况，一旦发现疫情，即刻报告。临近春节，人口流动增大，因个别患者转院治疗等，从而可能会导致该类疾病的传播进一步蔓延，应密切注意防范。对新闻媒体的报道应严格审查，以免误导群众，造成不必要的恐慌。

思考题

11. 你认为本次事件初步的调查结论是什么？

12. 当时措施尚有何不足之处？

13. 下一步该怎么办？

【案例六】

资料1：

2007年3月27日18时33分，宁夏回族自治区银川市紧急救援中心“120”指挥调度接到呼救电话诉说：“银川市兴庆区清河南街一城市下水管网内施工现场有6～8名工人在作业时，突然昏迷，请速来救治”。接警后，“120”受理员迅速下达出诊指令，急派中心站3辆急救车、6名医护赶往现场，同时调派自治区医院急救分站2辆急救车，赶往现场增援救治，并请求“119”联动救援，启动了《银川市紧急救援中心突发公共事件应急预案》。到达现场第一目击者——急救医生将事故现场情况，按照处置流程和原则，迅速报告“120”受理员逐级上报中心领导、市卫生局和市政府值班领导。

急救人员5分钟到达现场，随后到达的“119”消防人员身着防护服进入下水管网内，先后救出8名患者，初步明确“沼气吸入中毒”后；急救人员立即建立临时救治分区，进行分类检伤和病情分级，确定重度2人、中度4人、轻度2人，由现场医疗指挥员汇报急速赶到的市卫生局、安监局及市政府主要领导。

重度患者双侧瞳孔散大、呼吸心跳停止、大动脉搏动消失；中度患者表现为意识模糊、昏睡、呼吸困难及呕吐；轻度患者表现为头晕、头疼、胸闷乏力、咽痛咳嗽；医疗急救人员考虑沼气多为混合气体（甲烷、一氧化碳等多种混合气体组成）致吸入性气体中毒，使患者严重缺氧所致。分别按重、中、轻的处置原则，实施现场医疗急救。对重症患者现场气管插管后，机械通气、心肺复苏、开通静脉纠正休克等措施治疗。经抢救 1 名重度患者自主呼吸、血压及心跳恢复，另 1 名重度患者心跳恢复但仍无自主呼吸；4 名中度中毒患者给予面罩吸氧、心电监护、开放静脉纠正酸碱平衡等对症治疗；2 名轻度患者给予吸氧、开放静脉及观察病情变化等对症治疗。在现场实施救治的同时，分批将患者按重、中、轻的原则，安全将伤员转送至宁夏医科大学附属医院，进一步抢救治疗。中心调度员继续将中毒人员的院内治疗情况进行随访，随时报告各相关部门。

资料 2：

2007 年 9 月 21 日 23 时 36 分，宁夏回族自治区银川市紧急救援中心“120”指挥调度接到求救电话，诉：银川市金凤区宝湖路与亲水南街交叉路口一辆大型运输车与一辆小轿车发生相撞车祸，死伤 8 人。

23 时 37 分，“120”指挥调度室急派当班 3 辆救护车 9 名医疗急救人员，奔赴事故现场。迅速启动中心大型突发公共卫生事件应急预案，同时上报中心领导及市卫生局。并调派急救备班人员迅速到岗，处理当前的医疗急救任务。

23 时 44 分急救车辆及人员到达现场，见现场轿车严重损坏变形，车内人员伤情严重，无法抬出。给急救工作带来障碍，立即请求“119”联动救援。医疗急救人员迅速进行检伤，确定有 8 名伤员，其中 7 人因严重车祸重度颅脑损伤、胸腹联合伤致呼吸心跳停止，出现不可逆死亡表现，已失去救治意义。另有 1 名伤员为严重多发伤，处于深昏迷状态，自主呼吸浅弱，心率 150 次/分、血压 60/40 毫米汞柱。因患者下肢被卡在变形的车内无法抬出，将患者上半身平卧在急救平车上，迅速开放静脉通路、快速补液纠正休克、置口咽通气管面罩加压吸氧、颈围固定头颈部、伤处止血包扎、骨折夹板固定、动态监护各项生命体征。经过 1 小时 20 分钟消防官兵切割开轿车取出伤者，维持生命体征基本平稳后，紧急转送到宁夏医科大学附属医院 ICU，进一步救治。

思考题

1. 突发公共卫生事件发生后，有关人员应如何应对？
2. 针对上述案例，你认为政府部门应在哪些方面加强处置突发公共卫生事件建设？
3. 医务人员在应对突发公共卫生事件过程中，发挥怎样的作用？

（王嘉淇）

实习十八　医院安全管理案例讨论

【实习目的】

1. 了解医院安全管理的概念，医院安全管理的重要性；

2. 熟悉医院常见的有害因素及其来源；

3. 掌握患者安全及防范措施，医务人员安全及防范措施。

【实习知识点】

1. 医院安全管理（hospital safety management）是指通过对医院有效和科学的管理，保证医务人员在提供医疗服务和患者及其家属在接受卫生服务的过程中，不受医院内在不良因素的影响和伤害。

2. 医院常见的有害因素主要包括：医院专业因素（hospital professional factors）、医院环境因素（hospital environment factors）、医院管理因素（hospital management factors）和医院社会因素（hospital related social factors）。

3. 患者安全（patient safety）是在医疗过程中对于引起的不良结果或伤害所采取的避免、预防与改善措施。

4. 患者安全的防控措施包括：建立医疗质量保障体系、制定并严格执行各种安全相关制度、采取措施预防错误的发生、建立报告制度、提高患者接受医疗服务过程的安全性。

5. 医务人员安全的防控措施包括：医源性安全事件的防范措施和医院工作场所暴力事件的防范措施。

案例讨论

【案例一】

1994 年 1 月，传染病控制委员会接到 A 医院的医院感染报告。A 医院是一所具有 900 张床位，每年进行 15000 人次心外科手术的大型专科医院。报告中称，在 1993 年 5 月 1 日至 12 月 31 日期间，实施心脏手术（open heart surgery，OHS）后监护病房（ICU）的住院患者中，出现了 7 例特殊细菌感染的患者，在这 7 个医院感染患者胸骨切口的脓性引流液中均分离出了一种 G^+ 球菌——红球菌（Rhodococcus，R.）。

红球菌，通常生长在土壤、淡水中和牛、马、羊的粪便中。它是一种需氧菌，对人很少产生致病作用。检索既往资料中仅有一次感染人类的公开报道，在一个支气管扩张患者的痰液中分离出红球菌。以前 A 医院中，从未有过红球菌感染情况发生。表 18 - 1 列出了 1991—1993 年 A 医院心脏手术者医院感染情况。在 1991—1993 年的三年时间中，A 医院的监护病房共发生 39 例胸骨切口感染（sternal wound infections，SWIs），其中 32 例为其他细菌感染。1991 年 343 例 OHS 发生 6 例 SWIs，有 3 例由金黄色葡萄球菌引起，其余为革兰氏阴性菌引起；1992 年 5 例 SWIs 中有 3 例由金黄色葡萄球菌引起，2 例是革兰氏阴性菌引起；1993 年 21 例中有 8 例由金黄色葡萄球菌引起，5 例由假单胞菌引起，3 例由黄（单胞）

杆菌引起，1 例由龟分枝杆菌引起，其余为革兰氏阴性菌引起。A 医院 1991—1993 年非 OHS 患者中，SWIs 感染的发生率一直稳定，分别为 2/800（1991）、1/792（1992）和1/846（1993）。

思考题

1. 1993 年该院红球菌引起 SWIs 否是一个异常现现象？是否为流行？

2. 由红球菌引起 SWIs 率的增加和非红球菌引起的 SWIs 是否由机会（随机误差）引起的？

3. 结合课题背景介绍的情况，你推测引起该院这次事件最可能的原因是什么？是内源性的自身感染还是外源性的感染？

4. 如果你来调查该事件，你认为用病例-对照研究方法和历史性队列研究方法哪个合适？有什么优缺点？

表 18-1　1991—1993 年 A 医院心脏手术者医院感染情况

	1991	1992	1993
OHS 者总数	343	379	331
R. 感染者数量	0	0	7
非 R. 感染者数量	6	5	21

病例定义：1993 年 5 月 1 日—1993 年 12 月 31 日在 A 医院暴露于 OHS，有 SWIs 发生(手术部位有脓疱或切口裂开或切口部位有脓液排出)，且经培养分离出红球菌者。按上述标准有 7 人被确定为病例。对照是在 A 医院同期未由红球菌引起 SWIs 的心脏手术患者中选择。由于病例数很少，要达能够检出可信的显著性差异的要求，应增加对照组的样本数量(因为一般而言，对照组易取得。反之如病例易得到，而对照得到困难，则也可采取病例组人数多于对照组人数的方式，目的亦然)。由于可用作对照的人数较多，对照的选取可采用随机抽样的方式获得。本例最终确定了 28 个对照，加上 7 个病例共计 35 个样本（样本含量的具体计算略）。35 个样本的部分调查数据见表 18-2。

表 18-2　35 个样本的部分调查数据

编号	年龄	病例	发热	水疱	性别	癌症	用类固醇	慢支	医生 A	医生 B	护士 A	护士 B
1	66	1	N	Y	M	N	Y	Y	Y	N	Y	N
2	60	1	Y	Y	M	Y	N	Y	Y	N	Y	N
3	53	1	N	N	M	N	N	N	Y	N	Y	Y
4	56	1	N	Y	M	N	N	N	Y	Y	Y	Y
5	65	1	N	N	M	N	N	N	Y	Y	Y	N
6	57	1	N	N	M	N	N	Y	Y	N	Y	N
7	55	1	N	N	M	N	N	N	Y	N	Y	N
8	54	2	.	.	M	N	N	N	N	N	N	Y
9	62	2	.	.	M	N	N	N	N	N	N	Y
10	54	2	.	.	M	.	.	.	N	N	Y	Y
11	66	2	.	.	M	N	N	N	Y	N	Y	Y

续表

编号	年龄	病例	发热	水疱	性别	癌症	用类固醇	慢支	医生A	医生B	护士A	护士B
12	52	2	.	.	M	N	N	N	Y	N	Y	Y
13	60	2	.	.	M	N	N	N	Y	N	Y	Y
14	60	2	.	.	F	.	.	.	Y	N	Y	Y
15	65	2	.	.	M	.	.	.	Y	N	Y	Y
16	57	2	.	.	F	.	.	.	Y	N	N	N
17	56	2	.	.	M	N	N	N	Y	N	N	N
18	68	2	.	.	M	N	Y	N	Y	Y	N	N
19	63	2	.	.	M	N	N	N	Y	Y	N	N
20	65	2	.	.	F	.	.	.	Y	N	N	N
21	68	2	.	.	M	.	.	.	Y	N	N	N
22	62	2	.	.	M	N	N	Y	Y	N	N	N
23	54	2	.	.	M	N	N	Y	Y	N	N	N
24	63	2	.	.	M	N	N	Y	Y	N	N	N
25	66	2	.	.	F	.	.	.	Y	N	N	N
26	68	2	.	.	M	.	.	.	Y	N	N	N
27	66	2	.	.	M	.	.	.	Y	N	N	N
28	62	2	.	.	M	.	.	.	Y	N	N	N
29	63	2	.	.	M	.	.	.	Y	N	N	N
30	61	2	.	.	M	.	.	.	Y	N	N	N
31	55	2	.	.	M	.	.	.	Y	N	N	N
32	57	2	.	.	M	.	.	.	Y	N	N	N
33	61	2	.	.	M	.	.	.	Y	N	N	N
34	56	2	.	.	M	.	.	.	Y	N	N	N
35	64	2	.	.	M	.	.	.	Y	N	N	N

注：表18-2中：

[1] 表中“.”表示缺失值。

[2] 病例栏“1”表示病例“2”表示对照。

[3] 医生护士栏“Y”表示参与该调查对象的手术，“N”表示未参与该调查对象手术。

思考题

5．对表18-2中提供的数据进行分析，找出该次SWIs的感染来源。

6．除了对表中调查到的资料进行分析外，你认为还应该进一步做些什么工作来确证该次医院内感染的原因？

7．根据分析的结果你认为应该采取哪些处理措施及预防措施？

【案例二】

2012年3月23日下午16时30分左右，哈医大一院风湿免疫科医务人员正在紧张地忙碌着。这时，一名男子突然闯入医生办公室，抡起手中的刀，疯狂砍向正在埋头工作的医务人员和实习学生，大家躲避不及，三名医务人员和一名实习学生被砍伤。

硕士研究生王浩坐在门口，来不及躲闪，被刺中颈动脉，顿时鲜血喷涌而出，后因抢救无效死亡。其余3名医生受到了不同程度的伤害，所幸现在都已脱离了生命危险。其中伤势最重的医生叫王宇，刀从右眼角刺入，颅内血肿、右手肌腱断裂。另一位女医生面部被刀划伤。目击此事的一名护士回忆当时的情景，难过又害怕：下午4点半，突然听见走廊有人喊救命，“我一开办公室的门，看见满地是血……一名男医生趴在地上，另一名男医生面部血肉模糊。”

死者王浩，男，2012年28岁，哈尔滨医科大学09级硕士研究生，出事前刚刚收到香港大学医学院博士录取通知书。受伤的三名医生分别是郑一宁、王宇、于惠铭。

犯罪嫌疑人李梦南2012年17岁，内蒙古人。2011年4月，他因患强直性脊柱炎曾在哈医大一院风湿免疫科住院治疗一周，这次来复诊。该院风湿免疫科副主任赵彦萍回忆说，李梦南是一位同事的患者，23日上午，这位同事带着李梦南的爷爷前来咨询，当时患者想用“类克”(抗风湿药，主要用于强直性脊柱炎、类风湿关节炎等疾病)，赵彦萍根据其病症判断李某的病已有了好转，没必要再用如此昂贵的药，而且李某患有肺结核，即使要用，也得先治好肺结核。于是，她建议患者去哈尔滨胸科医院检查。下午4点，爷孙俩再次来到医院找赵彦萍，并带来检验结果。赵彦萍认为，该患者的肺结核病经过前期治疗虽已好转，但仍需观察3个月再进一步治疗。当时她与老人沟通得挺好，并未产生矛盾，而李某本人一直在屋外等候。赵彦萍接待完该患者几分钟后就下班了，让她没想到的是，悲剧却发生在刚刚接班的几名医生身上。后经警方审理，李梦南供认，他觉得医生是在故意刁难他，不给他看病，随即心生不满。

据介绍，32岁的男医生王宇伤情最重，入院时行CT检查，显示重度颅脑损伤，脑内血肿，中线移位，当时意识不清，视力受损，右眼内侧呈不规则创口，眶内组织脱出，左手背侧斜形创口约5厘米，可见肌腱断裂。术后诊断为重度开放性颅脑损伤、脑挫裂伤、脑内血肿、硬膜下血肿、外伤性蛛网膜下腔出血、颅底粉碎性骨折、右眼贯通伤、眼睑及皮肤裂伤、眼眶多发骨折、视神经损伤。目前，其心率、血压、呼吸、体温均较平稳，意识清楚，右眼视力接近于术前，头部术区略肿胀，少量渗出，感觉运动尚可，可经口进食。今后一个阶段的主要治疗方向是预防颅内感染与脑脊液漏。25岁的女研究生于惠铭入院时头皮外伤，左腰部外伤；30岁的女医生郑一宁术后诊断颜面外伤、右前臂外伤。目前，她们的状况均平稳，创口无渗出，正给予对症治疗。

思考题

1. 有人认为上述事件与医患关系无直接相关，你如何认为？

令人想不到的是，哈医大一院的杀医案最终被证明不过是个引子，其后产生的种种调查数据才更令人心寒。在腾讯网转发了该消息后，居然6 161人中有4 018人表示“感到高兴”，而在网易的网民评论中，甚至有人呼吁“应该举国欢庆”。如此悲剧，却被那么多人当喜剧看，这才是最大的悲剧。

思考题

2. 曾被称为“白衣天使”的医生，形象何以沦落至此？医患间的关系为何那么紧张？

有人提出“信息不对称”是造成医患关系紧张的主要因素，你如何理解？

信息不对称是指互动双方中一方拥有另一方想知道却又不知道的信息。前者可称为信息优势方，后者可称为信息劣势方。医患关系就是典型的信息不对称关系，患者求医建立在他不懂医的基础上，这种情况下，他必须完全仰仗医生的指导，是信息劣势方；相对的，医生在医患关系中就处于支配地位，是信息的优势方。如果此时医生疏于解释就直接开药方，推着患者沿着流程走，患者在一头雾水的情况下就要为高价的检查费、药费买单，对抗情绪就会油然而生。现实恰是如此，在国内，面对每天几百个病号，基本上医生没法对患者进行详细的解释，整个诊疗过程有10min已算长，这种情况下，患者难免会感到不受重视。

此外，在信息不对称的情况下，逆向选择就会出现。当患者不能准确判定一个医生医德水平的高低时，他只能根据医生群体医德的平均值给出价格，包括相应的信任、服从与尊重。此时，医德高于平均水平的医生就会无“利”（这里所谓的“利”包括：患者的信任、服从、尊重以及医疗费用支付）可图，他们要么降低自己的医德，要么选择离开，这样就会导致医生整体医德水平的下降。

思考题

3. 你认为红包、医德与医患关系是否存在关联？

尤其在医改推进不彻底，人们对整套医疗系统已经不信任的时候，患者可能宁肯给红包买放心，没有经济实力的就通过言语“捧医生”——这等于陷入了囚徒困境：谁不给红包或不说好话，谁就容易被医生粗略对待，那么最优的选择就是给红包、说好话。但是，给红包是违心的，一旦发现治疗不到位或是发生了医疗事故，那么患者可能会彻底走向“捧医生”的反面——怀疑甚至攻击某个医生、医生群体乃至整个医院、医疗体系，以至于将事态往“事件化”的方向推进。

然而，信息不对称不仅出现在医患关系方面，在劳资关系、师生关系等方面也比比皆是，特别是对比民生两大领域——医疗和教育，老师和医生的社会评价对比，似乎呈现距离逐渐拉大的趋势。

为什么是医生，而不是老师？有人给出了这样的解释：老师和学生不发生直接的经济往来，且相处时间长，有助于互相了解，是“陌生关系的熟悉化”；但医生，从以前“望闻问切”的中医到强调标准化的西医，却是“熟悉关系的陌生化”，即本来亲近的医患关系，被分工明确、标准化和制服化的现代医院体系疏离了。到医院是一片白，医生戴口罩，根本就分不清谁是谁；诊断、化验、交费、拿药，流水线操作，都是不同科室不同人。这套体系的好处是提高效率，但坏处就是医患关系疏远了，本来就不对称的信息也没法借由深入交流来弥补。

思考题

4. 你认为除了信息不对称和经济关系外，还有哪些因素会造成医患关系紧张？

医患矛盾激化的根本原因何在？有人给出另外的解释：首先，在于社会转型期社会保障体制的弱化，从这种意义上来说，医患矛盾是社会矛盾在医院的引爆；其次，二十世纪七八十年代政府在医疗卫生领域所推行的旨在“甩包袱”的企业式改革，导致公立医院趋利冲动被一再强化；第三，它是社会转型期社会道德的大面积滑坡和社会风气的暴戾化在医患关系中的折射；第四，在医患信息高度不对称的情况下，特别是当医患双方由原来的“两小无猜”因利益的“第三方插足”而变得“同床异梦”之时，因迟迟没能搭建医患公平博弈的平台，为医患关系的持续恶化埋下了祸根。

尽管如此，很多人对我国的医疗发展仍持乐观态度，他们认为虽然医改的方向依然有一个逐步明晰的过程，医改的道路依然崎岖不平，但社会保障体系的建设毕竟取得了前所未有的成绩；医疗机构的趋利冲动尽管没有完全得到遏制，但随着制度创新步伐的加快，医疗机构特别是公立医疗机构的办院方向正在逐步回到正确的轨道上来，而民营医疗机构的发展将为患者的医疗消费提供更多的选择空间。付费方式的改革、医疗保险制度的建立、医患纠纷第三方调解机制的探索等等，也正在为医患公平博弈搭建越来越坚实的平台。最后还有一个不可忽视的现象是，社会舆论日益理性，对医患矛盾的本质看得越来越清楚，这将为优化医患关系营造一个好的环境和氛围。因此我们在为哈医大弑医血案而悲愤的同时也应该看到，物极必反，否极泰来，随着医改的逐步深化，医患矛盾的拐点正在日益临近。

思考题

5. 对于上述的乐观态度，你如何看待？

【案例三】

2013 年 11 月 16 日，永胜县人民医院退休职工罗桂兰的老伴杨达昌及其家属向记者诉说了其妻罗桂兰在永胜县人民医院实施胆囊摘除手术过程中，造成二级甲等医疗技术事故而又长期未能得到处理结果的痛苦经历。

罗桂兰今年 61 岁，是永胜县人民医院的退休职工。罗因右腹部疼痛 14 年，于去年 8 月 28 日住入永胜县人民医院外科治疗。入院后经过检查诊断，罗患有慢性胆囊炎并结石、原发性高血压，经术前准备于去年 9 月 5 日上午进行胆囊切除术，先由麻醉师王某于 T8－9 间隙穿刺，未成功后，请麻醉科主任毛某改为 T7－8 间隙穿刺，仍未成功又改为 T8－9 间隙穿刺成功。中午 12 时手术结束后，罗返回病房，下午 4 时感背部疼痛，晚上 11 时许，患者自感背部剧烈疼痛，双下肢无力，感觉障碍，患者家属向值班医生及护士汇报了发生的情况，但值班医护人员认为是“麻醉没有醒”和“睡麻的”，仅帮助患者翻身后用棉被垫背部，未作相应的检查处理，也未向上级医生汇报。9 月 6 日 1 时许，又因疼痛肌注安痛定，7 时左右，患者自感症状加重，其家属便主动与省第一人民医院取得电话联系和咨询。随后院方与省一院电话会诊，诊断为硬膜外麻醉并发硬膜外血肿，在局麻下行急诊椎板减压硬膜外血肿清除术，术后曾发褥疮，双下肢恢复不满意而转成都军区昆明总医院治疗。

目前，患者罗桂兰经体检，右下肢肌力四级，左下肢肌力三级，左小腿肌肉稍萎缩，T6 感觉存在，T7 下痛觉消失，仰卧位自行翻身困难，双下肢运动功能严重障碍。罗桂兰及其家属与永胜县医院发生纠纷后，经双方协商解决无效。今年 4 月 18 日，永胜县人民医院向丽江地区医疗技术鉴定委员会提出做医疗技术鉴定的申请。

思考题

1. 根据以上案情描述，你认为引起本次医疗事故的主要原因是什么？主要责任人是谁？
2. 本案例中，医护人员在治疗过程中都违反了哪些医院医疗规章制度？

7 月 25 日，丽江地区医疗技术鉴定委员会对其医疗纠纷作出鉴定。鉴定分析和认定：永胜县人民医院在为罗桂兰提供医疗服务过程中存在对罗桂兰进行硬膜外麻醉术后未及时观察到并发硬膜外血肿，导致罗桂兰双下肢功能障碍有技术性过失，罗桂兰医疗纠纷属二级甲等医疗技术事故。

医院管理松懈、混乱是发生医疗纠纷事故的重要原因，医院常因缺乏严格的医疗质量监控和管理而发生医疗纠纷事故，如个别医务人员做自身技术水平不能胜任的高难度手术；或者在为患者诊病过程中多次不能确诊，而因考虑面子问题不将患者情况报告上级医生，延误治疗时机；或者是上级医生不履行本身职责，放任下级医生，发现问题不及时纠正处理而最终酿成医疗事故；或者，因医院医疗规章制度不健全，对上级行政部门制定的一系列医院规章制度不严格遵守，甚至违反医疗规章制度而引发医疗事故，这已经成为目前医疗事故发生的重要原因。

这起医疗事故在当地引起了强烈的反响。人们普遍认为，医疗单位及医务人员的工作直接关系着患者的生死和身心健康，责任重大，每一个医疗单位都应加强管理，增强医务人员的责任心，避免类似事件的发生。

思考题

3. 为防止此类事件再次发生，医院在医疗规章制度上应在哪方面进行改进？

4. 此次事故给患者及其家属带来了巨大的伤痛，作为一名医护工作者，以后在遇到此类问题时应注意哪些问题？

5. 讨论一下，医疗事故纠纷的源头是什么？如何减少医疗事故纠纷？

【案例四】

在北京儿童医院超声科，经常有患者排队要做“贾立群B超”，因为贾立群做的B超有时比CT还准。在疑难病患儿的检查单上，很多大夫也会特别注明让贾立群做B超。因为医术精湛，贾立群被国内同行誉为“B超神探”，创立了患儿家长口中的“贾立群牌B超”。贾立群，一名普通的B超医生，为实现“不让一个孩子误诊漏诊”的梦想，36年来共接诊30多万名患儿，确诊7万多例疑难病例，挽救2000多个急重症患儿的生命，用高超医术、廉洁作风和高尚医德赢得“B超神探”“缝兜大夫”“恒转陀螺”的美誉。

贾立群经常白天进手术室观察手术过程，夜晚上网查阅国际超声期刊，不断探索、反复试验，发现了小器官探头的优势，并推广应用到临床上，提高了儿童疾病诊断准确率和检出率，使北京儿童医院超声技术达到了国内领先水平，在某些领域已经超过了国际水平。在面对疑难重症患儿时，他总能凭借精湛的技术、勇于担当的精神，让难题迎刃而解。

20年前曾被多家医院诊断为“没得治”的“肝血管瘤”双胞胎患儿，经贾立群B超诊断后推翻原结论，并确诊为可治愈“恶性肿瘤肝转移”。最终孩子得救了。这种病例在世界上极为罕见，中国仅此一例。贾立群用高超的B超技术填补了我国医学界的空白。

在西方医学界，用肠镜检查结肠息肉是公认的首选方法，但患者需全身麻醉，十分痛苦，且费用高昂。令欧美专家难以置信的是，中国一个普通医生贾立群，早已用廉价的B超技术100%成功确诊上千例结肠息肉患儿，打破了全球医学界“唯高档仪器提高确诊率”的定论。

“贾立群牌B超”不仅征服了患者，而且成为处置突发医疗事件的“定海神针”。北京儿童医院党委书记沈颖告诉记者，2008年2月以来，贾立群连续检查出数十例“肾结石”患儿。敏锐的贾立群和临床医生发现这些孩子均有三鹿奶粉喂养史，遂向上级报告。同年9月，“三鹿奶粉事件”爆发。贾立群凭借对这类患儿的超声检查经验，在短短3小时内便制定出“毒奶粉肾结石”的全国诊断“金标准”，并带领团队在此后数月中共筛查3万多名儿童。

2009年12月，一名甘肃的8岁女孩，肚子疼了6年，在当地两次开刀都没有找到病因。贾立群做B超时，发现患儿肠子上有个黄豆大小的小囊肿，迅速确定这就是腹痛的原因。做手术时，外科大夫打来电话说腹腔打开了找不到囊肿。他迅速赶到手术室，将消过毒的B超探头经切口直接放入患者腹腔内仔细查找，发现小囊肿的位置在胰头后面，被胰头包着。主刀大夫眉头紧锁，感到难度太大，容易损伤胰腺，形成胰瘘。贾立群凭着多年的经验，十分自信地对主刀大夫说："放心，我用探头给您引导。"两小时后手术成功，家长对主刀大夫千恩万谢，主刀大夫感慨地说："手术的功劳是'B超神探'贾立群的。"

多年来，患儿家长为表示感谢，总想给贾立群红包，老贾一次次谢绝。"数不清多少回，家长放下红包撒丫子就跑，老贾总得冲出去追，医院保安还以为他在追小偷也帮着拦。"超声科医生王玉笑着说。

一些家长总以为贾立群客套，就硬往他兜里塞钱，老贾躲闪时衣兜都被撕破了。为此，他干脆把白大褂兜口缝死，再塞钱的家长发现怎么也塞不进去，老贾笑着说："兜缝着呢！您把钱用在给孩子看病上吧！"从此，"缝兜大夫"的绰号便在家长间传开了。

衣兜被缝死了，可还是有家长想出各种花样感谢老贾。有把红包夹在报纸、杂志里的，有趁他洗手时硬别在他裤腰带上的，还有给他手机卡充值的。然而，他每次都能巧妙地"完璧归赵"。患儿家长郑广辉说，贾主任要么拿着红包直接给患儿去交住院费、检查费，要么等下次复查时悄悄塞进孩子衣兜。"总之就俩字——不收"。

贾立群拒收红包但从不拒绝加号。有患儿家长趁他方便时"尾随"至厕所，边摇他胳膊边往他手里塞红包，贾立群在谢绝后为患儿加做B超。自那以后，老贾每次上厕所，鱼贯而入的家长纷纷进去"摇号"，他一一答应。

贾立群把患者当亲人，把付出当常态，用耐心、细心、精心、关心，对待所有患者，廉洁从医。为了履行"24小时随叫随到"承诺，贾立群一家的工资并不高，还要补贴在国外读书的孩子。为省机票钱，孩子多年没回国探亲，只能与父母进行免费网络视频通话。他至今仍住在医院附近50平方米的房子里，其他老职工早已搬进大房子，可他一直不肯换房。记者问他为什么，他不假思索地回答："我怕住远了，出急诊时赶不回来。"。

"不仅住得近，贾立群下班后的生活半径也局限在医院周边5公里范围内。他向医院承诺只要在北京，24小时随叫随到。"北京儿童医院主管技师王景丽告诉记者，去年的一个夏夜，老贾一宿被急诊叫来19次。用他老伴儿的话讲，那一宿他净在床上做"仰卧起坐"了。

在不少同事眼中，贾立群就像个恒转的陀螺：日均工作12小时，没有节假日；一年365天有三分之一时间到医院出急诊。在老贾的带领下，超声科日均B超量约400人（次），团队日均加班约3小时，在保证诊断精度的前提下，把B超预约时间由60天缩短至3天。

由于超声检查需要空腹进行，为减少孩子挨饿时间，他经常利用午饭时间为患儿做检查，甚至带病坚持工作。长期高强度工作让贾立群的身体吃不消，有一次，他腹部不适，按着肚子完成所有的检查后，才赶到成人医院就诊，医生诊断为患有急性阑尾炎已穿孔坏疽，其医学疼痛度列第11级（最高12级）。为让患儿及时检查，他强忍剧痛坚持到夜晚查完最后一个患儿才被送去手术。面对主刀大夫的不解，他忍着疼痛有气无力地说："看着家长焦急的目光，我实在不忍心啊！"

"指望每名医生都以超负荷的工作状态缓解医疗资源紧张并不实际，但作为一名普通医生，只要坚守'不让一个孩子误诊漏诊'的梦想，踏实工作，就一定能用'健康梦'托起'中国梦'。"这是连日来贾立群受邀参加百姓宣讲团巡回宣讲的片段，现场座无虚席，观众含泪倾听。每场宣讲后，老贾仍坚持赶回医院为患儿补做B超。

是什么让他如此忘我地付出？"看着这些排长队的家长们，听着孩子让人揪心的哭声，我觉得作为一名儿科大夫，为孩子做任何事情都是值得的；特别是作为一名共产党员，这样的坚持和付出是应该的。”贾立群说。

2013年贾立群荣获全国医药卫生系统创先争优活动先进个人、北京市先进工作者、首都十大健康卫士、北京市群众心目中的好党员等荣誉称号。

思考题

1. 贾立群说：做人要做出品牌来，有网友评论“学习贾立群，做个品牌人”，你是怎么理解品牌人的？

2. 以“缝兜”方式拒收红包，你如何认为？

3. 你认为拒收红包与精湛医术之间是否存在一定的联系？

4. 作为一名医学生，未来的医务工作者，谈谈你从贾立群医生身上学到了什么，对将来的工作有什么帮助？

（张　强）